高等院校经济管理专业应用型规划教材

进出口贸易模拟实训教程

(第二版)

JINCHUKOU MAOYI MONI SHIXUN JIAOCHENG

陈 翊 主编

潘秀香 叶春霜 副主编

立信会计出版社

图书在版编目(CIP)数据

进出口贸易模拟实训教程/陈翊主编．—2版．—上海：立信会计出版社，2012.8(2021.1重印)
高等院校经济管理专业应用型规划教材
ISBN 978-7-5429-3630-1

Ⅰ.①进… Ⅱ.①陈… Ⅲ.①进出口贸易-高等学校-教材 Ⅳ.①F740.4

中国版本图书馆CIP数据核字(2012)第188326号

责任编辑　赵志梅
封面设计　周崇文

进出口贸易模拟实训教程(第二版)
Jinchukou Maoyi Moni Shixun Jiaocheng

出版发行	立信会计出版社			
地　　址	上海市中山西路2230号	邮政编码	200235	
电　　话	(021)64411389	传　　真	(021)64411325	
网　　址	www.lixinaph.com	电子邮箱	lixinaph2019@126.com	
网上书店	http://lixin.jd.com	http://lxkjcbs.tmall.com		
经　　销	各地新华书店			
印　　刷	常熟市华顺印刷有限公司			
开　　本	787毫米×1092毫米	1/16		
印　　张	20.25	插　　页	1	
字　　数	492千字			
版　　次	2012年8月第2版			
印　　次	2021年1月第4次			
印　　数	6 301—7 400			
书　　号	ISBN 978-7-5429-3630-1/F			
定　　价	38.00元			

如有印订差错，请与本社联系调换

第二版前言

《进出口贸易模拟实训教程》一书第一版出版以来,被许多学校采用作为实验课教材,受到普遍欢迎,在此表示衷心感谢!

如今国际经济形势日新月异,国际贸易实践也发生了许多新的变化。因此,我们编写团队本着与时俱进、精益求精的原则,在第一版的基础上,对《进出口贸易模拟实训教程》进行认真修订,作为第二版出版。

本次再版,主要做了如下几个方面的修订:一是增加另一个情景模拟案例,以思马特公司向德国MRK公司出口一批鞋子(FOB贸易术语、T/T支付、欧元结算)作为主线贯穿整个出口贸易部分;二是更新了汇率,将美元和人民币的汇率调整到6.2;三是增加了T/T方式下制单结汇的练习;四是对附录进行了修改。

在第二版的修订中,潘秀香老师负责新增案例的编制,叶春霜老师负责对汇率调整的修订。全书由陈翊老师最后审定。

由于编者水平有限,书中仍有许多不足之处,敬请各位同行、专家及读者批评指正。

编　者

前　言

　　随着经济全球化的深化和国际贸易的迅速发展,我国对外贸易在世界贸易中的地位不断上升,进出口在我国国民经济发展中的作用也不断加强。外贸体制改革的深入,进出口贸易经营权逐步放开,促使越来越多的企业和个人进入了进出口贸易的领域,社会对外贸人才的需求也越来越大。

　　对于以培养应用型人才作为教育目标的高校,如何在为学生打下扎实的基础理论知识的同时,又能培养学生的实战能力,是迫切需要解决的一个问题。但由于客观条件的限制,进行真实的贸易操作既不可能又不现实。因此,通过模拟式的训练,最大化地进行贴近实际业务的操作,成为缩短理论和实际之间距离的有效途径。

　　本教材的目的就是为进出口贸易模拟实训提供一个解决方案。全书分出口贸易和进口贸易两个部分。出口贸易按以CIF条件成交、信用证支付的假设条件,按照建交—报价—下订单—签订合同—生产—报关报验—运输—制单结汇—善后这一流程,每个环节都设置相关的教学和训练。进口贸易则按以FOB条件成交、信用证支付的假设条件,按照价格核算—申请进口许可证—开立修改信用证—运输保险—报验报关提货这一流程,设置相关的教学内容。

　　和以往相关的教材相比,本教材有四个突出的特点。一是内容的融合性。以往的大多数教材涉及的仅仅是进出口贸易中单证制作的一个环节,而本教材将进出口贸易的各个环节都做了透彻讲解,将《国际贸易实务》、《外贸洽谈》、《外贸函电》、《国际结算》、《电子商务》等课程的知识融会贯通。二是内容的系统性。以一个虚拟的大学毕业生从事的第一笔出口交易作为情景教学的内容,整个案例贯彻出口贸易的始终,将每个看似独立的训练联系成为系统的有机体。三是内容的全面性。以往的贸易模拟教材往往针对的是出口贸易,考虑到目前我国提倡大力发展进口贸易,缩小贸易差额,进口贸易量会越来越大,因此,本教材将进口贸易中的报价、开证、审单、报关、报检等环节也进行了透彻讲解。四是内容的时效性。本教材考虑到国际贸易变化的最新趋势,根据《跟单信用证统一惯例》2007年版本的内容展开。另外,本教材在编写过程中,也着重体现了一些新的贸易政策、法规和实践操作。

本教材可以作为高校国际贸易专业本科、专科学生的实验课教材,也可以作为《国际贸易实务》课程的配套用书。准备参加单证员、外销员、国际商务师等职业资格考试的人员,也可以将此书作为参考用书。

本书在编写的过程中,吸收和借鉴了国内著作、刊物和网站等的大量素材,书后仅列出主要参考文献,在此向原作者表示感谢。本教材的编写得到了温州大学城市学院领导和同事的大力支持,出版工作得到了立信会计出版社的大力协作,在此表示衷心的感谢。

限于编者的水平,书中不妥之处在所难免,恳请同行专家、学者以及广大读者朋友批评、指正。编者联系方式是 chenyi@wzu.edu.cn。

编　者

目 录

绪 论

出口贸易流程

训练一 建立业务联系 11
 本章要求 11
 一、交易磋商概述 11
 二、寻找潜在客户的途径 12
 三、撰写建交信 13
 情景模拟 14
 自我训练 15

训练二 商品报价 17
 本章要求 17
 一、出口商品价格构成 17
 二、商品实际采购成本 17
 三、出口商品的国内费用 19
 四、出口商品的运输费用 21
 五、出口商品的保险费用 24
 六、预期利润的计算 25
 七、出口报价综合计算 25
 八、撰写发盘信 27
 情景模拟 28
 自我训练 30

训练三 出口还价 33
 本章要求 33
 一、出口还价的基本要求 33
 二、出口还价方法 34
 三、撰写还盘函 35
 情景模拟 36
 自我训练 37

训练四　成交与签订合同 ·· 39
　本章要求 ··· 39
　一、销售确认书 ·· 39
　二、撰写签约函 ·· 45
　情景模拟 ·· 46
　自我训练 ·· 47

训练五　备货 ·· 49
　本章要求 ··· 49
　一、备货的工作内容 ·· 49
　二、备货时的注意事项 ·· 53
　情景模拟 ·· 53
　自我训练 ·· 55

训练六　落实信用证 ·· 56
　本章要求 ··· 56
　一、催开信用证 ·· 56
　二、审核信用证 ·· 57
　三、修改信用证 ·· 71
　情景模拟 ·· 75
　自我训练 ·· 77

训练七　托运订舱 ·· 84
　本章要求 ··· 84
　一、海运出口货物 ·· 84
　二、海洋货物运输涉及的主要单据 ·· 87
　情景模拟 ·· 99
　自我训练 ·· 101

训练八　检验、报关与投保 ·· 102
　本章要求 ··· 102
　一、货物检验 ·· 102
　二、出口货物报关 ·· 111
　三、出口货物投保 ·· 122
　情景模拟 ·· 127
　自我训练 ·· 128

训练九　制单结汇 ·· 130
　本章要求 ··· 130
　一、制单的基本要求 ·· 130
　二、结汇所需要的单据 ·· 135
　三、发票及其缮制 ·· 135

四、原产地证书 143
　　五、装箱单 159
　　六、其他证明文件 162
　　七、汇票 168
　　八、单证缮制常见的问题 172
　　情景模拟 174
　　自我训练 174

训练十　交单结汇和退税 179
　　本章要求 179
　　一、交单议付 179
　　二、出口收汇核销制度 180
　　三、出口退税 187
　　情景模拟 189
　　自我训练 190

训练十一　电汇方式下单据制作的要点 191
　　本章要求 191
　　一、所需单据 191
　　二、缮制单据时应注意的问题 191
　　自我训练 197

进口贸易流程

训练十二　进口价格核算 203
　　本章要求 203
　　一、进口商品的价格构成 203
　　二、进口商品的国内报价 205
　　自我训练 206

训练十三　申请进口许可证 208
　　本章要求 208
　　一、申报进口 208
　　二、进口许可证申请表的填写 209
　　自我训练 214

训练十四　开立和修改信用证 215
　　本章要求 215
　　一、申请开立信用证 215
　　二、进口信用证的修改 223
　　自我训练 225

训练十五　安排运输和保险	227
本章要求	227
一、租船、订舱	227
二、催装	227
三、派船接货	227
四、投保货运险	228
自我训练	229

训练十六　审单付款	231
本章要求	231
一、审核单据	231
二、进口结汇与核销	234
自我训练	235

训练十七　进口报验、报关和提货	238
本章要求	238
一、进口报验	238
二、进口报关	242
三、拨交货物	244
自我训练	244

训练十八　进口索赔	247
本章要求	247
一、进口索赔的原因和对象	247
二、办理索赔时应注意的事项	247

出口单证综合制作

信用证一	251
信用证二	265
信用证三	276
信用证四	286
电汇	296

附录一　国际贸易单证常用语与词组	301
附录二　《2010年通则》与《2000年通则》的区别	311

参考文献	313

绪论

进出口贸易也称国际贸易实务,是一门专门研究国际间商品交换具体过程的学科,也是一门具有涉外活动特点的、实践性很强的、综合性应用科学。它涉及国际贸易理论与政策、国际贸易法律与惯例、国际金融、国际运输与保险等学科的基本原理与基本知识,是对以往所学课程的一个综合和概括应用。

一、国际贸易和国内贸易的区别

国际贸易的中间环节多、涉及面广,除交易双方当事人外,还涉及商检、运输、保险、金融、车站、港口和海关等部门以及中间商和代理商。无论哪个环节出了问题,都会影响整笔交易的正常进行,并可能引起法律上的纠纷。

（一）国际贸易比国内贸易困难得多

1. 语言不同

在国际贸易中各国如使用同一种语言,不会有语言困难。但实际上各国语言差别很大。为使交易顺利进行,必须采用一种共同的语言。当今国际贸易中最通行的商业语言是英语,但英语在有些地方使用还不普遍。因此,除通晓英语外,还要掌握一些地区的语言。

2. 法律、风俗习惯不同

各贸易国家的商业法律、风俗习惯、宗教、信仰并不完全一致,有的差别很大,这些都给国际贸易的顺利进行造成了很大的困难。

3. 贸易障碍多于国内贸易

为了争夺市场,保护本国工业和市场,各国往往采取关税壁垒与非关税壁垒来限制外国商品的进入。它们给对外贸易造成了许多障碍。

4. 市场调查困难

进行对外贸易,开拓国外市场,出口厂商必须随时掌握市场动态,了解贸易对象的资信状况。收集和分析这些资料比搜集国内贸易的资料困难。

5. 交易接洽困难多

因缺乏国际贸易共同法规,一旦出现贸易纠纷,不易顺利解决。

（二）国际贸易比国内贸易复杂

1. 各国货币与度量衡差别很大

在国际贸易中,应采用何种货币计价?两种货币如何兑换?各国度量衡不一致时如何换算?凡此种种,国际贸易都比国内贸易复杂。

2. 商业习惯复杂

各国各地市场的商业习惯不同,怎样进行沟通?国际贸易中的规约与条例解释是否一致?对外贸易比国内贸易复杂,稍有不慎,便会影响贸易的进行。

3. 海关制度与其他贸易法规不同

各国都设有海关,并且对于货物进出口都有许多规定。货物出口,不但要在输出国家的输出口岸履行报关手续,而且出口货物的种类、品质、规格、包装和商标也要符合输入国家的相关规定。

4. 国际汇兑复杂

国际贸易货款的清偿多以外汇支付,而汇价受到各国采取的汇率制度、外汇管理制度的影响,因此国际汇兑相当复杂。

5. 货物的运输和保险

国际货物运输,一要考虑运输工具;二要考虑运输合同的条款、运费、承运人与托运人的责任,还要办理装卸、提货手续。为避免国际贸易货物运输途中的损失,还要对运输货物进行保险。

6. 政策环境复杂

各国的经济政策主要是为本国经济发展服务的,但又会在一定程度上影响到国际贸易的开展,且很多政策也会因经济形势和执政者的不同而发生变化。这些经济政策包括金融政策、产业政策、进出口管理政策、关税政策等。从事国际商品交换活动必须研究这些政策。

(三)国际贸易风险大

1. 信用风险

在国际贸易中,市场广阔,交易双方距离远,从业机构和人员情况复杂,因此容易产生欺诈活动,稍有不慎,就可能受骗上当,货款两空,蒙受严重的经济损失。

2. 商业风险

在国际贸易中,如果货样不符、交货期晚、单证不符等,进口商往往拒收货物,从而给出口商造成商业风险。

3. 汇兑风险

在国际贸易中,交易双方往往有一方要以外币计价。如果外汇汇率不断变化,信息不灵,就会出现汇兑风险。

4. 运输风险

在国际贸易中,货物运输里程一般超过国内贸易,在运输过程中发生的风险也随之增多。

5. 价格风险

在国际贸易中,贸易双方签约后,货价可能上涨或下跌,从而给买卖双方造成风险。因对外贸易多是大宗交易,故价格风险更大。

6. 政治风险

在国际贸易中,一些国家因政治变动,贸易政策和相关法令不断修改,常常使经营贸易的厂商承担很多政治变动带来的风险。

可见,国际贸易具有线长、面广、环节多、难度大、变化快的特点。因此,凡从事国际贸易的人员,不仅必须掌握国际贸易的基本原理、知识和技能与方法,而且还应学会分析和处理实际业务问题的能力,以确保社会经济效益的顺利实现。

二、进出口贸易的基本业务程序

我国进出口贸易的业务程序一般分为下述三个阶段。

(一)交易前的准备阶段

交易前的准备阶段主要是做好选择目标市场和交易对象、制定商品经营方案、建立业务关系等方面的工作。这是交易磋商顺利进行的保证,也是履行合同的基础。

(二)交易磋商和签订合同阶段

在交易磋商和签订合同阶段,双方须就合同条件进行交易磋商。交易磋商可通过口头、书面或电子数据交换方式进行,一般要经过询盘、发盘、还盘、接受等环节。交易磋商的内容包括交易对象、品质、数量、包装、价格、装运、保险、支付方式、商品检验、索赔、不可抗力和争议的处理办法等。交易磋商结束后,要签订合同,表明双方贸易关系的成立。

(三) 履行合同阶段

履行合同分为履行出口合同和履行进口合同。

履行出口合同包括催证、审证、备货、商检、托运、报关、发运、制单结汇等环节。

履行进口合同包括开立信用证、租船订舱(CIF 或 CFR 价)、催装、投保、审单、付款、买汇赎单、货到报关、商检、提货或拨交、验收、索赔等环节。

对于买卖双方而言,根据贸易术语和合同规定,他们承担的责任和义务是不相同的。因此,每一笔交易的流程可能也不完全相同。在以 CIF 条件成交并以信用证作为结算方式的情况下,出口贸易的基本流程图一般如图 0-1 所示。

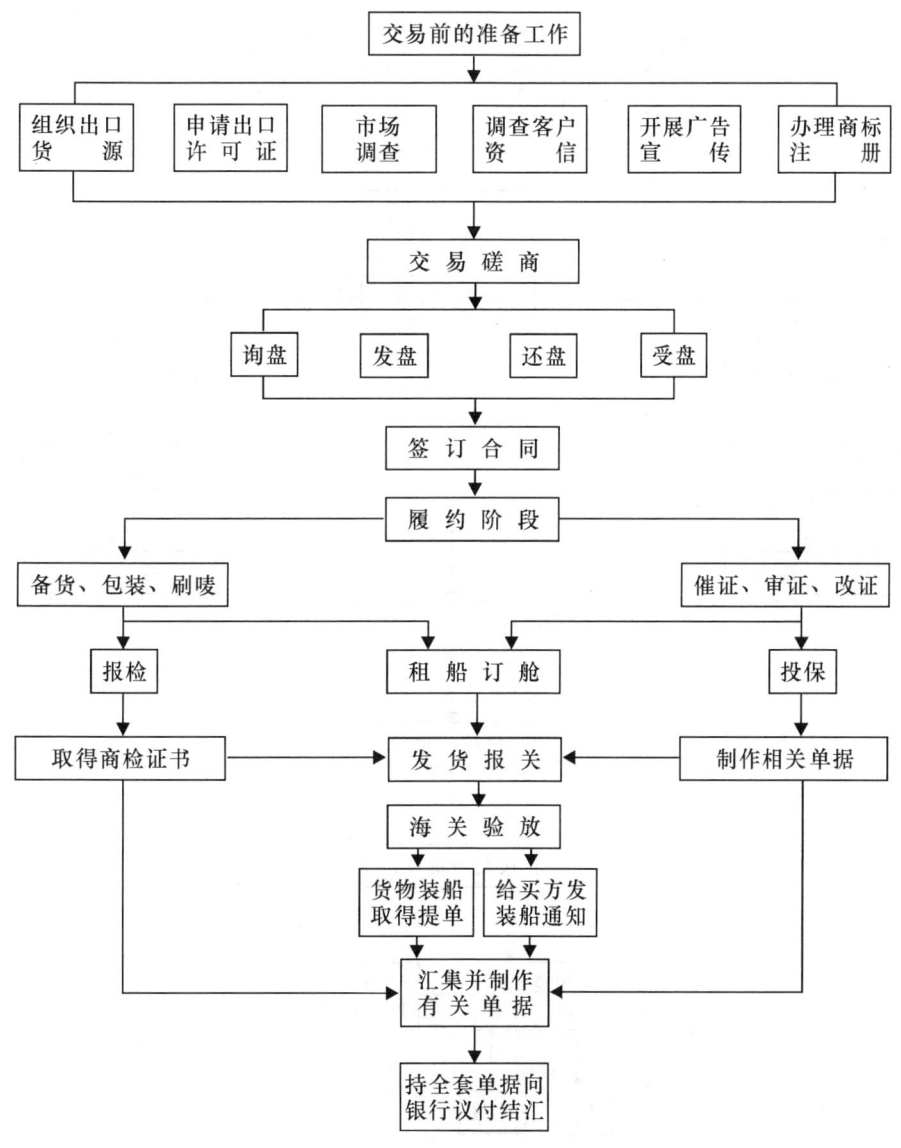

图 0-1 出口贸易的基本流程图

在以FOB条件成交并以信用证作为结算方式的情况下,进口贸易的基本流程图如图0-2所示。

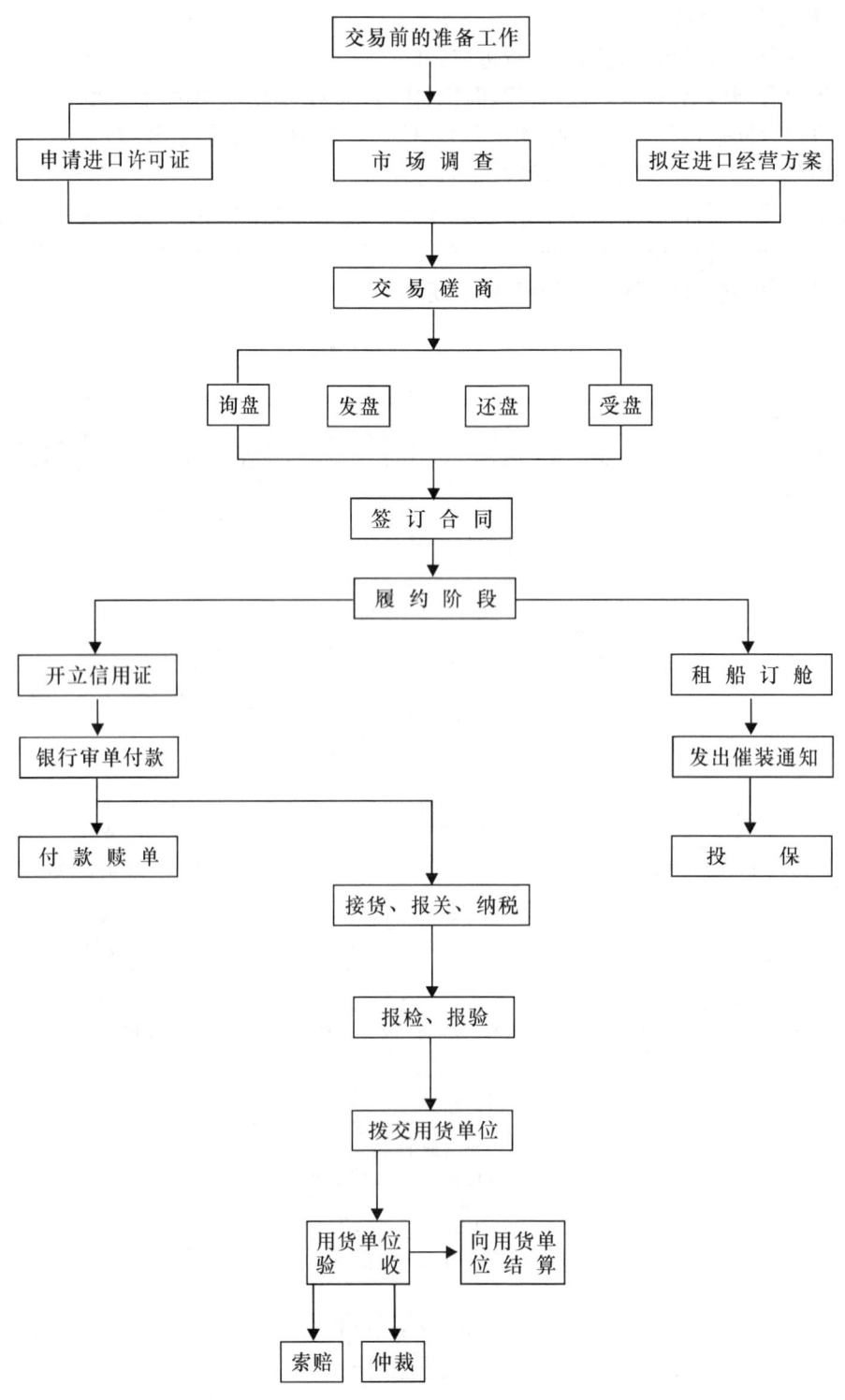

图0-2 进口贸易的基本流程图

三、进出口贸易经营者必备的条件和素质

对于从事进出口贸易的经营者来说,必须具备一系列条件和素质,即要有长远的目光、良好的商业信誉、灵通的商业情报、不断增强的对外联系和开发销售渠道、比较雄厚的资金、完备的组织机构和正确的经营策略。另外,还需要具备一系列的专业知识。这些专业知识包括以下七点:

(1) 市场营销知识。国际贸易就是跨国经营做买卖,对于货物买卖技术、经销途径、价格决定等方面的知识要深入研究和掌握。

(2) 外国语和计算机应用知识。从事国际贸易,必然要与外国商人接触,双方要语言相通才能进行洽谈,达成交易。另外,在当今电子商务兴起和发展的时期,每个外贸业务人员都应充分利用电子商务把生意做大、做好、做活。

(3) 商品知识。对于所经营商品的生产方法、用途、性能、品质、包装费用及售前、售中、售后等方面的情况要有所掌握,并且还要了解竞争者商品方面的情况。

(4) 企业知识。要对本企业的情况有一个概括的了解。比如,企业的地位、战略、战术、定价策略、交货及付款方式等,企业是否具有扩大生产的能力、应急和应变的能力、控制质量和维护信誉的能力、产品创新的能力等。

(5) 金融知识。在进出口贸易中对金融知识的运用,主要体现在国际结算方面,如贸易进口国的相关外汇管制制度、货币的汇率、外汇银行的功能、结算方式等。

(6) 法律政策知识。掌握和运用我国对外贸易法律、法规、政策,贸易进口国的相关法规政策,以及一些国际上通行的规则和贸易惯例,对从事进出口贸易极为重要。贸易法律知识与贸易实务知识联系最紧密。

(7) 国际贸易实务知识。这是从事进出口贸易的人员必须要掌握的知识。要求在掌握国际贸易实务的基本知识、方法和技能的基础上,还应培养分析、处理、解决实际业务问题的能力。

从事进出口贸易的人员,除学习上述知识外,还应学习诸如经济学、财务学、公关学、谈判学等方面的知识,只有具备了丰富的理论知识并很好地加以运用,才能在工作岗位上如虎添翼,稳操胜券。

四、本课程的学习方法

(一) 要"学"和"用"相结合

本课程实践性极强,因此所学的理论知识必须与外贸实际业务相结合,教师与学员在教与学的过程中要侧重案例的分析与讨论。教师要创造条件,组织学生参观、实习,开展模拟操作,使学生学以致用,较好地了解和掌握进出口贸易实务操作方法和技能。

(二) 要与其他学科知识紧密联系,综合应用

从事进出口贸易不仅需要较好地掌握本学科的知识,而且还需要了解国际金融、国际商法、国际营销、外贸函电等方面的相关知识,并将相关知识融会贯通,综合应用。

(三) 要随经贸形势发展变化更新充实教学内容并与国际接轨

随着国际政治、经济形势的不断变化及我国改革开放的不断深入和发展,特别是我国加入WTO以后,国际贸易与我国进出口贸易具体实施的措施和做法,都发生了很大的变化,并将

继续有所发展和变化,因此在组织教学时,要紧密联系当前国际贸易和我国外贸的实际运行,并不断更新和充实教学内容,使我国在从事贸易的方式、方法上逐步与国际接轨,以满足同外方开展贸易和维护促进我国企业利益与发展的需要。

出口贸易流程

训练一　建立业务联系

交易双方不是一开始就互相认识、互相了解并达成共识的。首先需要交易双方建立业务联系，这是交易开始和发展的基础。无论是买方还是卖方，要扩大业务，都要在巩固原有的业务基础上，不断寻找新的业务伙伴，不断建立新的业务联系。

无论是买方寻找卖方还是卖方寻找买方，总有一个双方相互介绍、了解、熟悉、信任和建交的过程。因此，撰写建交信是双方建立业务联系的起点。

本章要求

★ 寻找客户
★ 撰写建交信

一、交易磋商概述

国际贸易总是从潜在的买方和卖方的谈判开始的。没有潜在的客户，国际贸易就无从谈起。一笔贸易的真正起点是寻找客户并与客户建立业务联系。

找到潜在客户之后，买卖双方可以开始交易谈判。买方和卖方的谈判又称为交易磋商。交易磋商是指买卖双方在平等互利的基础上表述各自的交易意向，就交易的主要条件和一般条件达成共识，进而签订买卖合同的过程。简言之，交易磋商就是买卖双方为了达成合同而对各项交易条件进行协商的过程。这些交易条件包括货物的品质、数量、价格、包装、支付及装运条件等。这些交易条件的谈判可以采用面对面谈判的方式，也可以采用函电往来的方式。面对面谈判的方式可以很好地增进双方之间的友好关系，提高交易磋商的成功率，但是费用较高，而且每笔生意都面谈的可能性也不大。函电往来方式可以利用信件、电子邮件、传真等，这样可以降低磋商费用，而且往来函电还可以作为以后合同履行的有效证据。所以，通过函电磋商是目前交易磋商中的主要形式。

交易磋商通常包括四个步骤：询盘（Enquiry）、发盘（Offer）、还盘（Counter-offer）和接受（Acceptance）。询盘是交易的一方为了购买或推销某种商品而向另一方发出的询问商品交易条件的一种表示。在国际贸易中，分处不同国家和地区的进出口双方在建立了一定的业务联系后，一旦有贸易机会出现，一方就会向另一方发出询盘。大多数情况下询盘由买方发出，这种由买方作出的询盘被称为"邀请发盘"。例如：

Please quote us the price for 1000 M/T[①] Northeast Soybean.
请报1 000公吨东北大豆价格。

---

① 各国对"吨"的理解不同，如英制单位使用"长吨"，美制单位使用"短吨"。为了避免歧义，我们在国际贸易实务中一律使用公吨，以与长吨、短吨相区别。另外，为尊重实务习惯，文中的单位公斤仍予以保留。

当然，询盘也可以由卖方发出，这种询盘被称为"邀请递盘"，其目的是为了向国外客户推销某种商品，例如：

We can supply Northeast Soybean 1000 M/T, please bid.

可供东北大豆1 000公吨，请递盘。

发盘又称发价，是交易一方向另一方提出交易条件，并表示愿意按照这些交易条件达成合同。《联合国国际销售合同公约》第14条规定：向一个或一个以上特定的人提出订立合同的建议，如果十分明确，并且表示发盘人在得到接受时承受约束的意旨，即构成发盘。例如：

Offer 2000 dozen toys, sampled May 1, USD 20.00 per dozen CIF London. Standard export packing. June/July shipment. Irrevocable sight L/C subject to reply here by May 15.

兹发盘2 000打玩具，规格按5月1日样品，每打CIF伦敦20美元，标准出口包装，6～7月份装运，不可撤销即期信用证支付，15日前复到有效。

还盘是在受盘人收到一项发盘后，对发盘中的某些交易条件不完全赞同而对其提出更改的一种表示。受盘人对一项发盘作出还盘，说明受盘人也确实有订立合同的旨意，只不过在某些交易条件上不能完全接受原盘的意思。比如，对上面的发盘如果不能接受，受盘人可以还盘如下：

Your offer price is too high, counter offer USD 15.00 per dozen reply here May 18.

你方发盘价格太高。还盘每打15美元，18号复到有效。

接受在法律上也称承诺，是交易磋商的一方在发盘的有效期内，无条件同意发盘中各项条件，并愿意按照这些条件订立合同的一种表示。对发盘一旦表示接受，则双方之间的合同关系即告成立，此时发盘的各项条件对发盘人和受盘人均有法律约束力，即接受的发出是合同关系成立的一个标志。例如：

Your quotation of May 18 accepted.

你方5月18日盘接受。

交易磋商结束后，根据国际贸易的惯例，买卖双方还要订立书面合同，以进一步明确双方的权利和义务。整个寻找客户和交易磋商的程序图如图1-1所示。

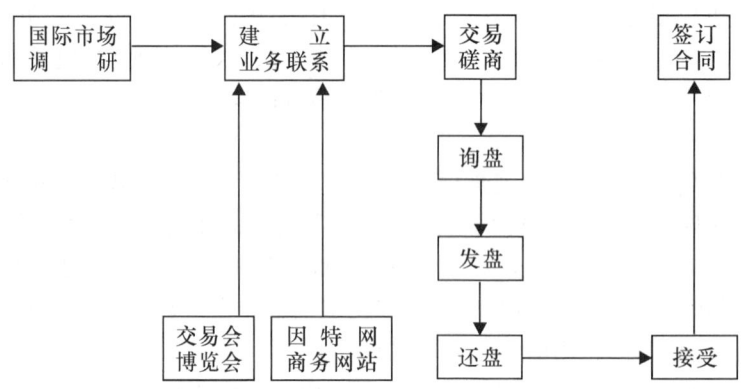

图1-1 寻找客户和交易磋商的程序图

二、寻找潜在客户的途径

寻找潜在客户的途径主要有两种：一是买方或卖方派出代表到目标市场上物色交易对象，

直接进行面对面的联系,如我国一年两届的广交会就是我国出口企业寻找客户的平台。二是通过互联网,利用一些商务网站的交易撮合机制,与目标客户取得联系,建立关系,如阿里巴巴、环球资源等网站都提供类似的服务。在寻找到合适的目标客户后,应该通过函电往来向目标客户介绍自己的公司和产品,引起目标客户的兴趣,为进一步交易磋商奠定基础。近年来,由于通信技术的不断发展,函电往来已经由传统的书信、电报、电传发展到传真、电子邮件和EDI。特别是电子邮件,在提高了通信速度的同时也降低了通信成本,从而"缩短"了国际货物买卖双方地理位置上的距离。因此,利用电子邮件信函联系成为国际货物买卖双方的主要联系方式。

知识链接

寻找客户的途径

现在全世界有很多交易会,有效地促进了买方和卖方的对接。交易会一般被分成综合型和专业型两种。在我国,综合型的交易会以每年 4 月和 10 月在广州召开的广交会最为典型。除此之外,还有每年春季在上海召开的中国华东进出口商品交易会,以及各个地区主办的交易会,如大连进出口商品交易会、昆明进出口商品交易会等等,都属于综合性的商品交易会。专业型的交易会针对的是一个行业的企业和销售商,买卖双方的目的性比较强,在欧洲比较盛行。比如,德国就是一个名副其实的展览王国,国际领先地位的博览会 2/3 选择德国作为主办地,140 多个国际和跨地区的专业博览会每年都在德国召开。如世界食品市场商品交易会,世界图片博览会,国际家具博览会,艺术博览会等等。

近年来用以撮合买卖双方的网站也日益增多。下面向大家推荐两个有用的网站:阿里巴巴网站(www.alibaba.com.cn)和环球资源网站(www.globalsources.com)。

三、撰写建交信

撰写建交信的主要目的是为了与对方取得初步的联系,询问建立业务联系的可能性。建交信可能是卖方撰写,也可能是买方撰写。无论如何,它面对的是未来的、可能的交易对象,因此要慎重对待。措词应当简洁、得当,标题应当醒目,信件开头应当开门见山地表达自己写信的目的。建交信一般包括四方面的内容:① 从何处获得对方的信息;② 表达与对方建立业务联系的愿望;③ 简要地介绍自己的业务范围;④ 希望得到对方的答复。

收到这类信函,必须有礼貌地及时给予完整答复,以便树立信誉,给对方留下良好的印象。

例 1-1 由卖方撰写的建交信

> Dear Sir,
> We have your name and address from the Commercial Counsellor's Office of Chinese Embassy in your country. We wish to inform you that we specialize in light industrial products, and shall be pleased to enter into trade relations with you.

(续图)

> To give you a general idea of our products, we enclose a complete set of leaflets showing various products which are handled by our company. Quotations and samples will be sent upon receipt of your specific enquiry.
> We look forward to your early reply with much interest.
>
> Yours sincerely,
> ×××

例 1-2　由买方撰写的建交信

> Dear Sirs,
> We owe your name to the Bank of China Beijing Branch, through whom we understand that you are well experienced in the export of engineering equipment with service.
> We take this opportunity to introduce ourselves as one of the importers buying various kinds of machines.
> In order to let us have a better understanding of your products, would you please send us by return mail catalogues and price lists of your products with full details. Upon receipt of such materials, we shall see what items are of interest to us and pass our enquiries to you.
> We are looking forward with interest to hearing from you soon.
>
> Yours faithfully,
> ×××

例 1-3　对建交信的回复

> Dear Sirs,
> We thank you for your letter of Aug. 21 and shall be glad to enter into business relations with you.
> Complying with your request, we are sending you under separate cover our latest catalogue and a price list covering our exports.
> Payment should be made by an irrevocable and confirmed letter of credit.
> If you find business possible, please contact us for offers.
>
> Yours faithfully,
> ×××

情景模拟

郭东今年从××大学国际贸易专业毕业了,进入了××市思马特国际贸易公司做业务员。思马特国际贸易公司成立仅仅2年,但该公司发展很快,已经由创业初期的2名业务员发展到15名业务员,经营范围以鞋类为主,包括各种皮鞋、运动鞋、劳保鞋(Labour Shoes)等。按照公司的规定,业务员的收入是和业务量直接相关的,因此郭东进公司后面临的第一个问题,就是动用全部资源寻找潜在的客户。

郭东一方面通过阿里巴巴网站发布了该公司的产品信息,主动出击;另一方面也浏览国外买家在报纸、杂志和网页上留下的求购信息。

20××年3月8日,他在××网站上看到一家韩国公司(简称D.D.公司)和一家德国公司(简称MRK公司)求购鞋的信息,立即撰写了一封要求与他们建立业务关系的建交函。

德国公司资料:
MRK INTERNATIONAL TRADING COMPANY
HEINRICH BUERGERS STRASSE 10
D-50827 COLOGNE
FEDERAL REPUBLIC OF GERMANY
EMAIL: mak@mrk.com
PHONE: +49 (0)2303 673633

韩国公司资料:
D.D. TRADING COMPANY
4×× PUSANNIN-GU
PUSAN, KOREA
EMAIL: DDTRADE@YAHOO.COM

××市思马特国际贸易公司基本资料:
××SMART INTERNATIONAL TRADE COMPANY
××YANDANG ROAD
××CHINA
SMART@SMART.COM
TEL: 0086-05××-878899××

要求:给韩国公司和德国公司撰写建交函。

自我训练

练习一

试将下列在交易磋商中常用的句子翻译成英语。

(1) 对于贵公司的产品,我们非常感兴趣。若贵公司能寄上商品目录以及交易条件,将不胜感激。

(2) 我们是本地最大的服装出口商,我们的产品销售遍布欧洲各国。

(3) 我们给您写信的目的是想与贵公司建立长期的业务联系。我相信,以我们产品的质量和优惠的价格,一定会得到你们市场客户的欢迎。

(4) 我们的报价十分合理,已为你地其他客户所接受。

(5) 此报价盘为实盘,你方在5天之内回复我方有效。

练习二

拟写建交函。

DEPRTGDG Co. Ltd. 是意大利一家有名的批发商。××东方打火机公司是专营打火机产品的一家股份制生产型企业,成立于1988年,拥有外贸自营权。该公司最近新开发了一批玩具型打火机,款式新颖,制作精巧,选材独特,既可以用来玩耍,又可以作为礼品。该产品已经在东南亚地区打开销路。请根据上述背景,以公司业务员的身份撰写一封信函给DEPRTGDG公司,推荐上述产品,并说明会随信寄公司产品目录并另寄样品。

训练二　商品报价

价格是发盘中最重要和最关键的一个因素。买卖双方的磋商往往都围绕着价格谈判进行。因此,计算出口产品的成本并向买方合理报价是磋商过程中非常重要的一步。掌握报价计算的一些基本要点和技巧,并根据计算的结果向买方撰写发盘信,是本章的重点。

本章要求

★ 掌握商品报价的计算方法
★ 撰写发盘信

一、出口商品价格构成

要合理地进行出口商品报价,先要了解价格的构成。一般情况下,出口商品对外报价须根据出口成本、国际市场价格水平、企业预期利润、经营意图等多方面因素综合考虑。有时候,根据贸易术语的不同还要考虑运输费用和保险费用。

对外贸易报价在表述上由四个部分构成:

USD	45.00	PER PIECE	CIF HAMBURG
计价货币	单价金额	计量单位	贸易术语

对外贸易报价中常用的是 FOB 价、CFR 价和 CIF 价。价格一般由成本、费用和利润三个部分构成,其公式如下:

$$价格 = 成本 + 费用 + 利润$$

二、商品实际采购成本

当我们以 FOB 价格成交时,就出口商品成本而言,应当包括两部分:一是商品本身的成本,即商品实际采购成本。二是商品装运前的国内其他费用,如国内运输费、认证费、仓储费、商检费、业务费用等。

对于专门从事出口贸易的出口商而言,一般都不是直接出口自己生产的产品,而是从国内生产企业或流通企业采购进货。在采购时支付的价格称为采购成本,一般都包含税收(主要是增值税)。增值税是以商品进入流通环节所发生的增值额为课税对象的一种流转税。由于出口商品通常进入外国流通领域,因此许多国家为降低出口商品的成本,增强其在国际市场上的竞争力,往往对出口商品采取增值税款全额或按一定比例退还的做法。我国也采取类似的做法。出口退税应该看作出口商的收入。出口商在核算价格时,就应该将含税的购货成本中的税收部分根据出口退税比例予以扣除,从而得出商品实际采购成本。为了表述方便,在下面的说明中,"购货成本"就代表包含增值税的价格,而"不含增值税价格"就是在购货成本中去掉了增值税的价格。

重要公式

实际采购成本＝购货成本－出口退税额 　　　　　　　　　　　　　　　　（公式①）

＝购货成本×(1＋增值税税率－出口退税率)÷(1＋增值税税率)

知识链接

实际采购成本是怎么计算出来的?

在推导公式之前,我们应该先了解税收和退税额是怎么确定的。通常,国家会通过法律形式公布某种税的税率,将税率与征税价格相乘便可以得到征税额。而征税价格应该是一个不含税的价格。以增值税为例,企业的增值税额应该是不含增值税的基础价格与增值税税率的乘积,即:

增值税额＝不含增值税价格×增值税税率 　　　　　　　　　　　　　　　（公式②）

同样的道理,国家对出口产品的退税额也是不含增值税的价格与出口退税率的乘积,即:

出口退税额＝不含增值税价格×出口退税率 　　　　　　　　　　　　　　（公式③）

因此,要计算企业的实际采购成本,关键就在于计算出口退税额。而计算出口退税额,关键又在于计算不含增值税的商品价格。

在搞清楚这些基本概念之后,我们推导如下:

购货成本＝不含增值税价格＋增值税额 　　　　　　　　　　　　　　　（公式②代入）

＝不含增值税价格＋不含增值税价格×增值税税率

＝不含增值税价格×(1＋增值税税率)

倒推过来,不含增值税价格＝购货成本÷(1＋增值税税率) 　　　　　　　（公式④）

出口退税额＝不含增值税价格×出口退税率 　　　　　　　（已知公式③,公式④代入）

＝购货成本÷(1＋增值税税率)×出口退税率 　　　　　　　　　　（公式⑤）

实际采购成本＝购货成本－出口退税额 　　　　　　　　　　　　　　　（公式①）

＝购货成本－购货成本÷(1＋增值税税率)×出口退税率 　　（公式⑤代入）

＝购货成本×[1－出口退税率÷(1＋增值税税率)]

＝购货成本×(1＋增值税税率－出口退税率)÷(1＋增值税税率)

例 2-1　计算实际采购成本

我国某贸易公司收到日本某公司求购 150 000 支彩色笔的询盘,经了解这批笔进货价格为 60 000 元人民币(含增值税,增值税税率为 17%)。求每支笔的实际采购成本(出口退税率为 13%)。

解:实际购货成本＝购货成本×(1＋增值税税率－出口退税率)÷(1＋增值税税率)

$$=60\ 000\times(1+17\%-13\%)\div(1+17\%)$$

$$=53\ 333.33(元)$$

所以,每支笔的实际采购成本＝53 333.33÷150 000＝0.356(元/支)

例 2-2　计算实际采购成本和出口退税额

甲外贸公司从乙生产厂家购买 10 000 只打火机,购货成本是 25 000 元,增值税税率是 17%,出口退税率是 11%。那么甲外贸公司能够得到多少出口退税?退税后的实际采购成本又是多少?

解:实际采购成本＝购货成本×(1＋增值税税率－出口退税率)÷(1＋增值税税率)

$$=25\ 000\times(1+17\%-11\%)\div(1+17\%)$$

$$=22\ 649.57(元)$$

出口退税额＝购货成本－实际采购成本

$$=25\ 000-22\ 649.57$$

$$=2\ 350.43(元)$$

小思考:出口退税率的变化会对实际采购成本产生什么影响?

三、出口商品的国内费用

> **知识链接**
>
> ### 常见的出口费用
>
> 1. 包装费用(Packing Expenses):包括装箱费、包纸费及印刷唛头费等。
> 2. 存储及处理费用(Storage and Handling Expenses):包括仓租及整理费等。
> 3. 国内运费(Inland Transportation Expenses):即将商品运至出口地点货柜场或码头所需的运费,如铁路运费、卡车运费及搬运费。
> 4. 检验及证明书费用(Inspection & Certificate Fees):包括品质检验费、公证费、领事签证费、品质(化验)费、原产地证明书费、商会证明书费等。
> 5. 装货费用(Shipping Expenses):是将商品在码头、机场装上船舶或飞机所需的费用,狭义的装货费用是指装载费(Loading Charges);广义的装货费用包括起重机使用费、驳船费及过磅费。

(续上)

> 6. 出口捐税(Export Taxes and Duties)：包括出口费、增值税等。
> 7. 邮电费(Correspondence Charges)、银行手续费(Banking Charges)：包括通讯、审证、通知、押汇等手续费。
> 8. 预计损失(Expected loss)：指可能的耗损、漏损及破损等。
> 9. 利息(Interest)：指出口商自国内采购至收到国外进口商付款期间因垫付资金所产生的利息，可以是向金融机构借款的应付利息或占用出口商自有资金按"机会成本"估算的部分。
> 10. 业务费用(Operating Charges)：指出口商在经营中发生的有关费用，如交通费、交际公关费、管理费等。
> 11. 海运或陆运、空运费(Ocean, Land or Air Freight)：指货物出口相关运费。
> 12. 海运、空运或陆运货物保险费(Marine, Air or Land Transportation Cargo Insurance Premium)：指出口商向保险公司投保时所支付的相关保险费。
> 13. 买方佣金(Commission)：指出口商支付给买方或采购代理的佣金。

除了实际采购成本，出口商品成本中还有大量的国内费用。出口货物涉及的各项国内费用在报价时大部分还没有发生，因此，该费用的核算实际是一种估算。想要把出口商品的点滴费用都逐项准确地计入成本，既不可能也没必要。费用估算只能根据过去和现有积累的材料，对主要费用作笼统估算计入。费用估算有两种方法：

第一种方法是先将货物装运前的各项费用根据以往的经验进行估价并累加，然后除以出口商品数量并得出单位商品装运前费用，即：

$$\text{单位商品国内总费用} = \text{各项装运前费用之和} \div \text{出口商品数量}$$

第二种方法是当该类费用在货价中所占比重比较低且项目繁琐时，贸易公司根据以往经营各种商品的经验，采用定额费率的做法。定额费率是指贸易公司在业务操作中对货物装运前发生的费用按公司年度实际支出规定一个百分比，一般为公司购货成本的3%～10%左右。在实践中，该费率由贸易公司按照不同的商品、交易额大小、竞争的激烈程度自行确定。

例2-3 用累加的方法计算出口商品的国内费用

承例2-1，估计该批货物国内运杂费共计1 200元，出口商检费用300元，报关费100元，银行手续费800元，其他各种费用1 500元。求每支笔装运前的各项国内费用是多少？

解：在这个例子中，装运前各项费用已经被详细地列出来，故采用第一种方法：

$$\text{每支笔国内总费用} = \text{各项装运前费用之和} \div \text{出口商品数量}$$
$$= (1\,200 + 300 + 100 + 800 + 1\,500) \div 150\,000$$
$$= 0.026(元/支)$$

例2-4 用定额费率的方法求出口商品的国内费用

承例2-1，假定国内各项费用之和约占进货价的5.5%，求每支笔装运前的各项国内费用是多少?

解:在这个例子中,已知定额费率为5.5%,故采用第二种方法:

每只笔国内总费用=60 000×5.5%÷150 000=0.022(元/支)

究竟采用哪种方法确定单位产品国内费用,应当根据数据的准确性、价格的竞争性及定价策略等因素综合决定。在实践中,因出口费用涉及项目繁琐、单位众多、各种费用不易精确估算,因此常采用定额费率的方法加以核算。

四、出口商品的运输费用

在国际货物买卖中,在CIF或CFR条件下,办理运输并支付运费是出口商应尽的责任。此时,运费就成为构成货物价格的要素之一。目前,全世界的出口商品80%以上采用的是海洋运输的方式。因此,在本书中,我们跟大家介绍的就是海运运费计算的方法。

(一)班轮(散货)运费

班轮(散货)运费的计算首先要看船公司的班轮运价表,运价表中船公司按照不同商品的性质及其装载保管的难易程度,划分为若干等级,规定不同的费率。该费率一般不会经常发生变动,这有利于货主核算运费。而且,货物在港口的装卸费用,都已经包括在班轮运费中,船公司一次收足,货主不必另付。

班轮运费一般分"基本费率"和"附加费"。基本费率(Basis Rate)是指货物从装运港到目的港所应收取的费用,包括货物在港口的装卸费用。基本费率是构成全程运费的主要部分。但由于构成海运运费的各种因素,如燃油价格、货币汇率、港口拥挤程度等经常发生变化,各船公司就采取征收各种附加费(Surcharge)的办法以维持其营运成本。

1. 班轮基本运费的计费方式

班轮基本运费的计费主要有八种方式:

(1)按货物毛重。以重量吨(Weight Ton)计收,在运价表中以"W"表示。

(2)按货物体积。以尺码吨(Measurement Ton)计收,在运价表中以"M"表示。

(3)按货物的毛重或体积。在运价表中以"W/M"字母表示,以其较高者计收运费。

(4)按货物的价格,又称从价运费。在运价表中以"AV"或"Ad Val"表示。一般按货物FOB价值的一定百分比收取。

(5)按收费高者计收。选择较高的一种作为计算运费的标准。例如,在运价表上注有"W/M or A.V."的,表示在重量吨、尺码吨或从价运费三种标准中,选择高的收费;在运价表上注有"W/M"的,表示在重量吨与尺码吨两种标准中,选择高的收费。此外,还有使用"W/M Plus AV"的,表示先按货物重量吨或尺码吨从高计收后,另加收一定百分比的从价运费。

(6)按货物的件数计收。比如,车辆、活牲畜等。

(7)议价运费率(Open Rate)。议价运费率是指没有具体规定,双方临时议定运费率。

(8)起码费率(Minimum Rate)。起码费率是指提单上所列运费如未达到运价表中规定的最低运费额时,则按最低运费计收。

2. 班轮附加费的种类

班轮附加费主要分为十种:

(1)燃油附加费(Bunker Adjustment Factor or Bunker Surcharge, BAF or BS)。燃油附

加费是指在燃油价格突然上涨时加收的附加费。

（2）港口附加费(Port Surcharge)。港口附加费是指有些港口因设备条件差、装卸效率低，或其他原因，由船公司加收的附加费。

（3）港口拥挤附加费(Port Congestion Surcharge)。港口拥挤附加费是指有些繁忙的港口（如鹿特丹、纽约港等），或是在一些繁忙的运输季节（如圣诞节前），由于拥挤造成船舶停泊时间增加而加收的附加费。

（4）货币贬值附加费(Currency Adjustment Factor，CAF)。货币贬值附加费是指在某种货币贬值时，船方为使实际收入不减少，按运价的一定百分比加收的附加费。

（5）绕航附加费(Deviation Surcharge)。绕航附加费是指在正常航道受阻不能通行时，船舶必须绕道才能将货物运至目的港时，船方所加收的附加费。

（6）转船附加费(Transhipment Surcharge)。转船附加费是指凡运往非基本港的货物，需转船运往目的港时，船方所收取的附加费，包括转船费和二程运费等。

（7）直航附加费(Direct Additional)。直航附加费是指当运往非基本港的货物达到一定的货量，船公司可安排直航该港而不转船时所加收的附加费。

（8）选卸港附加费(Additional for Optional Destination)。选卸港附加费是指如果货方在托运时尚不能确定具体的卸货港，要求在预先提出的两个或两个以上港口中选择某一港口卸货时，船方加收的附加费。

（9）变更卸货港附加费(Additional for Alteration of Destination)。变更卸货港附加费是指货主要求改变货物原来规定的卸货港，在有关当局（如海关）准许而船方又同意的情况下，所加收的附加费。

（10）超重超长附加费(Heavy Lift，Long Length Additional)。超重超长附加费是指当一件货物的毛重、长度或体积超过或达到运价表规定的数值时所加收的附加费。

3. 班轮运费计算步骤

班轮运费的计算主要分为五个步骤：

（1）选择相关的运价表。

（2）根据货物名称，在货物分级表中查到运费计算标准和等级。

（3）在等级费率表的基本费率部分，找到相应的航线、启运港、目的港，按等级查到基本运费。

（4）从附加费部分查出应付的附加费项目、数额（或百分比）及货币种类。

（5）根据基本运费和附加费算出实际运费。

重要公式

$$F = F_b \times (1 + \sum s) \times Q$$

式中　F——班轮运费；

　　　F_b——基本运费率；

　　　$\sum s$——附加费率之和；

　　　Q——总货运量。

例 2-5　计算班轮(散货)运费

某中国公司出口 A 货物,共 18.5 公吨,12.876 立方米,由上海装船经香港至温哥华。经查,该货收费标准为 W/M,8 级,上海至香港基本费率为 USD 20.5/运费吨,香港至温哥华 USD 60/运费吨,另收香港中转费 USD 13/运费吨,燃油附加费 8%,港口拥挤费 12%。请计算这批货物的总运费。

解:(1) 该货收费标准为 W/M,重量吨是 18.5 运费吨,尺码吨是 12.876 运费吨,重量吨大于尺码吨,故采用重量吨计算。

(2) 计算运费。

$$F = F_b \times (1 + \sum s) \times Q$$
$$= (20.5 + 60 + 13) \times (1 + 12\% + 8\%) \times 18.5$$
$$= 2\,075.7(美元)$$

(二) 集装箱运费

集装箱运费分为整箱货运费和拼箱货运费两种。

1. 拼箱货运费的计算

拼箱货(Less Than Container Load,LCL)是指承运人在集装箱货运站将不同发货人的货物拼装在一个集装箱内,货到目的港后,由承运人拆箱后分拨给各收货人。

使用拼箱货运输的货物的体积往往比较小,不能将一个集装箱装满,所以为了节省费用,和其他货主共同拼凑一个集装箱。

拼箱货运输费用一般沿袭班轮(散货)运价的计算方法,即基本费率加附加费,俗称散货价。

2. 整箱货运费的计算

整箱货(Full Container Load,FCL)是指由供货方在工厂和仓库进行装箱,货物装箱后直接送集装箱堆场等待装运,货到目的地(港)后,收货人可直接从目的地(港)集装箱堆场提货。

运用整箱货运输的货物往往比较多,按照货物的体积,可以选择 20 英尺、40 英尺或 40 英尺高柜的集装箱。

资料库

集装箱的体积

国际标准化组织为了统一集装箱的规格,推荐了 3 个系列 13 种规格的集装箱。我国在贸易中最常用的是 20 英尺($8 \times 8 \times 20$)和 40 英尺($8 \times 8 \times 40$)两种,其中,20 英尺集装箱被称为集装箱的标准箱位(即 TEU,Twenty-feet Equivalent Unit)。

20 英尺的集装箱的装载量是 17.5 公吨,有效容积一般为 28 立方米。40 英尺集装箱的载重量是 24.5 公吨,有效容积为 55 立方米。通常轻货比较适宜用 40 英尺集装箱,重货适宜用 20 英尺集装箱。

整箱货通常采用包箱费率(Box Rate)，以每个集装箱为计算单位规定运费。各船公司根据自己的需要定出各自不同的包箱费率，而常见的包箱费率有以下三种形式：

（1）FAK(Freight For All Kinds)包箱费率，即对每一集装箱不分货物级别统一收取的费率。

（2）FCS(Freight For Class)包箱费率，是按不同货物等级制定的费率。

（3）FCB(Freight For Class & Basis)包箱费率，是按不同货物等级或货类以及计算标准制定的费率。

使用整箱货运输时，必须计算整箱可以容纳的货物数量。因此，若要计算整箱货单位产品的运费，必须遵循以下四个步骤。

第一步，计算每一集装箱可以运输的总箱数。

第二步，区别包装费率的种类，属于FAK包箱费率的，直接查其报价；属于FCS、FCB包箱费率的，则在货物等级表上查出货物等级并对照运价表查出其报价。

第三步，计算单位包装的运费。

第四步，计算单位产品运费。

例2-6 计算单位产品的集装箱运费

上海某公司出口劳动布手套至新加坡，货物为纸箱包装，包装尺码为 $54 \times 44 \times 40$ 厘米，每个纸箱内装手套4打。若准备出口一个20英尺集装箱的劳动布手套，上海到新加坡的20英尺集装箱包箱费率为800美元。求每打手套的运费是多少？

解：一个20英尺的集装箱一般按照28个立方米来计算体积。

$$\text{每个纸箱的体积} = 54 \times 44 \times 40 = 95\,040 \text{(立方厘米)} = 0.095\,04 \text{(立方米)}$$

$$\text{一个20英尺集装箱可以运输的总箱数} = 28 \div 0.095\,04 = 294.6 \text{(箱)}$$

一个20英尺集装箱可以运输的总箱数取整应为294箱。该运费属于FAK包箱费率，对照费率表每集装箱费率为800美元。

$$\text{单位纸箱运费} = \text{集装箱包箱费率} \div \text{总箱数} = 800 \div 294 = 2.721 \text{(美元/箱)}$$

$$\text{每打手套运费} = \text{单位纸箱运费} \div \text{每箱内装手套打数} = 2.721 \div 4 = 0.68 \text{(美元/打)}$$

五、出口商品的保险费用

如果出口商品是以CIF条件成交，则意味着卖方不仅要考虑出口商品的成本、运费，还要负担运输途中的保险费。那么，要如何计算单位产品的保险费呢？

计算保险费，先要计算被保险金额。被保险金额是在CIF合同金额的基础上加一定的比例计算出来的。加一定的比例是因为交易中包含着买方的进口费用和预期利润。这一外加的比例叫投保加成率。投保加成率又称保险加成率，由买卖合同确定，一般有10%、20%、30%。在实践中最常用的是10%。在计算出被保险金额后，还要看保险公司的保险费率。保险费率根据所保的险种、运输方式、运输目的地的不同而不同。承保的风险范围越大，运输的距离越长，保险费率越高。被保险金额与保险费率的乘积，就是应该向保险公司支付的保险费。需要注意的是，保险费采取进1的方法，如果计算结果出现几角几分，一律向整数进1元，而不是四舍五入。

重要公式

保险费＝被保险金额×保险费率

保险金额＝CIF货价×(1＋投保加成率)

保险费＝CIF货价×(1＋投保加成率)×保险费率

例 2-7 计算保险费

某企业向欧盟出口低压电器，合同规定以 CIF 价格成交，成交总金额是 51 508 美元。现向保险公司投保，投保加成 20%，保险费率是 0.85%。试计算保险费。

解：保险费＝被保险金额×保险费率＝51 508×(1＋20%)×0.85%＝525.381 6(美元)

取整后保险费为 526 美元。

六、预期利润的计算

利润是价格的重要组成部分，也是出口商应得的收入。价格中所包含的利润水平一般根据商品、行业、市场需求以及企业的价格策略来决定，因此，它并没有一定的标准，往往由出口商自行决定。在实践中，出口商往往根据以往的经验，按出口成本的某一固定的百分比作为自己的预期利润率。

例 2-8 计算预期利润和出口价格

某公司单位产品的出口总成本为 100 美元。若利润率为出口总成本的 15%，计算出口价格和利润额。

解：利润额＝出口成本×利润率＝100×15%＝15(美元)

出口价格＝出口成本＋利润额＝100＋15＝115(美元)

七、出口报价综合计算

(一) 以 FOB 价格成交的商品报价

FOB 报价需要考虑的成本包括实际采购成本和其他国内费用。在此基础上要加上出口商的预期利润率，并转化为相应的报价货币。

重要公式

FOB 价＝出口成本×(1＋预期利润率)÷外汇汇率

＝(实际采购成本＋国内总费用)×(1＋预期利润率)÷外汇汇率

例 2-9 以 FOB 价格成交的商品报价

某外贸公司向美国出口运动鞋，公司的购货成本是每双鞋 45 元人民币，增值税税率是 17%，出口退税率是 13%，人民币和美元的兑换比价是 6.20。鞋子在出口前国内所需的费用为购货价格的 7%。外贸公司预计的出口利润率为 12%。试问该公司向外商报的 FOB 价格为多少？

解：实际采购成本＝购货成本×(1＋增值税税率－出口退税率)÷(1＋增值税税率)
　　　　　　　　＝45×1.04÷1.17＝40(元)
　　每双鞋国内总费用＝购货成本×定额费率＝45×7％＝3.15(元)
　　出口成本＝实际购货成本＋单位产品国内总费用
　　　　　　＝40＋3.15＝43.15(元)
　　FOB价＝出口成本×(1＋预期利润率)÷外汇汇率
　　　　　＝43.15×(1＋12％)÷6.20＝7.79(美元/双)

（二）以 CFR 价格成交的商品报价

比起 FOB 价格，CFR 价格最大的难点就在于运费的计算。若已知 FOB 价格，只要计算出运费，并把两者相加，就可以得到 CFR 价格了。

重要公式

CFR＝FOB＋运费

例 2-10　已知 FOB 价格，求 CFR 价格

某公司准备向日本出口冻驴肉 5 公吨，共需装 250 箱，每箱毛重 25 千克，每箱体积 20×30×40 立方厘米。我公司报价 FOB 温州 30 美元。日本来电要求该公司报 CFR 神户价格。已知温州到神户每运费吨价格为 144 美元，计费标准 W/M，请计算总运费和 CFR 价格。

解：每箱体积＝20×30×40＝0.024(立方米)
　　每箱重量＝25(千克)＝0.025(公吨)

计费标准是 W/M，用重量计算运费大于用体积计算运费，所以按重量计算。

　　　　每箱运费＝144×0.025＝3.6(美元)
　　　　总运费＝3.6×250＝900(美元)
　　　　CFR＝FOB＋运费＝30＋3.6＝33.6(美元)

（三）以 CIF 价格成交的商品报价

CIF 价格需要在 FOB 价格的基础上进一步考虑运费和保险费。因此，需要用到保险费的计算公式。

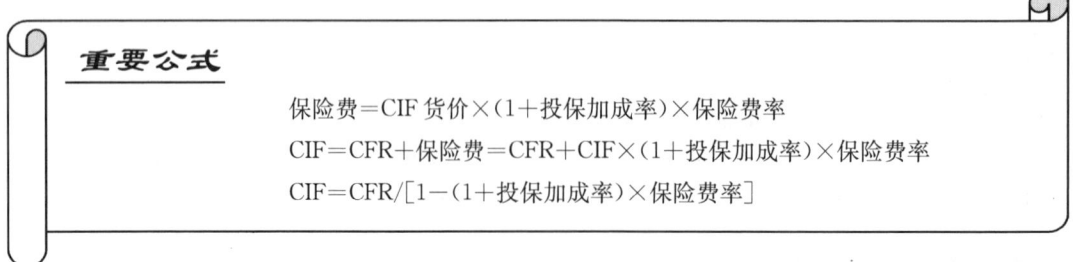

重要公式

保险费＝CIF 货价×(1＋投保加成率)×保险费率
CIF＝CFR＋保险费＝CFR＋CIF×(1＋投保加成率)×保险费率
CIF＝CFR／[1－(1＋投保加成率)×保险费率]

例 2-11　已知 CFR 价格，求 CIF 价格

向日本出口钢材，已知 CFR 价格为每公吨 520 美元，现改报 CIF 价格，投保一切险，投保加成 10％，保险费率 0.55％，试计算 CIF 价格。

解：CIF ＝CFR÷[1－(1＋投保加成率)×保险费率]
　　　＝520÷[1－(1＋10％)×0.55％]
　　　＝523.17(美元)

（四）佣金计算

佣金(Commission)是卖方或买方付给中间商的劳务报酬。包含佣金的价格称为含佣价。价格中不包括佣金的则称为净价。含佣价常用贸易术语后面加上佣金百分比的方法表示，如CIFC5 表示含 5％佣金的 CIF 价格。

> **重要公式**
>
> 净价＝含佣价－佣金
>
> 佣金＝含佣价×佣金率
>
> 净价＝含佣价－含佣价×佣金率＝含佣价×(1－佣金率)
>
> 含佣价＝净价÷(1－佣金率)

例 2-12　将净价换算成含佣价

某商品出口每套 50 美元 FOB 温州，若客户要求改报 FOBC5，试求含佣价。

解：FOBC5＝FOB÷(1－佣金率)＝ 50÷(1－5％)＝52.63(美元)

八、撰写发盘信

在出口报价计算完成之后，出口商还必须考虑其他条件，如装运期、包装、结算方式等内容。在确定这些条件之后，要及时地向客户回复，撰写发盘信(或叫报价函)。

发盘信在语言上要注意简洁、明了；在内容上，关于交易的各项主要条件，包括商品名称、质量、数量、价格、支付方式、包装、交货期等要交代得十分清楚、确定，不能有丝毫含糊。必要时还可以将佣金、折扣等条件一并告知对方。在交代这些条件时，可以用列举的方法，也可以用语言描述的方法。在信的结尾时，可以说明发盘的有效期以及一些促销的语言，以促使对方尽快作出决定。

例 2-13　撰写发盘信

Dear Mr. Phpham,

　　Thank you for your inquiry of June 16 for our Tiger brand bicycles. At your request, we are making you the following offer subject to your reply reaching here before July 15.

Item#	Size		Unit Price
033450	20″	men's	USD 25.00
033451	20″	women's	USD 27.00
043450	26″	men's	USD 26.00
043451	26″	women's	USD 28.00

　　Payment: By irrevocable Letter of Credit in seller's favor.
　　Delivery Date: Within 45 days after receipt of your L/C.

(续上)

> The above prices are on a CIF San Francisco basis. Please note that commissions are not allowed but a 5% discount applies to orders for each item exceeding 1 000.
>
> We manufacture and export 10 models of bicycles which are well-known for their solid frame, reasonable prices, and attractive design. If you are interested in other models, please see the enclosed illustrated catalogue.
>
> We look forward to your order.
>
> Yours Sincerely,
Encl.

例 2-14　撰写发盘信

> Dear Sirs,
>
> <u>Groundnuts</u>
>
> We confirm your fax of September 2 asking us to make you firm offer for groundnuts CFR London. We fax back this morning, offering you 250 M/T of groundnuts, hand-picked, shelled at USD 200 per metric ton CFR London of any European main port for shipment during October/November. This offer is firm, Subject to the receipt of reply by us before September 25.
>
> Please note that we have quoted our most favourable price and are unable to entertain any counter offer.
>
> Yours truly,
×××

情景模拟

郭东发出建交函和有关的产品资料之后，很快便收到了来自韩国 D. D. TRADING COMPANY 和德国 MRK International Trading Company 的回复。

> Dear Mr. Guo,
>
> We are very glad to receive your letter of Mar. 8th. As you know, we are one of the leading importers for shoes in Korea, and we need a reliable supplier in China.
>
> Your catalogue has been carefully studied and we are interested in your TENDENCY SHOE 767. Can you give me your favorable price of CIFC5 PUSAN if we order a 20' container?
>
> Your early reply will be highly appreciated.
>
> Truly Yours,
D. D. TRADING COMPANY

MRK International Trading Company
10 Heinrich Buergers Street
D-50827 Cologne
Federal Republic of Germany

Dear Mr. Guo,

　　We thank you for your letter dated Mar. 8th. We are a large dealer in shoes and believe there is a promising market in our area for competitive priced goods of this kind mentioned. As expected, the quality of our orders to be placed will be very large, and it is anticipated that the prices you are going to quote would be very competitive. Morever, since the season is coming soon, early deliveries are absolutely necessary.

　　When quoting, please let us have your prices on FOB NINGBO of FASHION SHOE 342. Please be assured that should your prices be competitive, we will place orders with you in time.

　　Your prompt reply to this inquiry will be appreciated.

Faithfully yours,
Sebastian Griebsch
Vice Manager of Purchasing Dept.

　　收到对方的回复,郭东有一点激动。在发出大量的建交信和资料后,终于有公司来了回复,并明确表示对产品感兴趣。郭东不敢掉以轻心,马上考虑如何向对方报价。报价前,郭东收集了报价所需要的资料:

品名:TENDENCY SHOE 767

购货价格:78元/双

包装方式:12双/箱

每箱包装规格:84×35×50立方厘米

品名:FASHION SHOE 342

购货价格:72元/双

包装方式:15双/箱

每箱包装规格:86×40×52立方厘米

　　鞋子的增值税税率是17%,出口退税率是13%。出口这批货的国内其他费用约占购货价格的12%。宁波到韩国釜山的20英尺柜的包箱费率是2 200元。投保加成是10%,投保一切险和战争险的保险费率是0.85%,公司对韩国公司的预期利润率是10%,对德国公司的预期利润率是14%。目前的美元对人民币汇率是6.20:1,欧元对人民币汇率是8.00:1。20尺集装箱的可装体积为28立方米。根据上述资料,郭东要计算报价。

　　除了价格之外,郭东对与韩国公司成交的其他条件考虑如下:双方以不可撤销的即期信用证来结算;装运在收到对方开来的信用证后45天进行;保险按110%的发票金额向中国人民保险公司投保一切险和战争险。

　　郭东委托银行对德国公司资信进行调查评估后,决定与其成交的其他条件如下:双方以T/T来结算,50%订金,50%发货前。

　　在设定好这些交易条件后,郭东于3月18日给对方发盘,并要求对方的受盘须在10天之内到达我方。

要求：
（1）报价计算。
（2）撰写报价函。

自我训练

练习一

请计算下列产品的购货成本或实际成本（增值税税率均为17%，结果保留两位小数）。

品　名	购货成本(元)	退税率(%)	实际成本(元)
打火机	17	11	
塑料家具	1 272	11	
陶餐具		8	354
剃须刀		13	28.70
金属制品	3 584	5	

练习二

上海锦江公司出口一批液晶显示板，有两种货号：YJ741，工厂购货价为每台870元，共300台；YJ742，工厂购货价为每台910元，共300台。若增值税税率是17%，出口退税率是17%，请问锦江公司的总实际采购成本是多少？可以得到多少退税？

练习三

某礼品从宁波出口至美国旧金山。每一个礼品装一个箱子。已知每个箱子的体积为75×18×36立方厘米，毛重为2.1千克，计费方式W/M。宁波到旧金山的运价为89美元每运价吨。请问每个产品的运费是多少？

练习四

根据已知条件，进行CFR价格和CIF价格的换算。

CFR 价格(USD)	保险费率(%)	投保加成率(%)	CIF 价格(USD)
5.85	1	10	
189.77	0.8	20	
	1.2	10	69.12
	1.5	30	99.45

练习五

某笔交易合同成交金额为12 850美元，CIF条件成交。若按10%投保加成率计算，保险费率为0.8%。请问应向保险公司收多少保险费？

练习六

绍兴某纺织品进出口公司向欧洲出口一批女式衬衫。原来报价FOB NINGBO，9美元一件。现客户要求改报FOBC3% NINGBO价。请问要如何报价？

练习七

广东某公司出口一批刻录DVD，每台DVD的出厂价格是480元，共计1 000台。增值税税率和出口退税率均为17%。该批货物在国内的运输费用为2 000元,报关费用为150元,检验费用为800元,其他费用为4 500元。若该公司的预期利润率是8%,请报FOB GUANGZHOU的价格(汇率按6.20∶1计算)。

练习八

根据以下资料,计算FOB、CFR、CIF价格。

名　　称	货　号	PAIR/CTN	毛重(公斤)	净重(公斤)
眼镜架	TH-310	300	10	8
尺码(立方厘米)	含税价格(元)	增值税税率	出口退税率	汇率
79×23×26	12	17%	11%	6.20
订货数量(箱)	保一切险的费率	投保加成率	WENZHOU到DUBAI运费	利润率
30	1%	10%	USD 60每运费吨,W/M	10%
	国内其他费用			
	含税价格的10%			

练习九

温州市飞达汽车配件贸易公司欲出口一批汽车零配件,3个产品拼装在一个20英尺货柜。商品资料如下:

品　名　货　号	供货价格 (元/只)	包装方式 (只/箱)	包装规格 (立方厘米)	增值税税率 (%)	出口退税率 (%)
HORN DL137RED 24V	24.00	24	50×40×45	17	17
GASKET SILICOMRED	2.50	144	50×40×45	17	17
RADIATOR CAPSRC-12	8.00	200	50×40×45	17	17

这批货的国内运杂费是3 850元,出口商检费是200元,报关费是100元,港区杂费是1 000元,其他业务费用是800元。如果公司的预期利润是8%,请报上述3个产品FOB WENZHOU的价格(美元汇率6.20∶1,拼装时要求三个产品的箱数相等)。

练习十

绍兴许周有限公司收到美国I. C. ISAACS CO.的来函,全文如下。

Dear Sir,

　　We learned that you are manufacturers of polyester cotton bed-sheets and pillowcases from the internet. We'd like you to send us details of your products and some samples. Please state the terms of payment and discounts you would allow on purchase of not less than 300 hundred of individual items.

　　We believed there is a promising market in our area for moderately priced goods.

　　We are looking forward to your favourable reply.

Yours truly,

I. C. ISAACS CO.

Jonathan Smith

请根据以上信函拟写一封回信,回函要求包括以下内容:
(1) 产品的规格、价格和包装等资料可参见随寄的价目表。
(2) 产品种类太多,无法寄样品,等指定具体型号后另寄。
(3) 所提数目可以给2‰的优惠。
(4) 即期信用证付款。

训练三　出口还价

交易磋商其实就是一个讨价还价的过程。讨价还价的内容包括价格、支付条款、交货时间、包装方式以及售后保障等,其中,最重要的是价格的讨论。通常出口商报价后,进口商会提出降价要求。如何处理进口商的降价要求,是本训练的重点。

本章要求

★ 调整利润率,重新报价
★ 撰写还盘函

一、出口还价的基本要求

当出口商对外报出价格后,最理想的情况是进口商能够接受该报价。但在实际业务中,大多数的情况却是进口商希望降价。在进口商提出降价要求以后,如果出口商品处于卖方市场,出口商比较有成交把握时,最好能够据理力争,说服进口商接受原报价。否则,就要考虑接受进口商的还价或适当降价了。

在考虑接受进口商的还价或适当降价的策略中,我们要充分考虑利润、费用等因素的影响。在出口报价中,我们的基本要求是在已知出口商品的采购成本、国内费用、运输费用以及公司预期利润的条件下,计算出口报价。这是一个将报价作为计算结果的"正算"过程。而在出口还价核算时,我们是将外商的还价作为一个"已知数",以此来倒推采购成本、国内费用(运输费用变化的可能性不大)以及公司的预期利润。因此,我们分以下三种情况:

(1) 如果接受外商的还价,在其他条件(如采购成本、国内费用等)不变的情况下,计算公司的利润率。因为利润率的多少是能否接受对方还价的基础。

(2) 如果接受外商的还价,在其他条件可以改变的情况下,计算公司的利润。这里的其他条件可以改变是指出口公司有可能降低采购成本或国内费用等。

(3) 如果接受外商的还价,在保持公司的预期利润率不变的情况下,计算出能够接受的国内采购成本或费用。

重要公式

销售利润＝销售收入－实际采购成本－出口费用
利润率＝销售利润÷销售收入

二、出口还价方法

(一)接受对方报价,计算利润率

当进口方不能接受出口方的报价而要求降价时,比较简单和直接的方法是接受进口方的还价,在其他条件(如采购成本、国内费用等)不变的情况下,这样做会使出口方的利润减少。在贸易中获利是出口商的贸易目的,因此不可贸然接受还价,先要计算一下利润减少的程度再作出决定。

例 3-1 若接受对方还价计算利润率

在例 2-9 中,我外贸公司向美国出口运动鞋,报价 7.79 美元/双。美方回复,要求降为 7.17 美元。若我方接收对方的还价,计算我方的利润率。

解:此时销售收入 = 7.17 × 6.20 = 44.45(人民币元)

销售利润 = 销售收入 − 实际采购成本 − 出口费用
= 44.45 − 40 − 3.15 = 1.3(人民币元)

利润率 = 销售利润 ÷ 销售收入 × 100%
= 1.3 ÷ 44.45 × 100% = 2.92%

(二)接收外商的还价,尽量降低其他国内费用

若既要接受外方价格,又想要比较高的利润率,那么企业一定要充分挖掘自身的潜力,节省在各个环节的国内出口费用。

例 3-2 计算国内其他费用下降时的利润率

若我公司打算接受外商还价,又想保持较高利润率,故充分发挥内部潜力,将国内其他费用下降了 1 个百分点,请计算此时的利润率。

解:出口费用 = 购货成本 × 固定比例 = 45 × 6% = 2.7(人民币元)

销售利润 = 销售收入 − 实际采购成本 − 出口费用
= 44.45 − 40 − 2.7 = 1.75(人民币元)

利润率 = 销售利润 ÷ 销售收入 × 100%
= 1.75 ÷ 44.45 × 100% = 3.94%

(三)向生产商还价,降低采购成本

如果进口商要求降低价格,有一定实力的出口商可以利用自己在出口市场上的优势,与国内生产企业谈判,要求降低供货价格,并保持自己的预期利润率不变。

例 3-3 计算如何向国内生产商还价

若我公司打算接受外商报价,但是又想保持 12% 的利润率,那么就要求生产企业降低价格。请计算生产企业的价格要降到多少?

解:设现在新的国内采购价格是 M。

销售收入 = 销售利润 + 实际采购成本 + 出口费用

44.45 = 44.45 × 12% + 1.04 ÷ 1.17 × M + 7%M

M = 40.79(元)

(四) 各个环节都调整

综合上述方法,出口商可以一方面加强成本控制;另一方面又重新报一个比外商还价高一点的价格,以争取尽可能多的利润。

例3-4 在利润率和出厂价格都变化情况下的报价

经过与国内生产企业的协商,企业愿意将出厂价格下降2元人民币。另外,外贸公司经过内部商讨和潜力挖掘,将出口费用比例下降到6%,将预期利润率降到10%。请问此时要如何报价。

解:实际采购成本 = 购货成本 × (1+增值税税率－出口退税率) ÷ (1+增值税税率)

$$= 43 \times (1+17\%-13\%) \div (1+17\%)$$

$$= 38.22 (人民币元)$$

出口国内费用 = 购货成本 × 固定比例 = 43 × 6% = 2.58(人民币元)

FOB = 出口成本 × (1+预期利润率) ÷ 外汇汇率

$$= (38.22+2.58) \times (1+10\%) \div 6.20$$

$$= 7.24(美元)$$

三、撰写还盘函

还盘其实是对对方提出交易条件的拒绝。因此,必须非常礼貌,尽量委婉,不要直接生硬地拒绝,以免给对方留下不好的印象。若有新的条件提出,则尽量清楚、明白地表达为什么提出这个新的条件,以表明自己达成交易的诚意。所以,还盘函应包含下列要点:① 对对方报盘表示感谢;② 对不能接受表示遗憾;③ 适当地进行还盘;④ 表示达成交易的诚意,希望对方能够接受。必要时,也可以针对对方还价的理由进行反驳。

例3-5 还盘函

Dear Madam,

Thank you for your fax, but we are regretful to learn your opinion on our quotation. To be frank, our quality is much better than those made in India and Vietnam. So we can't offer prices as low as theirs.

But since this is going to be the first transaction between us and our products are new to your customers, we are ready to make you the following new offer:

Art. No.	Unit Price	
SBT-121	USD 104.16	CIFC5 SINGAPORE
7003	USD 89.02	CIFC5 SINGAPORE
SDM-02	USD 115.20	CIFC5 SINGAPORE

This is the best we can do. If you make the decision, please place your order with us as soon as possible.

                   Yours sincerely,

                     ×××

例 3-6 对还价的否定答复

Dear Sir,

Thank you for your letter dated June 24. We very much regret that we are unable to entertain your counter offer of USD 280.00 per metric ton of polished rice, CIF Singapore.

We must point out that your bid is out of line with the current market price. Other companies in your region are buying freely at our quoted price.

For your information, the market is firm and tending upward. There is very little likelihood of any significant change in the future.

In view of the above, we suggest that it is in your interest to accept our price of USD 300.00 per metric ton without delay.

Yours faithfully,
×××

情景模拟

在第一次报价后 5 天,郭东收到了 D. D. 公司及 MRK 公司的回函。回函如下:

Dear Mr. Guo,

Thank you for your quotation of Mar. 18. Although you believe your price is competitive, we think it's too high for us to accept it. You know there is a very large market in our country, and we are the leading importer in this line. If you would like to cut your price to USD 10.00, we will place our order immediately. All other terms and conditions are unchanged.

Please consider our counter-offer and give us your reply ASAP.

Truly yours,
D. D. TRADING COMPANY

面对韩国 D. D. TRADING COMPANY 的还价,郭东首先核算了自己的利润率,发现实在太低不能接受。但考虑到韩国市场确实是一个非常巨大的新兴市场,为了以后双方能够长期合作,郭东认为公司应当作一些适当的让步,以赢得客户的好感和信任。在和公司领导商量后,郭东一方面与国内供应商联系,要求降低采购成本 2 元;另一方面他又调整了公司的预期利润率,由 10% 下降到 7%。

Dear Mr. Guo,

We acknowledge receipt of your offer of March 18, while we find your price is rather too high for the market we wish to supply. We have also to point out that the FASHION SHOE 342 are available in our market from several Asian manufactures, all of this are at prices from 10% to 15% below yours.

> Such being the case, we have to ask you to consider if you can make reduction in your price, say 7%.
>
> Furthermore, we would like 30% deposit and the balance against the copy of B/L. We await with keen interest your immediate reply.
>
> Yours faithfully,
Sebastian Griebsch

面对德国 MRK 公司的还价,郭东考虑到德国公司对产品质量的要求较高,认为 10% 的降幅不能接受。但考虑到 MRK 公司是非常大的分销商,与其合作是打开欧盟市场的一个契机,也为了与其建立长期的业务合作,郭东在与供销商联系后,双方达成协议,降低采购成本 1 元;在利润率方面,他考虑在原有的基础上降低 3%。

要求:
(1) 若接受对方报价,计算利润率。
(2) 若不接受对方还价,根据上述资料,重新计算报价并撰写还盘函。

自我训练

练习一

训练 2 练习七中,若公司为了争取客户,将预期利润率调整为 6%。请问公司该如何报价?

练习二

泰国某公司向××兴鑫进出口公司订购文件夹,起订量为 1 个 20 英尺货柜。泰国公司主动递盘为 FOB WENZHOU USD 34.85 PER DOZEN。工厂供货价为每打 280 元,含 17% 增值税,出口退税率为 9%,国内费用按购货成本的 3% 计(美元汇率为 6.20:1)。请问:
(1) 在这笔业务中,该进出口公司能否达到 8% 的最低利润率?
(2) 如果我方要保持 8% 的利润率,供货价必须降低多少?

练习三

美国 A 公司与杭州 B 公司就家用电动缝纫机进行交易磋商。公司起订量为一个 20 英尺集装箱,希望 B 公司报价。该产品的资料如下:
(1) 国内供货价格:260 元/台(含 17% 增值税)。
(2) 出口退税率:9%。
(3) 包装:每 2 台装 1 纸箱,尺码 43×34×36 立方厘米,毛重 49 公斤。
(4) 国内费用:(按一个 20 英尺集装箱计)运杂费 1000 元,包装费 1400 元,仓储费为每天 50 元(预计存仓 10 天),商检费 600 元,报关费 50 元,港口费 350 元,其他费用 1100 元。
(5) 海运运费:20 英尺集装箱包箱费为 1900 美元。
(6) 保险:按成交价格的 110% 投保一切险和战争险,费率分别是 0.85% 和 0.5%。
(7) 公司预期利润率:10%。
(8) 最近汇率价:6.20 元/美元。

要求:

(1) 报出 FOB、CRF 和 CIF 价格。

(2) 如果外商还价为 USD 34.00 CIF,那么公司的利润率下降了多少?

(3) 若要保持公司的 10% 利润率,则国内购货价应为多少?

(4) 经过考虑,公司决定只维持 8% 的利润率,且与国内供货商联系后,购货价最后定为 240 元/台,试重新报出 CIF 价格。

训练四　成交与签订合同

经过一系列的讨价还价,买卖双方终于就交易条件达成一致,构成了合同关系。合同的形式是多种多样的,一般可以分成两类,即书面合同和口头合同。虽然在理论上,口头合同和书面合同在法律上都能够得到承认,但是在实践中,许多国家对口头合同有一定的限制。因此,签署一份书面销售合同是完全必要的。

在通过函电进行交易磋商达成交易后,通常由出口方根据双方所谈定的条件缮制销售合同,并寄给买方签字确认。买方若无异议,则在销售合同相应的地方签字并回复一份给卖方。这样双方手中各有一份相同的协议书,以备日后履约使用。

在国际货物买卖中,书面销售合同的名称和形式繁多,一般有销售合同(Sales Contract)、销售确认书(Sales Confirmation)、销售协议书(Sales Agreement)和备忘录(Memorandum)等。我国出口贸易主要使用销售确认书。

本章要求

★ 缮制销售确认书
★ 撰写签约函

一、销售确认书

(一)销售确认书的内容

各个公司的销售确认书的格式不尽相同,需要填制的项目也不完全一样,但内容大同小异如表4-1、表4-2所示。现以表4-1为例说明如何填制销售确认书。

(1)抬头。文本抬头一般醒目地标注 SALES CONFIRMATION。

(2)编号(S/C NO. 或 CONFIRMATION NO.)。此栏填写合同编号,一般来说,每个公司都有自己的系列编号,以便存档管理。

(3)签约时间(DATE)。有时在此处还要求注明签约的地点(SIGN AT)。

(4)卖方(SELLER)。此栏要填写卖方公司的全称和地址。如果确认书的抬头上已经有公司名称和地址,则无须再填写这一信息。

(5)买方(BUYER)。此处填写买方公司的名称和地址。在买卖双方信息的下面,有时会有一些语句来表示双方签订合同的意愿和执行合同的保证,如:THE UNDERSIGNED BUYERS AND SELLERS HAVE AGREED TO CLOSE THE FOLLOWING TRANSACTIONS ACCRODING TO THE TERMS AND CONDITIONS STIPULATED BELOW(经买卖双方同意,成交下列商品,订立条款如下)。

(6)货物项目(ITEM NO.)。如果一张合同上有多种产品成交,则以1、2、3…的序号表示。很多合同中并无此项。

表 4-1

空白销售确认书
SALES CONFIRMATION

S/C No.: _____

Date: _____

The Seller:　　　　　　　　　　　　　　　　　　The Buyer:
Address:　　　　　　　　　　　　　　　　　　　Address:
E-Mail:　　　　　　　　　　　　　　　　　　　 E-Mail:

Item No.	Commodity & Specifications	Unit	Quantity	Unit Price (USD)	Amount (USD)
TOTAL CONTRACT VALUE:					

PACKING:

PORT OF LOADING & DESTINATION:

TIME OF SHIPMENT:

TERMS OF PAYMENT:

INSURANCE:

REMARK:

1. The buyer shall have the covering letter of credit reach the Seller 30 days before shipment, failing which the Seller reserves the right to rescind without further notice, or to regard as still valid whole or any part of this contract not fulfilled by the Buyer, or to lodge a claim for losses thus sustained, if any.
2. In case of any discrepancy in Quality, claim should be filed by the Buyer within 130 days after the arrival of the goods at port of destination; while for quantity discrepancy, claim should be filed by the Buyer within 150 days after the arrival of the goods at port of destination.
3. For transactions concluded on C.I.F. basis. it is understood that the insurance amount will be for 110% of the invoice value against the risks specified in the Sales Confirmation. If additional insurance amount or coverage required, the Buyer must have the consent of the Seller before Shipment, and the additional premium is to be borne by the Buyer.
4. The Seller shall not-hold liable for non-delivery or delay in delivery of the entire lot or a portion of the goods hereunder by reason of natural disasters, war or other causes of Force Majeure. However, the Seller shall notify the Buyer as soon as possible and furnish the Buyer within 15 days by registered airmail with a certificate issued by the China Council for the Promotion of International Trade attesting such event(s).
5. All disputes arising out of the performance of, or relating to this contract, shall be settled through negotiation. In case no settlement can be reached through negotiation, the case shall then be submitted to the China International Economic and Trade Arbitration Commission for arbitration in accordance with its arbitral rules. The arbitration shall take place in Shanghai. The arbitral award is final and binding upon both parties.
6. The Buyer is requested to sign and return one copy of this contract immediately after receipt of the same. Objection, if any, should be raised by the Buyer within 3 working days, otherwise it is understood that the Buyer has accepted the terms and conditions of this contract.
7. Special conditions: (These shall prevail over all printed terms in case of any conflict.)

Confirmed by:

　　THE SELLER　　　　　　　　　　　　　　　　　　　　　　　　THE BUYER

　　　(signature)　　　　　　　　　　　　　　　　　　　　　　　　(signature)

表4-2

销售确认书实例

××进出口公司   正本

×× IMPORT & EXPORT COMPANY (ORIGINAL)

××市中山五路10××号

10×× Zhongshan Road, ×× China

电话(Tel)：0086-××-567476××　　　传真(Fax)：0086-××-567476××

销　货　合　约　　　　　编号：No. YD-MDSC04××

SALES CONTRACT　　　　日期：Date: 20××/11/8

买方：Buyers: ××DEPORTS INTERNATIONAL S. A.

地址：Address: RM 1008-1011 CONVENTION PLAZA, 101 HARBOR ROAD, COLON, R. P

电话：TEL: ×××-251923××　　　　　传真：Fax: ×××-251923××

兹经买卖双方同意成交下列商品订立条款如下：

The undersigned Sellers and Buyers have agreed to close the following transaction according to the terms and conditions stipulated below：

货物名称及规格 NAME OF COMMODITY SPECIFICATION	数　量 QUANTITY	单　价 UNIT PRICE	金　额 AMOUNT
Chinese Rice F. A. Q. Broken Grains(Max.)20% Admixture(Max.)0.2% Moisture 10%	2 000M/T	CIFC3 COLON USD 360.00	USD 720 000.00
	总值： TOTAL AMOUNT: USD 720 000.00 Say US Dollars Seven Hundred and Twenty Thousand Only		

REMARKS: With 5% more or less both in amount and quantity at the Seller's Option

PACKING: 50kg to one gunny bag. Total 40 000 bags.

SHIPMENT: To be effected during December 20×× from Guangzhou, China to Colon, R. P. allowing partial shipments and transshipment.

INSURANCE: To be covered for 110% of invoice value against all risks as per and subject to Institute Cargo Clause A.

PAYMENT: The buyers shall open through a first-class bank acceptable to the seller an irrevocable L/C at 30 days after B/L date to reach the seller November 25, 20×× and valid for negotiation in China until the 15th day after the date of shipment.

卖方 SELLERS　　　　　　　　　　　　　　　买方 BUYERS

×× IMP. & EXP. COMPANY　　　　　　　　×× DEPORTS INTERNATIONAL S. A.

(7) 品名和规格(COMMODITY & SPECIFICATIONS)。
(8) 数量(QUANTITY)和计价单位(UNIT)。例如,双、箱、打等。
(9) 单价(UNIT PRICE)。必须注明货币种类、单位金额和贸易术语。
(10) 小写金额(AMOUNT)和大写金额(TOTAL CONFIRMATTON VALUE)。
(11) 包装条款(PACKING)。
(12) 装运港和目的港(PORT OF SHIPMENT AND DESTINATION)。
(13) 装运时间(TIME OF SHIPMENT)。
(14) 支付条款(TERMS OF PAYMENT)。
(15) 保险条款(TERMS OF INSURANCE)。
(16) 通常合同上还有一些已经印制好的条款,称为一般条款。
(17) 双方签字(SIGNATURE)。

> **知识链接**
>
> ## 合同中的一般条款
>
> 合同中的一般条款由各个公司自己印制,内容会有一些变化,下面的内容比较常见:
>
> (1) 付款条件:买方所开信用证不得增加和变更任何未经卖方事先同意的条款。若信用证与合同条款不符,买方有责任修改,并保证此修改之信用证在合同规定的装运月份前至少15天送达卖方。
>
> (2) 商品检验:买卖双方同意以装运口岸中国进出口商品检验检疫局提供的检验证书作为品质和数量的交货依据。
>
> (3) 装船通知:卖方在货物装船后,立即将合同号、品名、数量、毛重、净重、发票金额、提单号、船名及装船日期以电报、传真或电传形式通知买方。
>
> (4) 索赔:有关质量的索赔,应于货到目的地后3个月内提出,有关数量的索赔,应于货到目的地后30天内提出。提出索赔时,买方须提供卖方认可的公证机构出具的检验报告,但属于保险公司或轮船公司责任范围内者,卖方不负任何责任。
>
> (5) 不可抗力:因不可抗力事故所致,不能如期交货或不能交货时,卖方不负任何责任,但卖方必须向买方提供由中国国际贸易促进委员会或其他有关机构所出具的证明。
>
> (6) 仲裁:因执行本合同所发生的或与本合同有关的一切争议,双方应友好协商解决,若协商不能获得解决,则应提交北京中国国际贸易促进委员会对外贸易仲裁委员会,根据该仲裁委员会的程序进行仲裁,仲裁裁决是终局的,对双方均有约束力。
>
> (7) 其他:对本合同的任何变更和增加,经双方书面签字后,方为有效,任何一方在未取得对方书面同意前,无权将本合同规定之权利及义务转让给第三者。
>
> (8) 本合同附件为本合同不可分割的一部分,在合同中,中英文两种文字具有同等法律效力。
>
> (9) 其他条款。
>
> 本合同自双方签字之日起生效。

知识链接

GENERAL TERMS AND CONDITIONS

1. Terms of Payment:

In the Buyers's Letter of Credit, no terms and conditions should be added or altered without prior to the Sellers consent. The Buyers must amend the letter of credit, if it is inconsistent with the stipulation of this contract, and the amendment must reach the Sellers at least 15 days before the month of shipment stipulated in this contract.

2. Commodity Inspection:

It is mutually agreed that the Certificate of Quality and Quantity issued by the Chinese Import and Export Commodity Inspection Bureau at the port of shipment shall be taken as the basis of delivery.

3. Shipping Advice:

The Sellers shall, immediately upon the completion of the loading of the goods, advise by cable/fax/telex the Buyers of the contract number, commodity, quantity, gross and net weight, invoiced value, bill of loading number, name of vessel and sailing date, etc.

4. Claims:

Claims concerning quality shall be made within 3 months and claims concerning quantity shall be made within 30 days after the arrival of the goods at destination. Claims shall be supported by a report issued by a reputable surveyor approved by the Sellers, claims in respect of matters within the responsibility of the insurance company or of the shipping company will not be considered or entertained by the Sellers.

5. Force Majeure:

The Sellers shall not be responsible for late delivery or non-delivery of the goods due to the Force Majeure. However, in such case, the Sellers shall submit to the Buyers a certificate issued by the China Council for the Promotion of International Trade or other related organization as evidence.

6. Arbitration:

All disputes arising from the execution of or in connection with this contract shall be settled through amicably negotiation if no settlement can be reached through negotiation, the case shall then be submitted to the Foreign Trade Arbitration Commission of China Council for the Promotion of the International Trade, Beijing, for arbitration in accordance with its provisional rules of procedure. The arbitral award is final and binding upon both parties.

7. Other Conditions:

Any alterations and additions to the contract shall be valid only if they are made out in writing and signed by both parties. Neither party is entitled to transfer its right and obligation under this contract to a third party before obtaining a written consent from the other party.

8. All annexes to this contract shall form an integral parts of this contract. Both texts of this contract in English and Chinese are equally valid.

9. Other Terms.

This contract shall be valid from the date when it is signed by both parties.

(二)填制销售确认书的用语

销售确认书是买卖双方的合同,是双方履行义务的依据。若采用信用证作为结算方式,那么买方需要依据销售确认书的内容向进口国银行申请开立信用证。若销售确认书存在词义表达模糊不清或用语不严谨的情况,可能会造成双方的分歧,带来履约争议。若碰上恶意的买方,还有可能利用销售确认书的漏洞来算计对方。从这个角度来讲,销售确认书的语言表达一定要准确、清晰、严谨。若买卖双方是第一次交易,一定要考虑周全,将销售确认书的条款订得仔细一些,以避免将来不必要的麻烦。

案例链接

对"or"的含义理解错误受损案

某食品出口公司A向国外贸易公司B出口一批水产品。国外开来L/C,有关商品条款规定:"25 M/T of Frozen Blue Crab, Uncooked, female blue crab, fresh quality, body of crab clean, frozen individually, double pincers 200～300 g. per crab or single pincer 150～200g Per crab."(25吨冻梭子蟹,生制品,雌蟹,品质新鲜,蟹身清洁,单只冷冻。双蟹足每只200～300克,或单蟹足每只150～200克。)A公司根据上述L/C要求,备妥货物于8月10日装运完毕。12日,即向开证行寄单。未料到8月20日开证行来电提出单证不符,拒绝接受单据:"第××××号L/C项下的单据经审核发现存在不符点:我L/C规定25吨冻梭子蟹,其规格分单蟹足或双蟹足两种,但只能选择其中的一种。你发票却表明两者同时装运,即25吨冻梭子蟹,其中双蟹足每只200～300克,15吨;单蟹足每只150～200克,10吨。我行和申请人均无法接受此不符点。单据暂代保管,听候你处理意见。"

A公司接到开证行拒付电后,于22日作如下反驳:

"你行20日电悉。你L/C规定单蟹足或双蟹足,所谓'或'的意思是两者都可以,也就是说随便哪一种都可以接受。我方交双蟹足15吨,交单蟹足10吨,共25吨,符合

（续上）

L/C规定。所以,其不符点不成立。你行应该按时付款。"

开证行于25日又复电如下:

"你22日电悉。第××××号L/C项下的单据关于货物规格的单蟹足或双蟹足问题,我们认为'或'词虽然可理解随便哪一种都可以接受,但必须两者选其一。也就是说,不是装25吨单蟹足,就是装25吨的双蟹足。不是后者就是前者,不能两者兼装,如果两者兼装不是'或'(or),而是'和'(and)。所以,我仍无法接受单据。速告单据处理的意见。"

A公司又多次与买方商洽,由于市场滞销,买方不肯接受,最终不得不降价30%才结案。

案情分析

本案例是典型的L/C条款理解错误的案例,从上述案例,我们可以得到以下启示:

(1) 在错误面前不要固执己见。A公司对"or"(或)一词的确切含义没有完全理解,认为既然是"或者",就可以随便交货,即既可以两种规格都交,也可以选其中一种规格交,所以造成了单证不符,遭到开证行拒付。更不应该的是,当开证行已经对"or"(或)一词阐明了其确切含义时,A公司仍然在8月22日电文中坚持自己的错误,反而指责开证行理解有误。可见,对L/C条款"或"的理解错误是造成A公司这次事故的主要根源,一字不理解使A公司付出了惨重的代价。

(2) 签订合同条款时不能心中无数。实际上,在签订销售合同时,关于单蟹足、双蟹足两种规格是准备两种规格同时都交,还是选其一交货,A公司并没有明确的打算。如果原计划是前者,当时合同就应签订为"和"(and);如果是后者,就应签订为"或"(or)。只要合同规定得明确,A公司就有权要求买方按合同规定开立L/C,就可以使货物合同一致、单证一致、单货一致。如果在签订合同时对上述两种规格还没有明确的计划,也可以采取灵活的办法来处理。例如,在合同中采用"和/或"(and/or),这样既可以两种规格同时交货,也可以选择其中一种规格交货,灵活自由,而不被动。

二、撰写签约函

签约函也称出口成交函,是出口商向进口商寄送出口合同或销售确认书时随附的一份信函,其主要目的是通知进口商有关的合同事宜。

首先,签约函通常要表达谢意,感谢对方的合作,能够达成此次交易。其次,还要告知对方合同已寄出,望予以会签(Counter-sign)。会签合同指卖方先在正本一式两份的合同"卖方"处签章后寄给买方,买方签章后自己留一份,再寄一份给卖方。若合同采用信用证结算方式时,通常还在信函中提醒买方如期或尽快开证。

例 4-1　签约函

Dear Sirs,

　　Many thanks for your order No. 78125 and we are sending you our signed Sales Confirmation No. TC4782 in duplicate. Please counter sign and return one copy to us for file.

　　Please instruct your bank to issue the L/C as early as possible so that we may process with the goods immediately.

　　Best regards!

Yours faithfully,
×××

情景模拟

郭东的第二次报价很快就得到了客户的回复。回复函如下。

Apr. 2, 20××

Dear Sirs,

　　ORDER NO. 9711

　　Your quotation has been accepted and we are glad to place our order No. 9711 as follows:

　　TENDENCY SHOE 767

　　Unit Price: USD 14.23　　　　CIFC5 PUSAN

　　Quantity: 2 280 pairs

　　Total Amount: USD 32 444.40

　　Shipment: To be effected by sellers from China to Pusan, Korea within 45 days after your receipt of L/C

　　Other terms and conditions remain the same as we agreed in our previous mails.

　　Please contact me if you have any questions about this order.

　　We are looking forward to your Sales Confirmation and thank you in advance.

Yours sincerely,
D. D. TRADING COMPANY

Dear Mr. Guo,

　　Thank you for replying to our letter of March 23. Although your price is a bit higher than that we expected, we are pleased to place our order #6799 as followings:

　　FASHION SHOE 342

Unit Price：Euro 9.94 FOB NINGBO

Quantity：2340 pairs

Total Amount：Euro 23259.60

Packing：To be packed in a small carton of each pair, 15 pairs in one export carton, total 156 cartons.

Shipping Mark：MRK
      FASHION SHOE 342
      HAMBURGE
      C/NO. 1-UP

Shipment：To be effected by buyer from Ningbo China to Hamburge Germany within 50 days after your receipt of deposit.

Insurance：To be effected by the buyer.

Payment：30% deposit and the balance against the copy of B/L.

Please send your Sales Confirmation asap and thank you in advance.

                Sincerely yours,
                Sebastian Griebsch

得到这个回复,郭东非常高兴。这意味着他前面的交易磋商有了结果——客户与他正式成交了。

补充资料：

D.D.公司：

S/C NO. REF10SHOE007

S/C DATE：APRIL 10, 20××

MRK公司：

S/C NO. ST-20××-G02

S/C DATE：APRIL 10, 20××

要求：

(1) 缮制销售确认书。

(2) 撰写签约函,并将它们寄给客户,请客户会签。

自我训练

练习一

请根据下列信息,用英语撰写询盘函、发盘函、还盘函和接受函。

某市联华进出口公司是一家大型的进出口贸易公司。本公司经营的主要产品有玩具、服装等轻工业产品,销往日本、欧美等国际市场。出口商品和服务质量在国际上有一定的声誉。在本年度华交会(East China Fair)上获悉日本高田商社对本公司的玩具感兴趣。

日本高田商社的地址：TAKAMULA TRADE CO., LTD.

3×× MAJI OSAKA JAPAN
TEL:0××-382412××

某市联华进出口公司的地址:某市东山西路1××号国际贸易大厦15楼

邮编:3250××

电话:0086-5××-75469××

(1) 2月20日高田商社来函:对贵公司长绒毛玩具(Villiform Toy)感兴趣,请报价。

(2) 2月28日某市联华进出口公司发函:长绒毛玩具:狗熊每只15美元,猫每只25美元,CIF大阪,不可撤销即期信用证。每只装一个塑料袋,20只装一个纸箱。交货时间不得晚于2006年8月。

(3) 3月10日日本高田商社来函:对长绒毛玩具(狗熊、猫)感兴趣,但是价格太高。如能各降价2美元,愿意订货各10 000只,其他交易条件不变。

(4) 3月20日某市联华进出口公司发函:同意贵方的还价要求,其他交易条件不变。

练习二

根据上述往来的函电和下面补充的资料,缮制一份出口销售合同书,并撰写签约函。

补充资料:合同号码:TOPE7841,投保一切险和战争险,可分批装运和转船。

训练五　备　货

备货是指出口方根据合同和信用证的规定,按时、按质、按量准备好应交付的货物。备货的方法有动用库存、收购、安排生产等。自营出口的企业可以根据交货期,利用现有库存或安排生产。外贸公司和自营出口的企业不一样,自己不具有生产能力。所以,每当和外商签订一个出口合同的时候,一定要落实货源,要与国内供应商达成供货协议。也就是说,每当和外商签订一个出口合同,就要有一个相应的国内购货合同。习惯中,我们把和外商签订的合同称为外销合同,把和国内供应商签订的合同称为内销合同。

本章要求

★ 签订内销合同

一、备货的工作内容

对于外贸公司而言,备货的工作内容包括与供应商签订供货合同,催交货物,检验货物等几个环节。

（一）签订内销合同

1. 内销合同的内容

内销合同又称购货合同,是外贸公司和国内供应商签订的供货合同,一般由外贸公司制作并与外销合同一一对应。内销合同的内容和一般的采购合同并没有什么区别,都包括商品条款、品质条款、价格条款、数量条款、包装条款、交货条款、结算条款等内容,更详尽的还会包括争议和索赔、不可抗力等条款。

内销合同通常包括下列内容如表5-1所示。

（1）合同约首:表明合同的性质,一般注明"内销合同"、"购货合同"、"购销合同"等,也有一些公司直接注明"工厂订单"。

（2）内销合同编号。

（3）外销合同号和外销发票号:与此内销合同对应的"销售确认书"的号码和"商业发票"号码。

（4）签约日期和签约地点:指内销合同签订的时间和地点。

（5）供方和需方:指外贸公司和供货厂商的信息。在此下方经常有一些表示双方达成交易的语言,如"根据《中华人民共和国合同法》及有关规定,由买卖双方商定,同意按下列条款买卖下述产品"。

（6）商品名称和型号:指产品品名、规格和款式。

（7）单价、金额及币别:指供应商和外贸公司之间的售货价格。一般以本国货币计价,单价会低于外销合同的价格。

表 5-1

购 销 合 同

合同编号：RIL-06-1020-39

供方：　　　　　　　　　　　　　　　　　　签订地点：××

　　　　　　　　　　　　　　　　　　　　　签订时间：20××年11月14日

需方：　　　　　　　　　　　　　　　　　　交货日期：20××年12月14日

根据《中华人民共和国合同法》及有关规定，由买卖双方商定，同意按下列条款买卖下述产品。

（1）产品名称、数量、金额：

产品名称	型号	车型	单位	数量	单价（元）人民币	总金额（元）人民币	包装
BRAKE PAD	FD21049	MAHINDRA SCORPIO w/ac	SET	2 000			FBK
BRAKE PAD	FD9005M	ESTEEM	SET	1 000			FBK
BRAKE PAD	FD13035M	HYUNDAI SANTRO	SET	1 000			FBK
BRAKE PAD	FD13001M	HYUNDAI ACCENT	SET	500			FBK
BRAKE PAD	FD2150M	TOYOTA QUALIS	SET	1 000			FBK
				5 500			
合计人民币金额（大写）							

（2）合同有效期一年。

（3）质量要求技术标准、供方对质量负责的条件和期限：质量以需方按确认样品或者供方提供的尺寸为依据进行检验的结果为标准。

（4）交（提）货地点：宁波。

（5）运输方式及到达站港和费用负担：海运或空运运费到付内陆费用由供方负担。

（6）包装标准、包装物的供应与回收：按我司提供的设计稿生产包装。

（7）验收标准、办法及提出异议限：需方按客人要求检验；质量出现问题，由供方承担责任，若因产品包装引起任何知识产权方面的纠纷，概由需方负责。

（8）卖方提供的货物必须是国家允许出口的，并由卖方提供国家法定手续。如有违反，所引起的法律责任由卖方负责。

（9）结算方式及期限：款到发货。

（10）如需提供担保，另立合同担保书，作为本合同附件。

（11）违约责任：一切由于质量或交货期延误所造成的一切损失概由供方负责。

（12）解决合同纠纷的方式：友好协商或提交仲裁。

（13）其他约定事项：

第一，产品打字：FBK 型号 TS16949　FBK的字体要与样品上的一样。

第二，喷漆颜色：日本车型的产品用像日本正厂刹车片的那种棕色，其余的用与样品颜色一样的绿色。刹车蹄的表面颜色以供方样品为准。

第三，包装吸塑：用透明的吸塑。

第四，内盒：与样品完全一样（尺寸按产品）；不干胶，我司提供设计稿，贴盒子的侧面。

第五，外箱：我司提供设计稿，按设计稿生产。

第六,外箱用黄色打包带。

第七,产品质量按照国标,保证3万公里。

第八,若干个外箱打成简易托盘,外面用透明的缠绕膜。

第九,盘刹配方:与SKODA的样品接近或者类似于日本正厂的配方;刹车蹄配方以供方样品为准。

供　　方	需　　方
单位名称(章):××××	单位名称(章):××××
单　位　地　址:××××	单　位　地　址:××××
联　系　人:××	业务经办人:××
电　　　话:××××	电　　　话:××××
传　　　真:××××	传　　　真:××××

(8) 包装要求:一般包括包装材料、包装方式和每件包装中所含物品的数量或者重量。

(9) 产品品质条款:说明凭样品交货还是凭文字说明交货。

(10) 交货时间:早于外销合同上的交货时间。要充分考虑生产周期和船期,在装船日期之前交货。

(11) 交货地点:如果由货代公司安排拖卡,交货地点可以放在工厂;如果由供应商自行装集装箱,则要在货物进入指定仓库后方可算交货。

(12) 验收条件:规定检验人、检验方法和检验地点。

(13) 运输条款:注明货物供应商有无运输责任,运输责任到何地中止。

(14) 结算方式:有三种情况:一是验单付款,凭供应商发票、专用税票、入库单等在交货后向外贸公司结算货款。二是验货付款,由外贸公司派人验货后,在入库单单上签章并加盖"验收合格"字样,然后由供应商配齐规定的单据向外贸公司方结算货款。三是定期结算,如果外贸公司和供应商长期合作,则可以由双方约定固定的时间,如每个月的月末,由供应商开具需要的单据,对已经交货的产品与外贸公司进行结算。

(15) 违约责任:对双方权利和义务的进一步描述。

(16) 其他约定:如对唛头、包装印刷的要求等。

2. 内销合同中一些需要注意的条款

(1) 关于包装条款。内销合同中的包装条款,除了说明包装材料、包装方式和每件包装中所含物品的数量或者重量,还要涉及货物的内、外包装的说明。内包装,又称销售包装,直接和最终消费者见面,起到促销商品的作用。因此,内包装要符合进口国国内销售的习惯,使用进口国文字进行标识和说明。外包装又称运输包装,主要用于运输途中保护商品。因此,要考虑运输方式、运输距离和是否要转运等因素来设计外包装。若外销合同中对包装有特殊的要求,在内销合同中一定要体现出来。如果外销合同上没有特别要求,一般要注明"标准出口包装,适合远距离海上运输。若因包装破损等造成有关索赔等后果,责任由供方承担"等语句。

在包装中还要特别注意唛头和条形码等细节。有时候,国外客户对包装细节、唛头的要求简直到了苛刻的地步。因为供应商没有和国外客户直接联系,所以外贸公司必须详尽地把要求转述给供应商,并对供应商提供的包装进行审核,以确保万无一失。图5-2是一个国外客户提出的包装要求。

(2) 关于质量要求和技术标准。通常外销合同中的质量要求和技术标准要如实地反映在

LABELLING GUIDELINES

Shipper Markings for Imported Componets

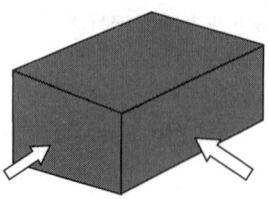

THIS PRODUCT NEEDS DECANTING	
H&A Code:	109/05/02
Description:	PRN HAIR REMOVER
	DEBENHAMS
Quantity:	×××(4× 12 units)
Purchase Order:	2780
Gross Weight:	×××kg
Carton Dimensions:	×× × ×× × ×× cms
Carton Number:	×× of ××
Country of Origin:	×××××××
H&A Marketing, YO26 6RW, UNITED KINGDOM	

NOTES:

- Markings can be printed directly onto 2 adjacent sides of shipper
- Markings should be black
- Markings should be >20mm height lettering
- Gross weight of shipper should be <15kg
- 'Fragile' Components:

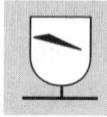
FRAGILE

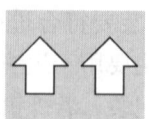
THIS WAY UP

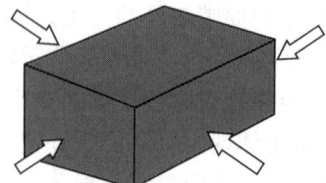

- Additional markings are required for 'fraglie' components

图 5-1 包装要求实例图

内销合同中,换句话说,进口商对产品有什么质量要求,出口商就应该要求供应商达到什么样的质量要求,如果外销合同中规定"按样品交货",供应商提供的货物就要和样本品质百分之百相符;如果外销合同中对品质没有特别要求,一般在内销合同中注明"符合国家有关质量、技术标准要求,若因产品质量问题引起外商索赔,则后果由供方承担"等字样;如果外销合同规定了"复验权"、"保质期",则内销合同的品质保证期要在外销合同的基础上作一定期限的延长。

(3) 关于价格条款。如果出口商和供应商有长期的合作关系,产品的单价就不需要在每一份内销合同中体现。双方可以签订长期的合作合同,规定好在今后一段时间内供货产品的价格,以及结算的时间和方法。此时,外贸公司每接到一个新的订单,只需将所需产品的型号、交货期、包装方式等条款填入内销合同,就可以交给供应商安排生产。这样可以大大地简化交易的流程。

(二) 催交货物

在和供应商签订内销合同后,供应商就要开始安排计划并着手生产。外贸公司此时应该和供应商保持联系,密切关注供应商的生产动态。如果供应商的生产特别紧张,或者货物没有按照生产计划落实生产时,就必须对供应商实行有效的监督,催促供应商尽快生产并交货。

(三) 验货

在国际贸易中,出口货物经常会碰到被要求进行法定检验或由第三方进行公正检验的要求。但是,即便进口商或出口国都没有提出进行检验,出口商本身也必须对供应商提供的货物进行检验。所以,在供应商生产结束的时候,外贸公司工作人员必须到工厂进行检验,或者由生产商随机提供样品给外贸公司进行确认。可以说,这是外贸公司站在买方的立场上对货物的检验,同时也可以保证货物出口之后进口商不会对货物品质提出异议。

二、备货时的注意事项

(1) 货物生产、包装等必须依据外销合同的规定。因此,外贸公司必须将外商的要求详尽、如实地告知供应商,并对供应商生产的产品进行监督。

(2) 备货时间应结合信用证规定和船期安排,做到船、货互相衔接。

(3) 货物的品质、规格应与合同和信用证规定一致,并符合同类产品的一般用途。如果合同和信用证未作规定,则应与有关法律和惯例相符。

(4) 货物的数量必须符合信用证的要求,并适当留有余地,以备运输、仓储过程中可能发生货损货差时换货、补货。

(5) 货物的包装和唛头应符合合同和信用证的规定以及运输的要求。如果合同和信用证对货物的包装未作规定,应按同类货物通用的方式进行包装。在合同和信用证无特别要求的情况下,卖方可以自行选择适宜的方式刷制唛头。

(6) 在客户资信不明或欠佳,或是产品不适宜他售的情况下,卖方应及时催促买方申请开立信用证,待收到信用证并经审核可以接受时,再行备货,以防买方违约造成货物积压。

情景模拟

郭东在4月10日制作了销售确认书并寄给韩国 D. D. 公司和 MRK 公司,两家公司很快就签署完毕并寄了回来。两家公司分别在销售确认书上同意以 USD 14.23 的价格成交 2 280

双TENDENCY SHOE 767。以EURO9.94的价格成交2 340双FASHION SHOE 342。与D.D.公司成交的其他条款如下：

包装：To be packed in a small carton of each pair, 12 pairs in one export carton

运输：From Ningbo, China to Pusan, Korea, with partial shipment and transhipment allowed.

装运期：To be effected within 45 days after receipt of L/C.

支付条款：The buyer shall open though a bank acceptable to the seller and irrevocable letter of credit payable at sight which should reach the seller by the end of April and remain valid for negotiation in china until 15th day after the date of shipment.

保险条款：The seller shall cover insurance against all risks and war risk for 110% of the total invoice value as per the relevant ocean marine cargo clauses of the people's insurance company of china date 1/1/1981.

现在似乎一切都上轨道了，应该考虑国内货源的问题了。所以，郭东找到了某市浪潮鞋业有限公司，和他们签订内销合同。

要求：签订内销合同。

补充资料：某市浪潮鞋业有限公司

英文名字：×× TENDENCY SHOES CO., LTD.

地址：某市鞋都工业园区××号

电话：05××-65478××

传真：05××-65478××

订单号：JJ2365

工 厂 订 单

TO：　　　　　　　　　　　　　　　　　　　　下单日：
　　　　　　　　　　　　　　　　　　　　　　交货期：
　　　　　　　　　　　　　　　　　　　　　　订单号：
　　　　　　　　　　　　　　　　　　　　　　制单员：

客人单号	我司型号	品　牌	数　量（双）	单　价（人民币）	总　价（人民币）	备　注
总　　计						
其他说明：						

自我训练

练习一

请说明下列包装条款的要求。

(1) Marks should be printed directly onto 2 adjacent sides of outer cartons.

(2) Marks should be>20mm height black lettering.

(3) Gross weight of the outer carton should be<10 kg.

(4) Additional indicative marks are required for "fragile" products.

(5) "Fragile" symbol is to be printed on all 4 sides of outer cartons and should be red.

练习二

请根据训练四自我训练第1题第2题的内容，为某市市联华进出口公司与某市丁丁玩具厂签订一份内销合同。

厂名：某市丁丁玩具厂

地址：某市前进路××号

电话：05××-86124××

传真：05××-86124××

训练六 落实信用证

在国际贸易中,信用证是开证银行向第三者(受益人或出口人)开立的承诺并凭符合规定的单据保证付款的凭证。通过银行信用的介入,使出口方及时、安全地收汇。因此,在凭信用证支付的交易中,落实信用证是履行出口合同不可缺少的重要环节。落实信用证通常包括催证、审证、改证三项内容。理论上讲,信用证若能按合同开立,落实信用证的工作并不是非做不可。但从实际业务角度看,催证和改证的工作仍然是需要经常进行的。审核信用证更需认真对待。

本章要求

★ 撰写催证函
★ 审核信用证
★ 撰写修改函

一、催开信用证

以信用证为核心,一项出口贸易的流程如图 6-1 所示。

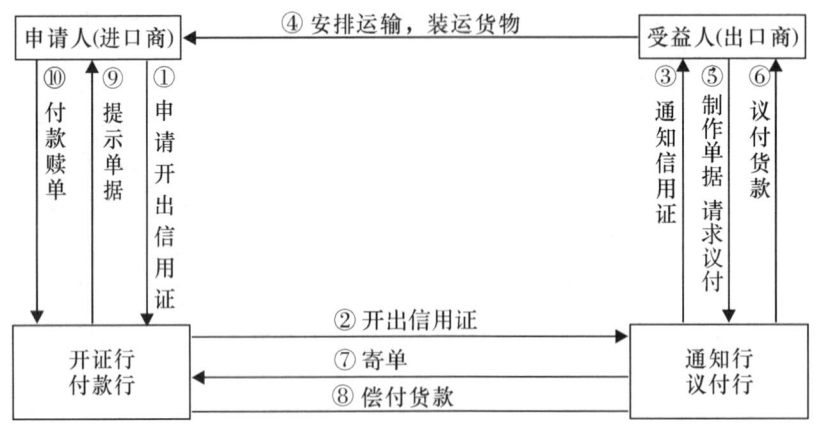

图 6-1 以信用证作为结算方式的国际贸易流程

通过上述流程,我们很清楚地看到,买方通过银行开出信用证是卖方履约的前提条件。如果买方未能按时开出信用证,就意味着卖方的收款权益不能得到有效的保证,因此货物运输也不可能进行。

从理论上说,当买卖双方签订合同(销售确认书)以后,买方有义务在规定的时间内通过银行开立信用证。但是,现实贸易环境的变化(如货物价格的大幅波动、进口方公司资金流转出现问题)或疏忽,有的时候买方没能开立信用证或信用证没能及时到达卖方。于是,卖方必须写信催促尽快开证或弄清信用证的下落。不管出于什么原因,卖方在给买方的信中都不能流露出厌烦的情绪。除特殊原因外,一开始就强烈责怪买方不履行合同是不恰当的。卖方在写给买方的函电中应该有礼貌地说明货物已经备妥,但是信用证仍未收到,希望买方尽快开证以便安排运输。

催开信用证函电的目的是要说服买方更紧密地合作,并切实履行义务,因此必须写得得体,否则,会触怒买方导致严重后果。

例 6-1　催开信用证

Dear Mr. Larson,

　　We wish to point out that the goods under our S/C No. TZ293 (your Order No. 2987) have been ready for shipment for quite a long time. We are at a loss to understand why your covering L/C has not reached us yet and we haven't heard any information from you in this respect. Unless your L/C advice is taxed the soonest possible, both delay in shipment and L/C extension will be inevitable.

　　We look forward to your favorable response at an early date.

Yours faithfully,
×××

二、审核信用证

(一)信用证的内容

信用证的内容一般可以概括成六个方面:① 关于信用证本身的信息,如信用证号码、开证日期、各方当事人等;② 关于汇票的说明,如受票人、远期或即期;③ 关于货物的说明,如品名、规格、数量、价格;④ 关于装运条款,如装运时间、地点和分批、转运;⑤ 关于单据条款,即受益人需要向银行提交哪些单据,单据的份数,以及单据缮制的要求;⑥ 其他信息,如给议付行的指示。

1. 信用证的当事人

(1) 开证申请人(Applicant)。开证申请人又称开证人(Opener)。在国际贸易中,信用证的开立是由进口商向进口地银行申请办理的,所以开证人指的就是进口商。

(2) 受益人(Beneficiary)。在国际贸易中,受益人一般情况下就是出口商。

(3) 开证行(Opening Bank, Issuing Bank, Establishing Bank)。应开证人要求开立信用证的银行叫做开证行,承担保证付款的义务。

(4) 通知行(Advising Bank, Notifying Bank)。开证行将信用证寄送一家受益人所在地银行,并通过该银行通知受益人信用证已开出,这家银行就是通知行。通知行负责审核信用证的真伪。

(5) 议付行(Negotiation Bank, Honoring Bank)。议付行就是购买出口商的汇票及信用证规定的单据的银行。

(6) 付款行(Paying Bank, Drawee Bank)。付款行就是经信用证上指定的付款银行,可以是开证行,也可以是其他银行。

2. 信用证的议付有效期和到期地点

信用证的议付有效期和到期地点(Validity and Place of Expiry),常见的规定方法有两种:

第一,直接写明到期日和到期地点名称。例如:

(1) Expiry date:MAR. 15,2004 in the country of the beneficiary for negotiation.

有效期:2004年3月15日前,在受益人国家议付有效。

(2) This credit remains valid/in force/good in China until MAR. 15, 2004 inclusive.

本信用证在中国限至2004年3月15日前(含3月15日)有效。

第二,以"交单日期"、"汇票日期"等表达的信用证有效期限。例如:

(1) The beneficiary's draft for this credit shall cease to be available for negotiation after MAR. 15,2004.

本信用证受益人的汇票在2004年3月15日前议付有效。

(2) Bill of exchange must be negotiated within 15 days from the date of Bill of Lading but not later than MAR. 15,2004.

票据自提单日期起15日内议付,但不得迟于2004年3月15日。

3. 金额、币制

金额、币制(Amount and Currency)条款是信用证的核心内容。其表达方式有两种:

(1) Amount:USD××

金额:××美元

(2) For an amount/a sum not exceeding total of USD××

总金额不超过××美元

4. 汇票条款

汇票条款(Clauses on Draft or Bill of Exchange)通常包括受益人提交汇票的内容和要求,如出票人、付款人、汇票金额、汇票号码、汇票期限、出票条款等。例如:

(1) All drafts drawn under this credit must contain the clause " Drawn Under Bank of China, Singapore. Credit No. 6111 dated August 15,2004".

所有凭本信用证开具的汇票,均须包括本条款:"(本汇票书)凭中国银行新加坡分行2004年8月15日所开第6111号信用证"开具。

(2) Drafts drawn under this credit must be presented for negotiation in Guangzhou, China on or before June 25, 2004.

凭本信用证开具的汇票须于2004年6月25日前(含6月25日)在广州提交议付。

5. 货物说明

货物说明(Description of Goods)一般包括货名、品质、数量、单价、价格术语等。价格术语常用的有CIF、CFR、FOB、FCA、CIP、CPT等,其中,前三个最常用。例如:

(1) 2 100 dozen of COOK brand hoes,ART. No. H3162-3/4LBS. Dark blue painted,at USD 12.80 per dozen, CIF TOKYO.

2 100打"厨师"牌锄头,货号:H3162-3/4LBS,深蓝色油漆,每打12.80美元,CIF东京。

(2) 4 500 pcs of stainless steel spade head S821/29099, USD 9.60 per pc, according

to Sales Contract No. A97DE23-600256 dated Nov. 12, 200× CIF Rotterdam(Incoterms 2000).

4 500件不锈钢铲头,货号为 S821/29099,根据 200×年 11 月 12 日签订的 A97DE23-600256 号销售合同,每件 9.60 美元,CIF 鹿特丹(《2000 年国际贸易术语解释通则》)

6. 单据条款

资料库

信用证中常见的单据

商业发票	Commercial Invoice
提单	Bill of Lading, B/L
保险单	Insurance Policy/certificate
汇票	Bill of Exchange, Draft
原产地证书	Certificate of Origin
检验证书	Inspection Certificate
受益人证明书	Beneficiary's Certificate
装箱单	Packing List
普惠制原产地证书	GSP Form A
装运通知	Shipping Advice

单据条款(Clauses on Documents)必须包括受益人应提交单据的名称、份数和具体要求。例如:

(1) Documents marked "×" below.

(须提交)下列注有"×"标志的单据。

(2) Accompanied by the following documents marked "×" in duplicate.

须随附下列注有"×"标志的单据一式两份。

(3) Draft(s) must be accompanied by the following documents marked "×".

汇票须随附下列注有"×"标志的单据。

(4) Documents required…

需要下列单据……

(5) … available against surrender of the following documents bearing our credit number and the full name and address of the openers.

(议付时)以提交下列注明本信用证编号及开证人详细姓名、地址的各项单据为有效。

(6) In duplicate(triplicate, quadruplicate, quintuplicate, sextuplicate, septupircate, octuplicate, nonuplicate, decuplicate).

一式两份(三、四、五、六、七、八、九、十份)。

(7) Signed commercial invoices in six copies.

签字的商业发票一式六份。

7. 装运条款

装运条款(Clauses on Shipment)通常包括装运期限、是否允许分批和转运以及起讫地点的规定。例如：

(1) Latest date of shipment: MAR. 12, 2004.

最迟装运日期：2004年3月12日。

(2) From China Port to Singapore not later than MAR. 12, 2004.

自中国口岸装运货物驶往新加坡不得迟于2004年3月12日。

(3) Bill of Lading must be dated not before the date of this credit but later than MAR. 12, 2004.

提单日期不得早于本信用证开具日期，但不得迟于2004年3月12日。

(4) Partial Shipment/Transshipment prohibited (not allowed/not permitted).

不允许分运/转运。

(5) Transshipment is authorized at Hongkong.

允许在香港转运。

(6) With/Without partial shipment/transshipment.

允许/不允许分运/转运。

(7) Partial shipment allowed, but partial shipment of each item not allowed.

允许分运，但每个品种的货物不得分运。

(8) Transshipment is allowed provided "Through" Bills of Lading are presented.

如提交联运提单允许转运。

8. 特别条款

特殊条款(Special Clauses/Conditions)主要是根据进口国政治、经济和贸易情况的变化，或每一笔具体交易的需要而作出的特别规定。常见的条款有：

第一，佣金、折扣(Commission and Discount)。例如：

(1) Signed invoice must show 5% commission.

经签署的发票须标明5%的佣金。

(2) 5% commission to be deducted from the invoice value.

5%的佣金须在发票金额中扣除。

(3) 3% commission to be shown on separate statement only.

用单独声明书列明所扣3%的佣金（暗佣的表示方法）。

(4) The price quoted includes a discount of 5% which must be shown on your Final Invoice but is to be the subject of a separate credit note, the amount of which is to be deducted from your draft.

(本证)所列价格包括5%折扣在内，最后发票上应列未扣除5%折扣的价格，但须另出一份贷记通知书。汇票金额扣除此项折扣金额。

(5) At the time of negotiation you will be paid less 5%, being commission payable to M/S ××, and this should be incorporated on the bank's covering schedule.

议付时，须扣除5%的金额作为付给××的佣金。议付行应将佣金金额填入银行议付通知书。

第二,费用(Charge)。例如:

(1) All banking charges for seller's account.

一切银行费用由卖方负担。

(2) Charges must be claimed either as they arise or in no circumstances later than the date of negotiation.

一切费用须于发生时或不迟于议付期索偿。

(3) Port congestion surcharges, if any, at the time of shipment, is for opener's account.

装运时如有港口拥挤附加费,应由开证人负担。

第三,议付与索偿(Negotiation and Reimbursement)。例如:

(1) In reimbursement, please draw on our head office account with your London office.

偿付办法:请从我总行在你伦敦分行的账户内支取。

(2) You are authorized to reimburse yourself for the amount of your negotiation by drawing as per arrangement on our account with United Bank Limited, London.

兹授权你行索偿你行议付金额,请按约定办法向伦敦联合银行我账户内支取。

第四,其他条款。例如:

(1) If the terms and conditions of this credit are not acceptable to you, please contact the opener for necessary amendments.

如你方不接受本信用证条款,请与开证人联系以作必要修改。

(2) Documents to be presented within 15 days after shipment date but within the validity of the credit.

单据于装运期后15天内提示银行,但必须在信用证的有效期内。

(3) All documents except B/L shall show this L/C number and date.

除了提单之外,所有单据都必须显示信用证号码和日期。

9. 开证行的保证

开证行的保证(Warranties of Issuing Bank)条款,在信用证中常见的表现形式有:

(1) We hereby undertake to honour all drafts drawn in accordance with terms of this credit.

凡按本信用证所列条款开具并提示的汇票,我行保证承兑。

(2) We hereby engage with drawers that draft(s) drawn and negotiated on presentation and that draft(s) accepted within the terms of this credit will be duly honoured at maturity.

我行兹对出票人保证:凡按本证条款开具及议付的汇票,一经提交即承兑;凡依本证条款承兑的汇票,到期即予照付。

10. 跟单信用证统一惯例文句

一般用以说明信用证根据《跟单信用证统一惯例》办理。例如:

This credit is subject to the Uniform customs and Practice for Documentary Credits (2000 Revision), International Chamber of Commerce publication No. 600.

本证根据国际商会第600号出版物《跟单信用证统一惯例》(2000年修订)办理。

例 6-2　信用证实例

APPLICATION HEADER	U. S. BANK PORTLAND
	(PORTLAND INTL DEPARTMENT-FORMERLY UNITED STATES)
SEQUENCE OF TOTAL	* 27: 1/1
FORM OF DOC. CREDIT	* 40A: IRREVOCABLE TRANSFERABLE
DOC. CREDIT NUMBER	* 20: LLCPDX002148
DATE OF ISSUE	* 31C: ××0404
EXPIRY	* 31D: DATE ××0731 PLACE CHINA
APPLICANT	* 50: THE OUTDOOR RECREATION GROUP
	4659 VINEBURN AVENUE
	LOS ANGELES, CA 40036
BENEFICIARY	* 59: QINGDAO BRIGHT FUTURE GARMENT TRADING CO. , LTD.
	NING XIA ROAD, QINGDAO, SHANDONG, CHINA
AMOUNT	* 32B: CURRENCY USD AMOUNT 201,780.00
MAX. CREDIT AMOUNT	* 39B: NOT EXCEEDING
AVAILABLE WITH/BY	* 41A: BANK OF CHINA QINGDAO, SHANDONG, CHINA
	BY NEGOTIATION
DRAFTS AT	* 42C: AT SIGHT
DRAWEE	* 42A: U. S. BANK NATIONAL ASSOCIATION
	PORTLAND, OREGON
PARTIAL SHIPMENTS	* 43P: ALLOWED
TRANSSHIPMENT	* 43T: ALLOWED
LOADING IN CHARGE	* 44A: ANY ASIAN PORT
FOR TRANSPORT TO…	* 44B: LONG BEACH, CA, USA
LATEST DATE OF SHIP	* 44C: ××0710
DESCRIPTION OF GOODS	* 45A: CIF LONG BEACH, CA, USA
COTTON SHIRTS (CONTRACT No. 30288)	
ST/NO.　　　Q'TY　　　UNIT PRICE	
71-800　　　13440 PCS　　　USD 7.15/PC	
71-801　　　9600 PCS　　　USD 7.30/PC	
71-802　　　5520 PCS　　　USD 6.45/PC	
DOCUMENTS REQUIRED	* 46A:

ALL DOCUMENTS IN ONE ORIGINAL AND TWO COPIES UNLESS OTHERWISE SPECIFIED:

+ SIGNED COMMERCIAL INVOICE ONE ORIGINAL AND THREE COPIES.

+ PACKING LIST.

+ INSURANCE POLICY OR CERTIFICATE ISSUED TO ORDER OF SHIPPER AND ENDORSED IN BLANK COVERING ALL RISKS AND WAR RISKS FOR AT LEAST 110 PERCENT OF INVOICE VALUE AND STATING A CLAIMS SETTLING AGENT IN THE UNITED STATES OF AMERICA.

+ CERTIFICATE OF INSPECTION ISSUED BY THE EXPORTER.

+ FULL SET PLUS ONE COPY CLEAN ON BOARD OCEAN BILLS OF LADING MARKED "FREIGHT PREPAID" MADE OUT TO ORDER, NOTIFY PARISI SERVICES INC. 11105 S. LA CIENECABLVD LOS ANGELES, CA, 90045.

OR

+ CLEAN ORIGINAL (SHIPPER'S COPY) AIR WAY BILL CONSIGNED TO APPLICANT MARKED "FREIGHT PREPAID" AND NOTIFY PARISI SERVICES INC. 11105 S. LA CIENECA BLVD LOS ANGELES. CA 90045.

ADDITIONAL COND.	* 47A:

+ THIRD PARTY SHIPPER AND OR DOCUMENTS ACCEPTABLE.

+ THIS LETTER OF CREDIT IS TRANSFERABLE BY ANY BANK AND IF TRANSFERRED A COPY OF THE TRANSFERRING BANK'S NOTICE OF TRANSFERATION MUST ACCOMPANY THE DRAFTS.

DETAILS OF CHARGES	* 71B:

+ ALL BANKING CHARGES OUTSIDE THE ISSUING BANK ARE FOR A/C OF BENE. A WIRE PAYMENT FEE AND A DISCREPANCY FEE MAY BE DEDUCTED FROM THE AMOUNT OF THE DRAFT.

PRESENTATION PERIOD	* 48:

+DOCUMENTS MUST BE PRESENTED FOR NEGOTIATION WITHIN 21 DAYS AFTER THE DATE OF SHIPMENT, BUT NOT LATER THAN THE EXPIRY DATE

CONFIRMATION	* 49: WITHOUT
INSTRUCTIONS	* 78:

+ THE AMOUNT OF THE DRAFTS MUST BE ENDORSED ON THE REVERSE OF THIS CREDIT. NEGOTIATING BANK SEND ALL DRAFTS AND DOCUMENTS IN ONE COVER VIA AIR COURIER TO U. S. BANK NATIONAL ASSOCIATION, 111 S. W. 5TH AVENUE, SUITE 500. PORTLAND, OREGON 97204.

+ DRAFTS MUST BE MARKED AS DRAWN UNDER U. S. BANK NATIONAL ASSOCIATION, LETTER OF CREDIT NUMBER LLCPDX002148.

ADVISE THROUGH	* 57D: BANK OF CHINA QINGDAO BRANCH SHANDONG, CHINA
SEND. TO REC. INFO.	* 72: THIS CREDIT IS SUBJECT TO THE UCP 1993 REV. ICC PUBLICATION 500.

在上面的信用证中，各个域都有特定的含义，具体解释如下：

27：	指信用证的序列号，如 1/1，表示该信用证只有一部分，你阅读的就是这部分；1/2 则表示该信用证由两部分组成，你正在阅读的是第一部分，之后还有一部分，即 2/2，只有看完了 2/2 才算看完了信用证的全部。
40A：	表示跟单信用证的形式，跟单信用证有六种形式：不可撤销；可撤销；不可撤销可转让；可撤销可转让；不可撤销备用，可撤销备用。
20：	表示信用证号码。
31C：	表示开证日期。如果没有这一项，则开证日期为电文的发送日期。
31D：	表示信用证的有效期和有效地，即信用证的有效期截止时间和到期地点。
50：	表示开证申请人，即进口商。
59：	表示受益人，即出口商。
32B：	表示币种与金额。
39A：	信用证上下浮动允许的最大范围。该项目表示方法较为特殊，数值表示百分比的数值，如 5/5 表示上下浮动最大为 5％。
39B：	指最大金额或溢短装条款。
39C：	额外金额，信用证所涉及的保险费、利息、运费等金额。
41A：	指定有关银行及信用证兑付方式。信用证兑付方式有五种：BY PAYMENT（即期付款）；BY ACCEPTANCE（远期承兑）；BY NEGOTATION（议付）；BY DEF PAYMENT（迟期付款）；BY MIXED PAYMENT（混合付款）。如果是自由议付信用证，则对议付的地点不做限制，该项代号为 41D，内容为 ANY BANK BY ……
42A：	汇票付款人。在信开信用证中，通常由 DRAWN ON 引出付款人。在电开信用证中，经常用 DRAWEE 表示，但若是自由议付信用证，则该项代号为 42D。
42C：	指汇票付款日期
43P：	指是否可以分批装运。
43T：	指是否可以转运。
44A：	指装运港。
44B：	指目的港。
44C：	指最迟装船期。
45A：	指货物描述，即商品名称、品质标准、数量、单价、规格、包装、产地等。
46A：	指所需提交的单据。

(续表)

47A:	指附加条款（有时称特别指示），即对业务操作有所要求，但通常又是非单据性的。
48:	指交单期限。通常指将单据交到议付行进行议付的期限。
49:	指保兑信息，即如果开证行请另一家银行为它作担保，那么该信息将在此域表明。
71B:	费用信息，表明费用是否由受益人出。如果没有这一条，表示除了议付费、转让费以外，其他各项费用由开出信用证的申请人出。
72:	附言。
78:	为银行间的指示，即开证行给通知行、议付行、偿付行、承兑行、保兑行等的指示。

（二）审核信用证

从业务上看，信用证审核分别由通知行和受益人双方进行。通知行对信用证的审核，侧重于政策性和收汇方面，包括信用证的内容是否符合我国政策、信用证是否真实、开证行的资信等级、信用证是否可撤销、开证行的付款责任是否有限制、偿付线路的安排等内容。受益人则主要是依据买卖合同和《跟单信用证统一惯例》对信用证进行全面、细致地审核。

收到信用证后检查和审核的要点有以下各项。

1. 检查信用证的付款保证是否有效

检查信用证的付款保证是否有效主要是核对信用证是否是一项有效的付款保证，其付款保证有无缺陷。若出现下面所述的情况，则表明付款保证有瑕疵，受益人要认真对待。

(1) 信用证明确表明是可以撤销的。按照新的《UCP600》的解释，信用证是不可撤销的，即便信用证中对此未作指示也是如此。这样就更大程度地保护了受益人的权益。如果一份信用证表明是可以撤销的，那么必定要对这份信用证作修改。

(2) 应该保兑的信用证未按要求由有关银行进行保兑。

(3) 信用证未生效。

(4) 满足一定条件才能生效的信用证，如"待获得进口许可证后才能生效"。

(5) 信用证密押不符。

(6) 信用证简电或预先通知。

(7) 开证人直接寄送的信用证。

(8) 由开证人提供的开立信用证申请书。

2. 检查信用证的付款时间是否与有关合同规定相一致

检查信用证的付款时间是否与有关合同规定相一致时，应特别注意下列情况：

(1) 信用证中规定汇票见票后若干天内付款。应注意核对若干天有无差错。

(2) 信用证在国外到期。规定信用证在国外到期，有关单据必须寄送国外。由于我们无法掌握单据到达国外银行所需的时间且单据容易延误或丢失，因此会有一定的风险。通常我们要求在国内交单/付款。在来不及修改的情况下，应提前一个邮程（邮程的长短应根据地区远近而定）以最快方式寄送。

(3) 如信用证中的装运期和有效期是同一天，即通常所称的"双到期"，在实际业务操作中，应将装运期提前一定的时间（一般在有效期前10天），以便有合理的时间来制单结汇。

3. 检查信用证受益人和开证申请人的名称和地址是否完整和准确

受益人应特别注意信用证上的受益人名称和地址应与其印就好的文件上的名称和地址内容相一致。同时,受益人要注意买方的公司名称和地址写法是不是也完全正确。因为在填写发票时有可能照抄信用证上写错了的买方公司名称和地址。受益人的名称不正确,将会给今后的收汇带来不便。

4. 检查装运的有关规定是否符合要求

与信用证规定装运期不符的运输单据将遭到银行拒付,因此检查信用证规定的装运期应注意以下几点:

(1) 能否在信用证规定的装运期内备妥有关货物并按期出运;如信用证收到时离装运期太近,无法按期装运,应及时与客户联系修改。

(2) 实际装运期与交单期相距太短。

(3) 信用证中规定了分批出运的时间和数量,应注意能否办到;否则,任何一批未按期出运,以后各期即告失效。

(4) 分批装运与转运的规定是否与合同相符合。

5. 检查能否在信用证规定的交单期交单

如果信用证中规定向银行交单的日期不得迟于提单日期后若干天,则过了限期或单据有错漏时,银行有权不付款。

交单期通常按下列原则处理:

(1) 信用证有规定的,应按信用证规定的交单期向银行交单。

(2) 信用证没有规定的,向银行交单的日期不得迟于提单日期后 21 天。

应充分考虑办理下列事宜对交单期的影响:

(1) 生产及包装所需的时间。

(2) 内陆运输或集港运输所需的时间。

(3) 进行必要的检验(如法定商检或客检)所需的时间。

(4) 申领出口许可证/原产地证所需的时间(如果需要)。

(5) 报关查验所需的时间。

(6) 船期安排情况。

(7) 到商会和/或领事馆办理认证或出具有关证明所需的时间(如果需要)。

(8) 申领检验证明书(如 SGS 验货报告/OMIC LETTER)或其他验货报告等所需的时间。

(9) 制作、整理、审核信用证规定的文件所需的时间。

(10) 单据送交银行所需的时间,包括单据送交银行后经审核发现有误退回更正的时间。

TIPS

审核交单条款时,不仅仅要看交单期,还要看交给谁。实际上,信用证的装运期、有效期、交单期都是前后关联的,必须统一考虑;同时,交单地点和到期地点也不可忽视,尤其是交单地点和到期地点在国外时,必须要充分考虑原来的期限是否够用。

案例链接

延迟交单期致损案

我某外贸发展有限公司A向国外某公司出口一笔货物。国外开来L/C部分条款规定:"Expirydate：15th March,2005 in China. Shipment latest date：February 28, 2005. One complete set of documents is to be forwarded by airmail and the remaining documents by following airmail to us. All documents must reach us within 21 days after the date of shipment."(有效期:2005年3月15日于中国。最晚装运期:2005年2月28日。整套单据由航空邮寄,随后航寄第二套其余单据给我行。所有单据须于装运日后21天内寄达我行)。

上述货物系A公司驻大连办事处在大连装船,于2005年2月13日晚装运完毕,并于2月14日取得2月13日签发的提单。2月14日即向商检局申请出具证书(因散装货,实装数量不足,只能等待装运完毕后才能申请出具证书),于2月16日备妥提单及各种检验证书后以挂号方式寄A公司。由于2月18日系我国传统春节,待A公司春节过后于2月24日开始办公时,有关单证人员才见到提单及各种证书。单证人员立即制单,25日向议付行交单议付,议付行即向开证行寄单。

开证行却于3月7日提出单证不符：

"第××××号L/C项下的单据经审核发现单证不符。我行于3月6日才收到你方单据,该货物于2月13日装运,2月13日距3月6日超过21天交单(注:当年2月仅29天),所以不符合我L/C要求。单据暂代保管,速告单据处理意见。"

A公司于3月11日答复开证行：

"你7日电悉。关于21天交单问题,按国际惯例要求应该从装运日至议付行收到单据时计算。我于2月13日装运,2月25日向议付行交单,仅共12天,怎能说是超过21天交单?请再审查我单据。关于你行所谓的不符点是不成立的,你行应该接受单据。"

A公司发出上述意见后,于3月14日又接到开证行来电:"你11日电悉。你方对超过21天交单问题认为国际惯例的21天交单应以装运日至议付行收到单据日计算。这是你方没有完全理解L/C条款的规定。我L/C规定:'All documents must reach us within 21 days after the date of shipment'(所有单据须于装运后21天内寄达我行),也就是说我信用证将该惯例21天以议付行收到单据日计算,改为以我开证行收到你方单据日止计算。你方既已接受了L/C,就应该履行这个条款。但你方2月13日装运,3月6日才将单据寄达我行,故超过21天。单据仍在我行保管,如何处理等待你方指示。"

A公司研究了开证行的意见,才发现L/C规定21天交单条款是这样规定:"…must reach us within 21 days…",其交单地点是开证行,并不是议付行,而A公司已接受了L/C,当时又未及时提出修改,是无法反驳对方的。最后A公司只好直接与买方商洽,最后拖延了三个多月以货物削价处理才结案。

(续上)

> **案情分析**
>
> 此案由于 A 公司理解 L/C 交单期和地点有误而遭受损失,其经验教训如下:
>
> (1) 审查 L/C 的交单期不能忽视交单地点。L/C 规定交单有效期为 3 月 15 日于中国,这就是说,只要在 3 月 15 日前将单据交到议付行就算履行了 L/C 的条款。但是 L/C 接着又规定:"所有单据须于装运日后 21 天内寄达我行。"这等于将 3 月 15 日有效期的地点否定了,变成有效期的地点在国外开证行。这样的条款如不注意,很容易造成失误。A 公司只看到 3 月 15 日在中国到期,便以为 L/C 条款正常,未全面、严格地审查 L/C 中交单时间和地点的差异,是造成事故的一个主要原因。
>
> (2) 办理交单议付的时间宜早不宜迟。本案例的货物在大连港装运,13 日装完,14 日就已经取得了正本提单,如果大连办事处有关人员能及时和商检局联系,说明该 L/C 有效期条款的特殊情况,协商商检局当天出具证书,然后派人乘飞机直接送到 A 公司就有时间办理议付手续。即使不乘飞机,乘火车也可以在春节假期前向议付行交单议付,不会超过 21 天造成迟期交单的事故。
>
> (3) 单证管理人员要增强风险意识。单证工作是一项时间性非常强的工作,早一天交单,就可以早一天收汇,减少了风险。本案例的有效期即使不过期,如果拖延交单议付,也会给企业造成风险隐患。目前,我国外贸企业(尤其是内地外贸企业)委托沿海港口装遣货物的情况比较多,由于等待邮寄单据而拖延交单议付时间的情况比较普遍,应引起注意并采取相应措施加以改善。

6. 检查信用证内容是否完整

如果信用证是以电传或电报拍发给了通知行即"电讯送达"的,那么应核实电文内容是否完整,如果电文无另外注明,并写明是根据国际商会第 500 号出版物《跟单信用证统一惯例》以下简称《UCP500》(2007 年 7 月 1 日起使用第 600 号出版物)[①],那么,该电文是可以被当作有效信用证执行。

---

① 《跟单信用证统一惯例》(UCP,Uniform Customs and Practice for Documentary Credits),是国际商会为明确信用证有关当事人的权利、责任、付款的定义和术语,减少因解释不同而引起各有关当事人之间的争议和纠纷,调和各有关当事人之间的矛盾,于 1930 年拟订的一套规则,并于 1933 年正式公布。以后随着国际贸易变化,国际商会分别在 1951 年、1962 年、1974 年、1978 年、1983 年、1993 年进行了多次修订,该惯例被各国银行和贸易界所广泛采用,已成为信用证业务的国际惯例。

《UCP500》是国际商会第 500 号出版物,于 1994 年 1 月 1 日实行。自实行以来,银行实务中围绕《UCP500》产生的争议层出不穷。研究表明,高比例、高频率发生的信用证拒付现象正日益危及信用证在国际结算中的地位。为此,国际商会于 2002 年初成立 UCP 修订工作小组,分三步对《UCP500》进行修订。第一步,全面回顾《UCP500》实施以来国际商会发布的各类出版物、意见书及决定,吸收其中合理的条款。第二步,全面总结近年来国际银行业、运输业和保险业出现的变化,体现一定的前瞻性。第三步,全面检讨《UCP500》中的条款结构和文字措词。经过修订,《UCP500》由原来的 49 条变成 39 条,结构更加清晰,对一些重要的定义作了重新解释,利于对惯例全貌的把握,并对一些条款作了实质性变动,更接近实际业务的操作。《UCP600》于 2007 年 7 月 1 日生效。

7. 检查信用证的通知方式是否安全、可靠

信用证一般是通过受益人所在国家或地区的通知/保兑行通知给受益人的。这种方式的信用证通知比较安全,因为根据《UCP600》的有关规定,通知行应对所通知的信用证的真实性负责。如果不是这样寄交的,遇到下列情况之一的应特别注意:

(1) 信用证是直接从海外寄来的,应该小心查明它的来历。

(2) 信用证是从本地某个地址寄出,要求出口商把货运单据寄往海外,而出口商并不了解他们指定的那家银行。

对于上述情况,应该先通过银行调查核实。

8. 检查信用证的金额、币制是否符合合同规定

主要检查内容有以下两条:

(1) 信用证金额是否正确。信用证的金额应该与事先协商的相一致。信用证中的单价与总值要准确;大小写并用的,两者内容要一致。如数量上可以有一定幅度的伸缩,那么信用证也要相应规定在支付金额时允许有一定幅度。如果在金额前使用了"大约"一词,其意思是允许金额有10%的伸缩。

(2) 检查币制是否正确。如合同中规定的币制是"英镑",则信用证中使用的不能是"美元"。

9. 检查信用证的商品数量是否与合同规定相一致

合同中若有溢短装条款,必须在信用证中有相关的体现,无论在数量还是金额上。

10. 检查价格条款是否符合合同规定

不同的价格条款对具体的费用(如运费、保险费)由谁分担的规定不同。如合同中规定的是"FOB SHANGHAI AT USD 50.00 PER PC",根据此价格条款,有关的运费和保险费由买方即开证人承担。如果信用证中的价格条款没有按合同的规定作上述表示,而是作出如下规定,"CIF NEW YORK AT USD 50.00 PER PC",如果对此条款不及时修改,那么受益人将承担有关的运费和保险费。

11. 检查有关的费用条款

主要检查内容有以下两条:

(1) 信用证中规定的有关费用(如运费或检验费等)应事先协商一致;否则,对于额外的费用原则上不应承担。

(2) 如事先未商定银行费用的分担问题,应以双方共同承担为宜。

12. 检查信用证规定的文件能否提供或及时提供

主要检查内容有以下三条:

(1) 一些需要认证的单据(特别是使馆认证等)能否及时办理和提供。

(2) 由其他机构或部门出具的有关文件(如出口许可证、运费收据、检验证明等)能否提供或及时提供。

(3) 信用证中指定船龄、船籍、船公司或不准在某港口转船等条款能否办到等。

13. 检查信用证中有无陷阱条款

主要检查内容有以下两条:

(1) 正本提单直接寄送客人的条款。如果接受此条款,将随时面临货、款两空的危险。

(2) 将客检证作为议付文件的条款。接受此条款,受益人正常处理信用证业务的主动权

很大程度上掌握在对方手里,影响安全收汇。

小思考:你知道什么是信用证"软条款"吗?出现"软条款"怎么处理比较妥当?

案例链接

商检证书签字不符引起的纠纷案

某年1月27日,出口公司A收到香港某银行开出一笔金额为USD 220 000.00的L/C,该证规定:"inspection certificate issued and signed by the authorized person(s) of L/C applicant whose signature(s) must be in conformity with the records held in our file certifying that …"(商检证由开证申请人授权的有权签字人出具并签字,其签字必须与其开证预留的印鉴相一致并证明……)。此证由通知行直接通知受益人A公司,但通知行未仔细审查,也没有提出该条款的问题所在,而A公司收证后也没有认真审证。当年2月出口商交货,开证申请人派人前往出口地验货,并在商检证上签字,出口商遂向银行交单议付,一星期后,开证行收到单据并发出不符点电传称:"商检证上的签字与申请人在开证行预留的印鉴不符。"提出拒付。出口方银行向开证行发出反驳电传,指出开证行开出的L/C不完整,开证行在开证时应该随L/C一起将申请人的预留印鉴提供给通知行,以便议付行核实审单,否则,通知行有责任请开证行立即提供申请人预留印鉴并尽早付款。

此电发出后,开证行很快回电,仍坚持单据存有不符点,不理会签字样本寄回一事,并通知货物仍滞留仓库,仓储费每天达960港元,申请人要求退单。经多次交涉,开证申请人还是拒不赎单,开证行拒付货款,全部单据和货物由出口方处理,造成A公司严重损失。

案情分析

本案实际上是由L/C软条款引起的纠纷案。所谓L/C软条款是指置出口方有关当事人于不利地位的弹性条款。本案中L/C里明显有软条款,即商检证上要求要有申请人授权的有权签字人签字,并要求该签字必须与申请人在开证行预留的签字样本一致。这一条款对于出口商以及出口方银行来说是很不利的,因为这种预留印鉴存放在开证行,而开证行又不将印鉴寄给出口方银行,导致出口方银行审单议付时,无法核实单据上的签字是否与存放在开证行的预留印鉴一致,极易被开证行提出不符点而拒付。因为开证申请人在开证行预留印鉴的有权签字的人与签署商检证的人可能并非一人,结果出口方得到商检证后,向银行交单对其签字必然不符,造成开证行拒付。这种人为地有意拒付,往往是在市场价格看跌,货物不好销售或者进口商又找到了更便宜的货物时发生。可见,进口商早就在L/C里了作了文章,为拒付货款提供了方便。出口方由此面临着三个不利:① 出口方不能及时收汇,资金积压;② 出口方承担仓储费;③ 出口方不能及时处理货物,甚至可能会被迫降价或自负货物造成的损失。

(续上)

> 此案给我们以下经验教训：
>
> （1）出口方收到L/C时应仔细审证，发现条款模糊或者实难办到的事情，应立即请开证申请人修改L/C条款，以免造成被动。当L/C存在软条款时，出口方银行将不给予出口方作出口押汇、打包放款等资金融通，因此，在外贸实务中应及时发现和修改软条款。
>
> （2）银行在审证时发现有不易掌握的条款时应及时与出口商联系。
>
> 本案例中通知行应要求开证行将预留印鉴调出寄出口方银行备案，并将其视同L/C的一个部分，以便出口方银行审核签字的真伪，避免造成单据不符。

14. 检查信用证中有无矛盾之处

例如，实际是空运却要求提供海运提单；实际价格条款是FOB，保险应由买方办理，而信用证中却要求提供保险单。

15. 检查有关信用证是否受《UCP600》的约束

明确信用证受的约束可以使我们在具体处理信用证业务中，对于信用证的有关规定有一个公认的解释和理解，避免因对某一规定的不同理解产生的争议。

16. 对某一问题有疑问，可以向通知行或付款行查询，以获得帮助

三、修改信用证

修改信用证简称"改证"，是受益人在审核信用证时，发现与合同不符、不能接受、无法做到的条款，请开证申请人进行修改。

（一）修改信用证的注意事项

受益人在提出修改信用证时，应注意以下事项：

（1）修改的内容，应尽量一次性提出，避免多次修改信用证的情况。改证费一般由提出修改的一方承担。

（2）对于不可撤销信用证中任何条款的修改，都必须取得各方当事人的同意后才能生效。若任何一方当事人不同意，则修改不能成立，信用证仍以原条款为准。

（3）修改必须及时提出，避免因拖延时间过长，造成银行认为我方已经接受的误解。

（4）对于修改内容要么全部接受，要么全部拒绝。因为，部分接受修改书的内容是无效的。

（5）有关信用证修改必须通过原信用证通知行传递。通过客人直接寄送的修改申请书或修改书复印件不是有效的修改。

（6）凡能做到又不增加费用的，尽量不要修改。

> **TIPS**
>
> 若信用证需要修改，请一定在收到开证行开出的信用证修改通知书之后，才按照信用证修改通知书上的规定操作，以免不必要的损失。

案例链接

未接到 L/C 修改书贸然发货致损案

我某农产品贸易公司 A 与韩国某进口公司 B 签订了一份买卖合同。双方约定："20 公吨花生用麻袋包装，分两批装，第一批 10 公吨不得晚于 20××年 11 月 1 日，第二批 10 公吨不得晚于 20××年 11 月 21 日……"但是，对于买方开立 L/C 的具体时间却没有在合同中作出明确规定。合同签订后，A 公司一直催促 B 公司开出 L/C，但是 B 公司迟迟未行动。直到当年 10 月 21 日 A 公司才收到 B 公司开来的不可撤销 L/C。A 公司在审证时发现证中货物包装条款与合同规定不符，合同规定用麻袋包装，而 L/C 则规定用纸箱包装。A 公司当即电告 B 公司，要求修改 L/C 中的包装条款。11 月 3 日，买方 B 公司回电表示同意改为麻袋装。但 A 公司在未收到 B 公司 L/C 修改书的情况下，便备妥货物，安排装运，并将缮制好的全套单据交议付行议付。

11 月 15 日开证行发出拒付回电："你第×××号 L/C 经审核，单据中记载的实际包装状况与 L/C 中规定的纸箱包装不符，我行不能接受你方付款赎单的指示。"此时，A 公司已接到开证行 11 月 10 日开出的 L/C 修改书，于是立即进行反驳："你行不久前寄来的 L/C 修改书已明确修改为麻袋装，故我方递交的单据符合原 L/C 的要求，你行理应按时付款。"开证行再次回复称："原 L/C 规定用纸箱装，L/C 却规定货物分两批装运，第一批不得迟于 11 月 1 日，第二批不得晚于 11 月 21 日。显然，第一批货物的装运期早于 L/C 修改书的日期。故该 L/C 不适用于你方第一批货物的议付，而只能适用于第二批货物的议付。"A 公司无言以对，最终仅收回了第二批货物的款项，第一批货物无奈只得运回，既损失了来回运费，又贻误了销售时机。

案情分析

上述案例的焦点在于 L/C 的生效时间能否晚于单据提交的日期？案中的开证行认为，L/C 的修改只能适用于该修改日以后的装运，不适用于该修改日以前的装运。这种说法看似合理，实际并不能成立。根据《UCP500》第 22 条的规定："除非 L/C 另有规定，银行将接受出具日期早于 L/C 开立日期的单据，但该单据须在 L/C 和本惯例规定的时限之内提交。"(《UCP600》将此条款修改为"单据的出单日期可以早于 L/C 开立日期，但不得迟于信用证规定的提示日期"，意思基本不变。编者注)据此我们可以认为只要在 L/C 规定的有效期内交单，银行就应该接受出单日期早于 L/C 修改书日期的单据。因此，A 公司在事发后应当据此对开证行进行反驳。从 A 公司的失误分析，A 公司最主要的失误是在没有收到 L/C 修改书之前先行装运。为了防范风险，出口公司只有在收到 L/C 修改书后再安排发运才是最安全的。

通过上述案例，我们可以得出以下启示：

（1）合同规定采取 L/C 支付方式时应明确规定开证的期限。本案中的 A 公司没有在合同中订明 B 方开来 L/C 的具体时间，这就为以后来不及改证而匆忙装运埋下了

(续上)

> 隐患。因此,在 L/C 支付方式下,贸易双方(尤其是卖方)一定要就 L/C 具体的开证日期作出明确的规定,以约束买方拖延开证的行为。
> (2) 未接到 L/C 修改书前不能贸然发货。L/C 是独立于合同之外的文件,L/C 的修改一定要在发货前落实,否则就失去了修改的意义。要防范在 L/C 修改前的时间差内出运和出单的风险。
> (3) 在实际出单日期与 L/C 修改日期发生争议时,要根据国际惯例据理力争。只要自己的行为符合国际惯例的有关规定,就不要轻易放弃自己的正当权利。

(二) 撰写改证函

改证函是受益人审核信用证后,发现信用证中有与合同或贸易要求的不符点,致信给开证申请人要求其通过开证银行对信用证进行修改的信函。

改证函主要表述三个方面的内容:① 应感谢对方及时开来了信用证;② 逐项列明信用证中的不符点,并告知对方应如何修改;③ 表达希望能早日收到信用证的修改书,以便按时发货的意愿。特别强调要清楚地告诉对方什么是错的,什么是正确的,必要时可进行解释。

例 6-3　信用证改证函

> Dear Mr. Sermon,
>
> 　Your L/C No. 4928
>
> 　We have received your captioned letter of credit. After checking up the clauses in it, we found three points did not conform to those in the relative contract. Please amend the L/C as follows:
>
> (1) Please increase the amount to EUR 49 000.
>
> (2) Please add the word "five percent more or less allowed" after the number of the quantity.
>
> (3) Delete "transhipment not allowed" as direct steamers to your port are not available and transshipment at Hong Kong is necessary.
>
> We await your earliest amendment advice.
>
> 　　　　　　　　　　　　　　　　　　　　　　　　　　　　Truly Yours,
>
> 　　　　　　　　　　　　　　　　　　　　　　　　　　　　×××

除了由于信用证与合同的不符需要修改之外,有时卖方未能及时将货物备妥待运,或买方由于各种理由要求延迟装运,这时将不得不要求展延信用证中的装运日期和到期日期。

例 6-4　信用证展期和延期

> Dear Sirs,
>
> 　With reference to your L/C No. 4938 covering 3 000 cases of iron nails, we regret to inform you that it is impossible for us to fulfill the shipment before the end of September, as the earliest steamer sailing for your port is scheduled to leave Shanghai around October

(续上)

2 and the next ship, as we were told, will be sailing late October or early November.

Such being the case, we have to ask you to extend the shipment date and validity of your L/C to November 15 and November 30 respectively and see to it that the amendment advice reaches us by October 1.

Your prompt attention to this matter will be highly appreciated.

Faithfully yours,

×××

（三）信用证修改的通知与接受

开证行在同意修改信用证时，应开立信用证修改通知书，并经原证的通知行通知给受益人。信用证修改通知书一经开出，开证行同意承担不可撤销的付款责任。通知行对信用证修改通知书负有审核责任；保兑行可以将其保兑延续到信用证修改通知书，但也可以对修改内容不加保兑。

受益人在收到信用证修改通知书后，应明确表示是接受还是拒绝此次修改。如果受益人没有发出此类通知，则以受益人提交的单据作为判断依据。如果提交的单据与信用证修改书一致，则被认为修改已被受益人接受；如提交的单据与原证一致，则被认为不接受信用证的修改。值得注意的是，受益人不可能部分接受、部分拒绝修改书上的内容。

例 6-5　同意修改信用证

Dear sirs,

In reply to your letter of June 4, we wish to inform you that we have instructed our bank to amend the L/C No. TT458 by increasing the amount to USD 14 200.

As the amendment was made by cable, you must have received it. And we trust that everything is in order and you will be able to ship the goods in next two weeks.

We are looking forward to hearing from your advice of shipment.

Yours faithfully,

×××

例 6-6　拒绝修改信用证

Dear Sir,

We have received your letter of May 15 requesting us to extend the L/C No. 2781 to June 10 and June 25 for shipment and negotiation respectively.

We are willing to do whatever we can to co-operate with you, but at the present import regulation do not allow any extension of licence, we regret having to say that it is beyond our ability to meet your request to extend the above L/C.

Please do your best to ship the goods in time and we thank you for your co-operation.

Yours faithfully

情景模拟

郭东在收到MRK公司30%的预付款。但是在4月15日收到D.D.公司寄回的销售确认书之后的一个星期内,D.D.公司一直没有和郭东联系。想到合同中规定"卖方必须在4月底开出信用证",郭东有些沉不住气,给对方写了一份催证信。

在催证信发出后没几天,郭东终于等到了对方的信用证。

MT:H.S.700	
	ISSUE OF DOCUMENTARY CREDIT
	FUNC FJQZOOTQ
	UMR10732456
APPLICATION HEADER 0 700 1635 060328	CZNBSBAXXX 5913 287523 060328 1536 N
	* KOOKMIN BANK
	* PUSAN
USER HEADER	SERVICE CODE 10×
	BANK PRIORITY 11×
	INFO. FROMC121×:
SEQUENCE OF TOTAL	* 27:1/2
FORM OF DOC. CREDIT	* 40A:REVOCABLE
DOC. CREDIT NUMBER	* 20:MKC478632
DATE OF ISSUE	* 31C:××0428
EXPIRY	* 31D:DATE ××0610 IN OUR COUNTRY
APPLICANT	* 50:D.D. TRADING COMPANY
BENEFICIARY	* 59:×× SMART INTERNATIONAL COMPANY
	×× YANDANG ROAD
	WENZHOU
	CHINA
AMOUNT	* 32B:CURRENCY USD AMOUNT 23 028.00
AVAILABLE WITH/BY	* 41A:BANK OF CHINA, WENZHOU BRANCH
	BY NEGOTIATION
DRAFTS AT	* 42C:DRAFTS AT 30 DAYS' SIGHT
DRAWEE	* 42A:CZNBSBA×××
	KOOKMIN BANK
	PUSAN
PARTIAL SHIPMENTS	* 43P:ALLOWED
TRANSSHIPMENT	* 43T:PROHIBITED
LOADING IN CHARGE	* 44A:SHIPMENT FROM CHINESE PORT (S)
FOR TRANSPORT TO	* 44B:PUSAN, KOREA
LATEST DATE OF SHIP	* 44C:100510
DESCRIPTION OF GOODS	* 45A:TENDENCY SHOE 767

(续上)

         2280 PAIRS
        UNIT PRICE: USD 10.10 PER PAIR
        PRICE TERM: CIF PUSAN

DOCUMENTS REQUIRED   * 46A:

 +2/3 SET OF ORIGINAL CLEAN ON BOARD OCEAN BILLS OF LADING MADE OUT TO ORDER OF SHIPPER AND BLANK ENDORSED AND MARKED "FREIGHT PREPAID" NOTIFY APPLICANT (WITH FULL NAME AND ADDRESS).

 +1/3 ORIGINAL CLEAN ON BOARD OCEAN BILLS OF LADING SHOULD BE AIRMAILED TO THE APPLICATION WITHIN 48 HOURS AFTER SHIPMENT EFFECTED. A STATEMENT OF THE SAME IS REQUIRED IN NEGOTIATION.

 +ORIGINAL SIGNED COMMERCIAL INVOICE IN 5 FOLD INDICATING S/C NO.

 +INSURANCE POLICY OR CERTIFICATE IN TWO FOLD ENDORSED IN BLANK, FOR 120 PCT OF THE INVOICE VALUE INCLUDING ALL RISKS AND WAR RISK, INSURANCE CLAIMS TO BE PAYABLE AT DESTINATION IN THE CURRENCY OF THE DRAFTS.

 +CERTIFICATE OF ORIGIN IN ONE ORIGINAL AND ONE COPY.

 +PACKING LIST IN 3 FOLD.

ADDITIONAL COND.   * 47A:

 1. T.T. REIMBURSEMENT IS PROHIBITED.

 2. THE GOODS TO BE PACKED IN EXPORT CARTONS.

 3. INSPECTION IS TO BE EFFECTED BEFORE SHIPMENT AND RELEVANT CERTIFICATED/REPORTS ARE REQUIRED FROM THE INSPECTING AGENCY OR INSPECTOR DESIGNATED BY THE BUYER.

DETAILS OF CHARGES   * 71B:

 ALL BANKING CHARGES OUTSIDE KOREA INCLUDING REIMBURSEMENT COMMISSION ARE FOR ACCOUNT OF BENEFICIARY.

PRESENTATION PERIOD   * 48:

 DOCUMENTS TO BE PRESENTED WITHIN 15 DAYS AFTER THE DATE OF SHIPMENT, BUT WITHIN THE VALIDITY OF THE CREDIT.

CONFIRMATION   * 49: WITHOUT

INSTRUCTION   * 78:

 THE NEGOTIATION BANK MUST FORWARD THE DRAFTS AND ALL DOCUMENTS BY REGISTERED AIRMAIL DIRECT TO US(BANCA INTESA BANK, MILANO, LOMBARDIA , ITALY. VIALE LURAGHI. CAP:20020) IN ONE LOTS, UPON RECEIPT OF THE DRAFTS AND DOCUMENTS IN ORDER, WE WILL REMIT THE PROCEEDS AS INSTRUCTED BY THE NEGOTIATING BANK.

TRAILER: ORDER IS < MAC: xPAC: ><ENG: ><CHK: ><PDE: >

 MAC: ADD3DB42

 CHK: 7579D6214807

郭东对照合同,将信用证的内容逐一进行审核,发现其中有一些比较重要的条款需要修改。为此,他给 D. D. 公司撰写了信用证修改函。

要求:
(1) 撰写催证函。
(2) 审核信用证并修改。
(3) 撰写修改函。

自我训练

练习一

下面的句子摘自某份国外开来的信用证,请将其翻译成中文。

(1) AVAILABLE WITH ANY BANK, BY NEGOTIATION AGAINST PRESENTATION OF THE DOCUMENTS DESCRIBED HEREIN AND BENEFICIARY'S DRAFT(S) AT SIGHT DRAWN ON US.

(2) CURRENCY AND AMOUNT ABOUT USD THREE HUNDRED AND FIFTY SIX THOUSAND ONLY.

(3) SIGNED COMMERCIAL INVOICE IN 3 COPIES CERTIFIED TO BE TRUE AND CORRECT MENTIONING FULL NAME AND ADDRESS OF THE MANUFACTURER AND TERMS OF DELIVERY.

(4) CERTIFICATE OF ORIGIN STATING GOODS ARE OF CHINESE ORIGIN ISSUED BY CHINA COUNCIL FOR THE PROMOTION OF INTERNATIONAL TRADE, MENTIONING NAME AND ADDRESS OF THE MANUFACTURER/PRODUCER & EXPORTER.

(5) A COMPLETE SET OF CLEAN ON BOARD SHIPPING COMPANY'S BILL OF LADING ISSUED TO THE ORDER OF COMMERCIAL BANK OF OTTAWA MARKED "FREIGHT PREPAID" AND NOTIFY APPLICANT OF THIS CREDIT. B/L SHOULD BEAR VESSEL AGENT'S NAME, ADDRESS AND TELEPHONE NUMBER AT PORT OF DESTINATION.

(6) INSPECTION CERFITICATE SIGNED BY THE AUTHORIZED REPRESENTATIVE OF THE BENEFICIARY.

(7) PACKING LIST IN 3 COPIES STATING THE ACTUAL NUMBER OF THE CASES.

(8) INVOICE & TRANSPORT DOCUMENTS SHOULD BEAR SHIPPING MARKS. AND THE CREDIT NUMBER & DATE MUST BE QUOTED IN ALL DOCUMENTS.

(9) INSURANCE TO BE COVERED BY THE APPLICANT IN DESTINATION.

练习二

根据第 1 题中的信用证条款,判断下列说法的正误。
(1) 这张银行的信用证的付款期限是远期。
(2) 信用证中的受益人可以在开证行议付。
(3) 该信用证的金额增减幅度为 10%。
(4) 这张信用证要求汇票上的付款人为进口商。

(5) 这张信用证规定受益人提交的提单上的收货人由受益人指定。

(6) 这张信用证项下要求提交的提单为指示提单。

(7) 信用证要求的商业发票和装箱单均为3个副本。

(8) 根据这张信用证中的规定,发票和提单上必须注明唛头。

(9) 经过推测,此信用证中的价格条件一定为CFR。

(10) 这张信用证规定,所有的单据上应该注明信用证号码和日期。

练习三

分析下面这些信用证条款对受益人有哪些具体的要求。

(1) SHIPMENT ADVICE QUOTING THE ABOVE L/C NUMBER AND REFERRING TO THEIR POLICY NO. 340 TO BE FAXED TO FAX：0097××-35205×× WITHIN ONE DAY FROM SHIPMENT DATE.

(2) CERTIFICATE OF ORIGIN IN ENGLISH STATING THAT THE GOODS ARE OF CHINESE ORIGIN, SHOWING FULL NAME AND ADDRESS OF THE MANUFACTURER/ PRODUCER ISSUED IN ORIGINAL BY CCPIT.

(3) SIGNED INVOICE IN ORIGINAL PLUS TWO COPIES SHOWING THE NAME AND ADDRESS OF MANUFACTURER/PRODUCER/PROCESSOR AND CERTIFYING THAT GOODS AND ALL OTHER DETAILS ARE AS PER PROFORMA INVOICE NO. … DATED MAY 19 2004.

(4) ALL DOCUMENTS CALLED FOR IN THIS CREDIT SHOULD BE DATED AND ANY DOCUMENT DATED PRIOR TO L/C ISSUANCE DATE SHOULD BE NOT ACCEPTABLE.

(5) DOCUMENTS TO BE PRESENTED WITHIN 15 DAYS AFTER THE ISSUANCE OF THE SHIPPING DOCUMENTS BUT WITHIN THE VALIDITY OF THE CREDIT.

练习四

认真阅读下列信用证,并填空。

SEQUENCE OF TOTAL	* 27：1/1
FORM OF DOC. CREDIT	* 40：IRREVOCABLE
DOC. CREDIT NUMBER	* 20：C30000029
DATE OF ISSUE	* 31C：××0501
EXPIRY	* 31D：DATE ××0605 PLACE CHINA
APPLICANT	* 50：CHU TAT CO. LTD HAVANA CUBA
BENEFICIARY	* 59：××DATIAN IMPORT AND EXPORT CO. LTD ××, RENMIN NORTH ROAD ××, CHINA
AMOUNT	* 32B：CURRENCY USD AMOUNT 169 795.00
MAX. CREDIT AMOUNT	* 39B：NOT EXCEEDING
AVAILABLE WITH/BY	* 41D：ANY BANK BY NEGOTIATION

(续上)

DRAFT AT	* 42C: AT SIGHT
DRAWEE	* 42D: BANCO NACIONAL DE CUBA LAHABANA
PARTIAL SHIPMENTS	* 43P: ALLOWED
TRANSSHIPMENT	* 43T: ALLOWED
LOADING IN CHARGE	* 44A: ANY CHINESE PORT
FOR TRANSPORT TO	* 44B: HAVANA
LATEST DATE OF SHIP	* 44C: ××0515
DESCRIPTION OF GOODS	* 45A:
	85 200 METERS TWILL FABRIC AND 233 500 METERS 100 PCT COTTON FABRIC CFR HAVANA(IN CONTAINERS) ACCORDING TO CONTRACT NO. 145-04 DATED SEP. 30, 2003
DOCUMENTS REQUIRED	* 46A:
	+ ORIGINAL SIGNED INVOICE PLUS THREE COPIES NOT IN EXCESS OF THE AMOUNT OF THIS CREDIT. + FULL SET OF ORIGINAL CLEAN ON BOARD MARINE BILL OF LADING MADE OUT TO SHIPPER'S ORDER AND BLANK ENDORSED, MARKED FREIGHT PREPAID AND NOTIFY APPLICANT QUOTING FULL NAME AND ADDRESS, SHORT FORM BILL OF LADING FORBIDDEN. + ORIGINAL PACKING LIST PLUS THREE COPIES + ORIGINAL CERTIFICATE OF ORIGIN PLUS ONE COPY ISSUED BY CCPIT + INSPECTION CERTIFICATE ISSUED BY CIQ
ADDITIONAL COND.	* 47A:
	+ TRANSSHIPMENTS PERMITTED ONLY ON TERRITORY OUT OF THE U.S.A + EXCEPT SO FAR AS OTHERWISE EXPRESSLY STATE, THIS COCUMENTARY CREDIT IS SUBJECT TO UNIFORM CUSTOMS AND PRACTICE FOR DOCUMENTARTY CREDIT ICC PUBLICATION NO. 600
DETAILS OF CHARGES	* 71B:
	+ ALL BANK CHARGES OUTSIDE ISSUING BANK ARE FOR THE BENEFICIARY'S ACCOUNT.
PRESENTATION PERIOD	* 48:
	WITHIN 15 DAYS AFTER THE DATE OF SHIPMENT BUT WITHIN THE VALIDITY OF THE CREDIT.
CONFIRMATION	* 49: WITHOUT

(1) 开证人：	
(2) 受益人：	
(3) 信用证号码：	
(4) 开证日期：	
(5) 信用证有效期：	
(6) 到期地点：	
(7) 能否分批：	
(8) 能否转船：	
(9) 装运港：	
(10) 目的港：	
(11) 装运期限：	
(12) 商品名称：	
(13) 商品数量：	
(14) 要求单据：	
(15) 交单期限：	
(16) 信用证是否保兑：	
(17) 信用证是否可以转让：	
(18) 信用证是否可以撤销：	
(19) 信用证金额：	
(20) 信用证金额增减百分比：	
(21) 汇票付款期限：	
(22) 付款人：	
(23) 议付银行：	

练习五

请阅读下面的销售确认书,根据销售确认书修改信用证并撰写修改函。

(1) 销售确认书。

SALES CONFIRMATION

NO. AN107　　　　　　　　　　　　　　　　　　　　　DATE: JAN. 5, 20××

THIS SALES CONFIRMATION IS MADE AND ENTERED INTO BY AND BETWEEN ×× TEXTILES IMP. AND EXP. CORPORATION, ×× ZHONGSHAN ROAD E, 1, SHANGHAI, CHINA, (HEREINAFTER REFERRED TO AS THE SELLERS) AND ITOCHU CORPORATION, OSAKA, JAPAN (HEREINAFTER REFERRED TO AS THE BUYERS):

WHEREBY THE SELLERS AGREE TO SELL AND THE BUYERS TO BUY THE COMMODITY/IES MENTIONED IN THIS CONTRACT SUBJECT TO THE TERMS AND CONDITIONS STIPULATED AS FOLLOWS:

NAME OF COMMODITY & SPECIFICATION, PACKING AND SHIPPING MARK	QUANTITY (PCS.)	UNIT PRICE	AMOUNT
		CIFC 3% OSAKA	
100% PURE COTTON APRON			
ART. NO. 49394(014428)	3 210	USD 1.00	USD 3 216.00
ART. NO. 49393(014428)	3 960	USD 1.00	USD 3 960.00
ART. NO. 55306(014429)	1 560	USD 1.25	USD 1 950.00
REMARKS:		TOTAL	USD 9 126.00
1) EACH IN PLASTIC BAGS, 12 BAGS TO A CARTON, TOTAL 728 CARTONS			
2) SHIPPING MARK: ITOCHU OSAKA NO. 1-728			

TOTAL VALUE: SAY US DOLLARS NINE THOUSAND ONE HUNDRED AND TWENTY SIX ONLY.

TIME OF SHIPMENT: Within 45 days of receipt of letter of credit and not later than the month of MAY 20×× with partial shipments and transshipment allowed.

PORT OF LOADING: SHANGHAI

PORT OF DESTINATION: OSAKA JAPAN

TERMS OF PAYMENT: By 100% Confirmed Irrevocable Sight Letter of Credit Opened by the buyer to reach the Seller not later APRIL 15, 20×× and to be available for negotiation in China until the 15th day after the date of shipment. In case of late arrival of the L/C, the Seller shall not be liable for any delay in shipment and shall have the right to rescind the contract and-or claim for damages.

INSURANCE: To be effected by the Seller for 110% of the CIF invoice value covering ALL RISKS AND WAR RISK only as per China Insurance Clauses.

REMARK: To be governed by "INCOTERMS 20××". For transactions concluded on CFR or CIF terms, all surcharges including port congestion surcharges, etc. levied by the shipping company, in addition to freight, shall be for the Buyer's account.

Confirmed by the Buyer　　　　　　　　　　　　　　　　　　　　　　　　The Seller

×× TEXTILES IMP. AMD EXP. CORPORATION　　　　　　　　　ITOCHU CORPORATION

×××　　　　　　　　　　　　　　　　　　　　　　　　　　　　　　　　×××

(2) 信用证。

20×× APR. 5 14:57:32　　　　　　　　　　　　　　　LOGICAL TERMINAL P005
MT: S700　　　**ISSUE OF A DOCUMENTARY CREDIT**　　PAGE 00001
　　　　　　　　　　　　　　　　　　　　　　　　　　　FUNC SWPR3
　　　　　　　　　　　　　　　　　　　　　　　　　　　UMR 00182387

　　MAGACK DWS7651 AUTH OK, KEY B19604214FAEA9B2, BKCHCNBJ SAIVJPJT RECORD BAS HEADER F01 BKCHCNBJA 3008118 157214

　　APPLICATION HEADER 0700 1547 970225 SAIBJP JTC××× 3846 992024 970315 1447

　　　　　　　　　　　　　　＊ ASAHI BANK LTD.
　　　　　　　　　　　　　　＊ TOKYO

USER HEADER	SERVICE CODE 103:
	BANK PRIORITY 113:
	MSG USER REF 108:　　INFO. FROM CI 115
SEQUENCE OF TOTAL	＊ 27: 1/2
FORM OF DOC. CREDIT	＊ 40A: REVOCABLE
DOC. CREDIT NUMBER	＊ 20: ABL-AN107
DATE OF ISSUE	＊ 31C: ××0405
EXPIRY	＊ 31D: DATE××0605 AT NEGOTIATING BANK'S COUNTER
APPLICANT	＊ 50: ITOCHU CORPORATION, OSAKA, JAPAN OSACY SECTION
BENEFICIARY	＊ 59: ×× TEXTILES IMP&EXP CORPORATION ×× ZHONG-SHAN ROAD E,1. SHANGHAI, CHINA
AMOUNT	＊ 32B: CURRENCY USD AMOUNT 8 852.22
MAX. CREDIT AMOUNT	＊ 39B: NOT EXCEEDING
AVAILABLE WITH/BY	＊ 41A: ASAHI BANK LTD, NEW TORK BRANCH BY NEGOTIATION
DRAFTS AT …	＊ 42C: DRAFTS AT 20 DAYS' SIGHT FOR FULL INVOICE VALUE
DRAWEE	＊ 42A: SAIBJPJT
	ASAHI BANK LTD, TOKYO
PARTIAL SHIPMENTS	＊ 43P: ALLOWED
TRANSSHIPMENT	＊ 43T: PROHIBITED
LOADING IN CHARGE	＊ 44A: SHIPMENT FROM CHINESE PORT(S)
FOR TRANSPORT TO …	＊ 44B: TO OSAKA, JAPAN
LATEST DATE OF SHIP	＊ 44C: ××0531
DESCRIPTION OF GOODS	＊ 45A: 100% COTTON APRON
	(AS PER S/C NO. AH107)

ART NO.	QUANTITY	UNIT PRICE
49394(014428)	3 216 PIECES	USD 1.00
49393(014428)	3 690 PIECES	USD 1.00
55306(014429)	1 560 PIECES	USD 1.25

　　　　　　　　　　　　　　PRICE TERM: CIF OSAKA

DOCUMENTS REQUIRED　　　*46A:

+ 2/3 SET OF ORIGINAL CLEAN ON BOARD OCEAN BILLS OF LADING MADE OUT TO ORDER OF SHIPPER AND BLANK ENDORSED AND MARKED "FREIGHT PREPAID" NOTIFY APPLICNAT(WITH FULL NAME AND ADDRESS).

+ ORIGINAL SIGNED COMMERCIAL INVOICE IN 5 FOLDS INDICATING S/C NO.

+ INSURANCE POLICY OR CERTIFICATE IN TWO FOLD ENDORSED IN BLANK, FOR 120 PCT OF THE INVOICE VALUE INCLUDING THE INSTITUTE CARGO CLAUSES(A), THE INSTITUTE WAR CLAUSES, INSURANCE CLAIMS TO BE PAYABLE IN JAPAN IN THE CURRENCY OF THE DRAFTS.

+ CERTIFICATE OF ORIGIN GSP FORM A IN 1 ORIGINAL AND 1 COPY.

+ PACKING LIST IN 3 FOLD

+ BENEFICIARY'S CERTIFICATE STATING THAT ONE SET OF ORIGINAL SHIPPING DOCUMENTS HAS BEEN SENT DIRECTLY TO THE APPLICANT

ADDITIONAL COND.　　　*47A:

(1) T. T. REIMBURSEMENT IS PROHIBITED.

(2) THE GOODS TO BE PACKED IN EXPORT STRONG COLORED CARTONS.

(3) INSPECTION IS TO BE EFFECTED BEFORE SHIPMENT AND RELEVANT CERTIFICATES/REPORTS ARE REQUIRED FROM THE INSPECTING AGENCY OR INSPECTOR DESIGNATED BY THE BUYER.

DETAILS OF CHARGES　　　*71B:

ALL BANKING CHARGES OUTSIDE JAPAN INCLUDING REIMBURSEMENT COMMISSIONS ARE FOR ACCOUNT OF BENEFICIARY.

PRESENTATION PERIOD　　　*48:

DOCUMENTS TO BE PRESENTED WITHIN 5 DAYS AFTER THE DATE OF SHIPMENT, BUT WITHIN THE VALIDITY OF THE CREDIT.

CONFIRMATION　　　*49: WITHOUT

INSTRUCTIONS　　　*78:

THE NEGOTIATION BANK MUST FORWARD THE DRAFTS AND ALL DOCUMENTS BY REGISTERED AIRMAIL DIRECT TO US (INT'L OPERATIONS CENTER, MAIL ADDRESS: C. P. O. BOX NO. 8×× TOKYO 100-×× JAPAN) IN TWO CONSECUTIVE LOTS, UPON RECEIPT OF THE DRAFTS AND DOCUMENTS IN ORDER, WE WILL REMIT THE PROCEEDS AS INSTRUCTED BY THE NEGOTIATION BANK.

TRAILER: ORDER IS<MAC:><PAC:><ENC:><CHK:><TNC:><PDE:>

MAC: 3CDFF763

CHK: 8A1AA1203070

训练七　托运订舱

国际贸易中运输方式很多,如海洋运输、铁路运输、航空运输等。但是目前全世界80%以上的货物采用的是海洋运输。海洋运输根据运营方式可以分为班轮运输和租船运输。一般大宗货物出口会采用租船运输,大多数商品的出口由于数量相对不大,采用的是班轮运输。在以CIF或CFR条件成交时,应由卖方安排运输。因此,租船订舱是卖方的基本责任之一。

本章要求

★ 熟悉托运程序

★ 缮制订舱委托书

一、海运出口货物

（一）海运出口的一般程序

在以CIF或CFR价格成交时,应由卖方安排运输,海运出口的一般工作程序图如图7-1所示。

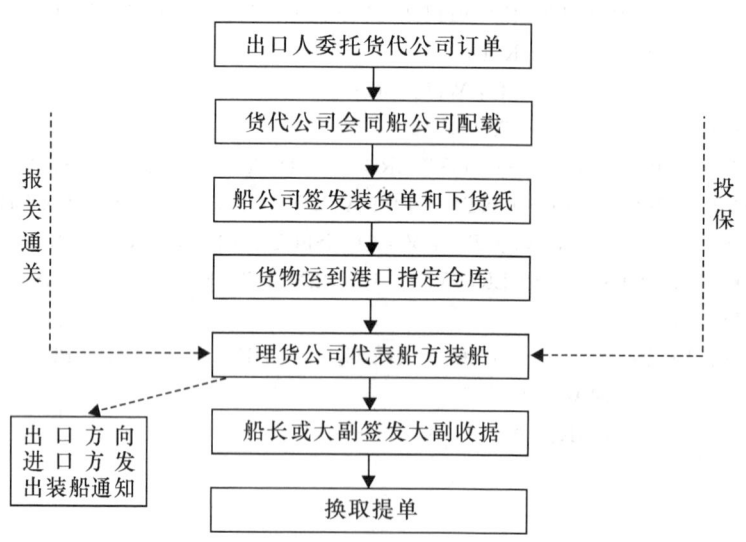

图7-1　海运出口的一般程序图

（1）委托订舱。托运人按照信用证的要求或合同内的有关条款填写托运单,和其他单证（商业发票、装箱单）一起交货代公司,作为订舱的依据。委托订仓时,一定要详细了解所订航线的具体情况,可以查阅船公司的船期表和运价表如表7-1所示。

表 7-1

某船运公司的运价表

国　别	港　口	运　价(美元) 20″/40″	船　期
德国	汉堡	1 325/2 550	每周四班
比利时	安特卫普	1 325/2 550	每周四班
法国	勒佛尔	1 325/2 550	每周四班
荷兰	鹿特丹	1 325/2 550	每周四班
英国	费力克斯托	1 325/2 550	每周四班
西班牙	巴塞罗那	1 325/2 550	每周四班
意大利	斯培西亚	1 325/2 550	每周四班
澳大利亚	悉尼/墨尔本	900/1 750	每周四班
新西兰	奥克兰	1 300/2 500	每周四班
美国	洛杉矶、西雅图、芝加哥、纽约、迈阿密	1 900/2 500、1 900/2 500、2 600/3 500、2 700/3 700、2 900/3 800	每周四班
加拿大	温哥华、多伦多、蒙特利尔	2 100/2 800、2 300/2 900、2 300/2 900	每周四班

(2) 领取装运凭证。货代公司收到托运单和其他单据,审核后如接受托运,应将相关单据交给船公司,并与船公司一起考查船源、航线,根据配载原则、货物性质及有关运输条件,安排船只和舱位。然后由船公司签发装货单,作为通知船方收货装运的凭证。

(3) 货物集中港区。当船舶装货计划确定后,按照港区进货通知并在规定的期限内,由托运人办妥集运手续,将出口货物及时运至港区集中,等待装船。

(4) 货物装船。在装船前,码头理货员代表船方,收集经由海关放行的货物装货单和收货单,经过整理后,按照积载图和舱单接货装船。装货完毕后,船长或大副签署收货单(也称大副收据),交与托运人。

(5) 换取提单。托运人凭大副收据向有关船公司换取提单。

(6) 发出装船通知。货物装船后,即可向国外的买方发出装船通知,以便对方准备收取货物。

知识链接

世界十大集装箱班轮运输公司

1. AP 摩勒/马士基(www.maersksealand.com)
2. 地中海船运(www.mscgva.ch)
3. 达飞(www.cma-cgm.com)
4. 长荣(www.evergreen.com)

(续上)

> 5. 赫伯罗特（www.hapag-lloyd.com）
> 6. 中海集运（www.cnshipping.com）
> 7. 美国总统轮船（www.apl.com）
> 8. 韩进海运/胜利（www.hanjin.com）
> 9. 中远集运（www.coscon.com）
> 10. 日本邮船（www.nykline.co.jp）

（二）合同中的装运条款

合同中的装运条款主要包括装运时间、装运港、目的港、是否允许转船和分批装运等条款。对这些条款要准确地理解，特别是在以信用证作为结算方式的国际贸易中，如果开证行开来的信用证中的装运条款与合同不一致，卖方就要慎重考虑是否需要向买方提出修改信用证。一般而言，如果信用证上的条款要求更宽松，就不需要改证。比如说，合同规定"TRANSHIPMENT IS PROHIBITED"，而信用证规定"TRANSHIPMENT IS ALLOWED"，此时就不要求改证；反之，买方就要仔细考虑了。当然，有一些条款，即便信用证上没有明确说明，我们也可能根据《UCP600》的规定来理解。比如，信用证上没有明确说明是否允许分批运输和转运，根据《UCP600》，就可以默认为允许分批装运和转运。对于禁止分批运输和转运的条款，卖方在接受信用证之前一定要先核实运输路线，以免由于客观原因无法满足信用证要求而带来不必要的损失。

案例链接

错误理解装运条款致损案

我国 A 公司与印度 B 公司达成一笔大豆交易，双方约定以 L/C 方式支付。B 公司如期开来 L/C，该证中有关运输的条款规定："280 公吨大豆，从上海至孟买，装运不得晚于某年 11 月 15 日，不允许分批装运。"一个星期后，在 A 公司正准备装运时，开证行发来 L/C 修改通知书如下："装运改为 140 公吨从上海至孟买，另外 140 公吨从上海到新德里。"

A 公司根据修改通知书的要求，安排 280 公吨大豆分成两批分别从上海运到孟买和新德里。装运完毕后，立即缮制好全套单据交议付行办理议付。不料，几天后收到开证行如下拒付电："你方×××号 L/C 单据经审核发现实际装运分两批进行，与证中规定的不允许分批装运构成单证不符。我行无法付款，请速告单据处理意见。"A 公司立即予以反驳："你方寄来的信用证修改书中已经明确规定将不准分批装运的条款改成分两批装运，一批到孟买，一批到新德里。我方的分批装运完全是按照 L/C 的规定办事，并不构成任何单证不符，请速付货款。"

不久，开证行又复电 A 公司称："L/C 修改书中规定 140 公吨运至孟买，140 公吨运至新德里,即只修改了目的港,并没有修改禁止分批装运的条款。你方应将280公吨货物装到同一船上,分两批运到不同的目的港即可。由此可见,你方完全误解了我行L/C修改的内容。因此,你方的单据与L/C的装运条款不符,我方无法付款。"

最终,A公司不得不求助于B公司,以降价为条件了结了此案。

案情分析

本案的关键是如何理解L/C中的装运条款,原L/C规定不允许分批装运,后来L/C修改书仅仅说明了总货物分别卸于不同的目的港,并没有改变不允许分批装运的条件。孟买和新德里又恰好在同一条航线上,如果B公司的意图是禁止分批装运,B公司应明确地在L/C修改书中重申不允许分批装运,但B公司没有这么做,而是有意忽视这个关键问题。A公司恰恰是忽略这一关键问题,误解了B公司L/C的修改内容,陷入了对方预设的圈套。

从上述案例,我们可以得到以下启示:

(1) 对L/C修改书必须严格审核。对修改后的L/C的审核不能有丝毫马虎,一定要逐条逐款核对,综合原L/C及修改L/C反复核对。如果关键条款有改变,极有可能改变卖方前期的备货装运工作,这将会给卖方带来不便和麻烦。如果其修改内容的含义模糊不清,必须再让其作出明确的修改指示;否则,就应该拒绝接受其修改要求。当然,我们可以根据具体情况合理地接受对方的修改要求。

(2) 对不理解不肯定的修改条款不可自以为是。正确理解L/C条款和审核L/C是一项非常重要的工作。业务人员在碰到含义模糊的条款时应当要求客户确认。本案中的A公司就是忽略了原证和修改L/C中关于分批装运条款的审核,误以为分两批卸货就是分两批装运,最后不得不承担亏损的后果。

二、海洋货物运输涉及的主要单据

(一)出口货物明细表

出口货物明细表是发货人根据买卖合同、信用证和生产出货实际情况等制作的一种货运业务单据,供发货人分析和检查出口货物发运工作的进展以及完成情况的表格。出口货物明细表如表7-2所示。

出口货物明细表组成项目及其填写方法如下:

(1) 开证银行:填写信用证的开证银行的名称。
(2) 经营单位(装船人):填写买卖合同的卖方名称(或者信用证受益人的名称)。
(3) 收货人:填写买卖合同的买方名称(或者信用证的开证申请人的名称)。
(4) 抬头人:根据信用证提单条款的规定填写。

如果信用证规定"FULL SET OF BILL OF LADING MADE OUT TO ORDER OF ABC CO.,LTD.",则在该栏填写"TO ORDER OF ABC CO.,LTD."。

表 7-2

出口货物明细表

出口货物明细表 年 月 日		信用证号码			
		银行编号		外运公司编号	
		合同(合约)号			
开 证 银 行		开 证 日 期		收 到 日 期	
经营单位 (装船人)		金 额		收汇方式	
		货 物 性 质	( )贸易 ( )补偿 ( )退运 ( )其他	贸易国别 (地 区)	
收货人		汇 票 付款人			
		汇 票 期 限			
提单或承运收据	抬头人	ORDER	出 口 岸		目的港	
	通知人	CONSIGNEE	可 否 转 运		可 否 分 批	
	运 费	预付 到付	装 运 期 限		有 效 期 限	
	标记唛码	货名规格及货号	件数及包装方式	数量或尺码	毛 重(公斤)	净 重(公斤)	价格(成交条件)
							单价	总价
结汇单证	单位名称	正本提单	副本提单	发票	海关发票	汇票	保险单	装箱重量单	品质证	重量证	产地证	商检证	植物产地卫生证	装船通知	航程证明	FORM A	总体积: 立方米
																	中间商名称及地址	
	银行																	
	客户																佣金 % 另汇	
外运外轮注意事项															保险单	险 别	
																保额	按发票金额加 %
																赔款地点	
																船 名	
本公司注意事项																装货单号	
																海关编号	
																海关放行日期	
																制 单 员	
																储存地点	

如果信用证规定"FULL SET OF BILL OF LADING MADE OUT TO APPLICATION'S ORDER.",这时先要查找该信用证的开证申请人的名称,比如为"ABC CORP.",则在该栏填写"TO ABC CORP., ORDER."或者"TO ORDER OF ABC CORP."

如果信用证规定"FULL SET OF BILL OF LADING MADE OUT TO ORDER OF ISSUING BANK",这时先要查找该信用证的开证行的名称,比如为"BANQUE INDOSUZE, HONGKONG",则在该栏填写"TO ORDER OF BANKQUE INDOSUEZ, HONGKONG"。

如果信用证规定"FULL SET OF BILL OF LADING MADE OUT TO ORDER",这时在该栏填写"TO ORDER"。

(5) 通知人:根据信用证提单条款的规定填写。

如果信用证规定"FULL SET OF BILL OF LADING MADE OUT TO ORDER NOTIFY ISSUING BANK",这时要先查找出信用证开证行的名称和地址,然后将其填写在该栏目。

如果信用证规定"FULL SET OF BILL OF LADING MADE OUT TO ORDER OF ABC CO., LTD. NOTIFY APPLICANT",这时则要先查出开证申请人的名称和地址,然后将其填写在该栏中。

如果信用证规定"FULL SET OF BILL OF LADING MADE OUT TO ORDER NOTIFY ABC CO., LTD.",这时则应该在该栏填写"ABC CO., LTD."。

(6) 运费:根据信用证提单条款的规定填写。一般按要求填写"预付(FREIGHT PREPAID)"、"到付(FREIGHT COLLECT)"。

(7) 信用证号码:填写相关信用证的号码。

(8) 银行编号:填写开证行的代号。

(9) 外运公司编号:填写准备接受委托运输的外轮运输公司的编号。

(10) 合同(合约)号:填写相关的销售合同或销售确认书的号码。

(11) 开证日期:填写相关信用证的开立日期。

(12) 收到日期:填写卖方从通知行手中接到信用证的日期。

(13) 金额:填写信用证的总金额。

(14) 收汇方式:根据买卖合同的规定填写。如果采用信用证支付方式,则填写"L/C"。

(15) 货物性质:根据合同或信用证的规定,在"贸易"、"补偿"、"退运"或"其他"四种方式中进行选择,如为"贸易"则在"贸易"前的括号中标上"×"。

(16) 贸易国别(地区):填写合同买方所在国家或地区的名称。

(17) 汇票付款人:根据买卖合同或信用证的规定填写。

(18) 汇票期限:根据买卖合同或信用证的规定填写,表明"即期"还是"远期"。

(19) 出口口岸:填写货物出境时我国港口或国境口岸的名称。

(20) 目的港:根据买卖合同或信用证的规定填写。

(21) 可否转运:一般根据信用证或合同的规定从"(NOT) ALLOWED"、"(NOT) PERMITTED"、"(NOT) PROHIBITED"中选择填写。

(22) 可否分批:同上一栏目的填写。

(23) 装运期限:根据买卖合同或信用证的规定填写。

(24) 有效期限:填写信用证的到期日。

(25) 标记唛码:根据信用证的规定填写,如信用证中没有规定,则可填写"N/M"或"NO

MARK"。

(26) 货名规格及货号:根据信用证和合同的描述详细填写货物的名称、规格及型号。

(27) 件数及包装方式:填写最大包装件数及最大包装方式。

(28) 数量或尺码:根据包装的外观尺寸及数量计算出尺码填写在此栏中。

(29) 毛重(公斤):填写包括货物外包装在内的货物总重量,注意单位为公斤。

(30) 净重(公斤):填写货物自身的重量,注意单位为公斤。

(31) 价格(成交条件):该栏目要填写成交的价格术语、计量单位、计价货币、单位价格及总价。例如,每公吨 2 000 美元 CIFC2 上海。

(32) 结汇单证:在该栏中列举了若干种在结汇时可能会使用到的单证,如正本提单、副本提单、发票、海关发票、汇票、保险单、装箱单、重量单、产地证等等,根据需要在银行和客户栏填写数量;如果有结汇时需要提交的单证在该栏中没有列举,可在后方的空格中填写,并分别在银行和客户栏注明需要的数量。认真填写该栏,可以防止在制单结汇中少制单证的份数或漏制单证。

(33) 总体积(立方米):填写货物的总体积。

(34) 中间商名称及地址:如果是通过中间商达成交易的,在该栏填写中间商的详细名称及地址,并表明佣金率。

(35) 外轮公司注意事项:如果买方在合同中或信用证中对货物运输提出某些特殊要求,如要求在提单上表明合同号码,则将此类要求填写在该栏中,提醒办理出口运输和签发提单人员注意。

(36) 保险单:如果以 CIF 或者 CIP 价格出口或者接受买方的委托办理保险时,应在该栏根据实际投保情况进行填写,包括保险险别、保额及赔款地点。

(37) 本公司注意事项:在该栏填写买卖合同及信用证中的一些需特别注意的事项,提醒业务员在处理出口业务的过程中加以注意。

(38) 船名:在由卖方负责运输的情况下,办理托运后,或者在收到买方关于船名的通知后,将载货船舶的名称填写在该栏。

(39) 装货单号:在办理托运取得装货单后,填写相应的装货单号码。

(40) 海关编号。

(41) 海关放行日期。

(42) 制单员。

(43) 储存地点。填写装船前货物存放的仓库所在地点。

(二) 托运单

托运单亦称订舱委托书(如表 7-3 所示),是发货人委托外运公司向船公司或其代理人办理货物托运的委托文件。它是出口人委托外运公司办理货物托运的依据,也是日后制作提单的重要依据。托运单无固定格式,其栏目内容可分为收货人与被通知人、货物说明、装运条件、相关事项和备注内容五类,由发货人根据买卖合同和信用证有关条款内容详细填写。填写的内容应与出口货物明细表保持一致。表 7-4 是一个托运单实例。

(三) 海运提单

海运提单是船公司或其代理人在收到其承运的货物时或将其承运的货物装船后向托运人签发的货物收据。

表 7-3

出口货物订舱委托书

公司编号	出口货物订舱委托书			日期
1) 发货人	4) 信用证号码			
	5) 开证银行			
	6) 合同号码		7) 成交金额	
	8) 装运口岸		9) 目的港	
2) 收货人	10) 转船运输		11) 分批装运	
	12) 信用证有效期		13) 装船期限	
	14) 运费		15) 成交条件	
	16) 公司联系人		17) 电话/传真	
3) 通知人	18) 公司开户行		19) 银行账号	
	20) 特别要求			
21) 标记唛码	22) 货号规格	23) 包装件数	24) 毛重	25) 净重	26) 数量	27) 单价	28) 总价
		29) 总件数	30) 总毛重	31) 总净重	32) 总尺码	33) 总金额	
34) 备注							

表 7-4

托 运 单 实 例

中国外运广东公司出口货物托运单

提单编号_____ 托运日期 MAY 12,20×× 托运单位编号 YSM199905

合约编号 98SGQ468001

船　名_____　　船　期_____　　运往地点 HELSINKI

托 运 人 GUANGDONG LIGHT ELECTRICAL APPLIANCES CO.,LTD.

受 货 人 TO ORDER

通　知 A.B.C. CORP. AkedSanterink AUTO P.O. BOX 9, U.S.A.

标记及号码	件　数	货　名	重　量（千克）		容积吨
			净	毛	
N/M	800CTNS	HALOGEN FITTING W500	11 200.00	13 600.00	151.04 m³
合计：800CTNS			共重：13 600.00KGS		

特约事项	① 请配一个 40 尺集装箱，并标出集装箱号码； ② 承运货轮的船龄不得超过 20 年		
可 否 转 船	允许		（托运人盖章）
可 否 分 批	不允许	需要提单正本 3 份副本 3 份	
货物堆存地点	罗涌仓	装船期限 MAY 30,20××	结汇期限 JUN 16,20××
运费缴付方式	FREIGHT PREPAID	运费账单开送	
信用证号码	LRT9802457	货　价　F.O.B.	C.I.F. USD 36 480.00
运往香港船名		实际装船日期	
运费吨：	运费率：	运费金额：	

海运提单的格式很多，每个船公司都有自己的提单格式。《海牙规则》中规定提单要载明唛头、数量和货物的表面状况三项内容。《汉堡规则》中规定必须包括以下十五项内容：货物的名称和唛头、货物的外表状况、承运人及主要营业场所、托运人、收货人、装运港或收货地、卸货港、提单正本份数、提单签发地、承运人或其代理签字、收货人应付运费金额及有关说明、受何种公约的约束、关于配载的声明、卸货港交付的日期或期限、协议增加的赔偿责任限额。自此以后各国提单的内容基本趋于一致。提单背面印有提单条款，它是处理承运人与托运人之间有关运输过程争议的依据。

海运提单缮制的主要依据是托运单、信用证。现以表7-5中国远洋运输公司提单为例，就海运提单的栏目内容及缮制要点逐项予以说明。

表7-5

提　　单
BILL OF LADING

1) SHIPPER：		10) B/L NO.	
2) CONSIGNEE：		**COSCO** **中国远洋运输公司** **CHINA OCEAN SHIPPING COMPANY**	
3) NOTIFY PARTY：			
4) PLACE OF RECEIPT	5) OCEAN VESSEL		
6) VOYAGE NO.	7) PORT OF LOADING		
8) PORT OF DIACHARGE	9) PLACE OF DELIVERY	Combined Transport BILL OF LADING	
11) MARKS	12) NOS. & KINDS OF PKGS.	13) DESCRIPTION OF GOODS	14) G. W.	15) MEAS. (M³)
17) TOTAL NUMBER OF CONTAINERS OR PACKAGES（IN WORDS）			
18) FREIGHT & CHARGES	REVENUE TONS	RATE	PER	PREPAID	COLLECT
PREPAID AT	PAYABLE AT	20) PLACE AND DATE OF ISSUE	
TOTAL PREPAID	19) NUMBER OF ORIGINAL B(S)L		
LOADING ON BOARD THE VESSEL		20)	
20) DATE	20) BY		

小思考：提单中的收货人要怎么填？

资料库

收货人怎么填

记名抬头	填信用证指定的收货人名称
指示抬头	To Order of xxx Co., To Order of Shipper, To Order
不记名抬头	To Bearer(交持票人)

---

(1) 托运人(Shipper)。托运人是与承运人签订运输契约的人,亦即发货人。在信用证支付条件下,托运人一般为信用证受益人。在某些特殊情况下或收货人要求以第三者作为托运人时,只要信用证中无特殊规定,可填受益人之外的第三者为托运人。在托收方式条件下以托收的委托人为托运人。

(2) 收货人(Consignee)。在信用证支付条件下,此栏应严格按信用证规定填制收货人。

(3) 通知人(Notify Party)。被通知人是接受船方发出货到通知的人,它是收货人的代理人。此栏应严格按信用证规定填写。若信用证中未规定被通知人,提单正本可照信用证办理,留空不填。但提供给船公司的副本提单仍要详细列明被通知人(可以信用证申请人作为被通知人)的名称和地址。在托收方式条件下,被通知人填托收的付款人。

(4) 收货地点(Place of Receipt)。若货物需转运,此栏填写收货的港口名称或地点;若货物不需转运,则此栏空白不填。

(5) 船名(Ocean Vessel)。填实际装运的船名。

(6) 航次号(Voyage No.)。填实际装运的航次号,若货物需转运,则第(5)、第(6)两栏填写第二程船名和航次号。

(7) 装运港(Port of Loading)。如果货物需转运,此栏填写中转港口名称;如果货物不需转运,填写装运港口名称。若信用证对装运港的规定较笼统,如"China Port(中国港口)",填写时应按实际装运港名称填制。

(8) 卸货港(Port of Discharge)。在信用证支付条件下,此栏应按信用证规定填写。若信用证规定有两个以上的选择港口,只能选择其中一个填写。若货物直达目的港,卸货港填最后目的港。

(9) 交货地点或最后目的地(Place of Delivery)。此栏按信用证规定的目的地填写。如果货物的目的地就是目的港,则此栏空白不填。

(10) 提单号码(B/L No.)。提单上必须注明承运人或其代理人规定的提单编号,以便与其他有关的装运单据核查、对照,否则该提单无效。提单号码由承运人或代理人提供。

(11) 唛头(Mark)。此栏按信用证规定的唛头填写,且与其他单据上的唛头一致。无唛头时,填写"N/M"。有时候此栏要求填写的是集装箱号(Container No.),这时可以按具体情况填写。

(12) 件数、包装种类(No. of Containers or Packages、Kind of Packages)。此栏通常应填写最大包装的件数和包装种类。件数、包装种类可按发票有关栏目内容填写,且与信用证要求和实际货物相符。散装货物件数栏只填"In Bulk"。

(13) 货物描述(Description of Goods)。货物描述填货物大类总称,但不能与信用证规定的名称相抵触。《UCP600》第 14 条 e 款规定:"除商业发票外,其他单据中的货物、服务或行为描述若须规定,可使用统称,但不得与信用证规定的描述相矛盾。"如信用证上的品名为"Machinery and Mill Words, Motors",提单上品名可标明"Motors"。因为"Motors"是系列化"Machinery and Mill Words, Motors"的统称,且与信用证上的品名无抵触。

(14) 毛重(Gross Weight)。此栏填货物总毛重,且与发票、装箱单、托运单等有关单据一致。一般以公斤为计量单位,公斤以下四舍五入。除非信用证有特别规定、一般不填净重。

(15) 尺码(Measurement)。此栏填货物的体积,且与托运单一致,除非信用证有特别规定,一般以立方米(M^3 或 CBM)为计量单位,且应保留小数点后三位数。

(16) 特殊条款(Special Conditions)。在提单的制作中,有相当多的特殊条款需要填写,这些条款能否接受,如何填写,是一个很重要的问题,以下举例说明。

来证要求"BILL OF LADING MUST INDICATE THE FOLLOWING WORDINGS: BANK OF SEOUL, KOREA L/C NO. M2011905",则在制单时应在提单的空白处填写"BANK OF SEOUL, SEOUL, KOREA L/C NO. M2011905"。

来证要求"BILL OF LADING MUST SPECIFICALLY STATE THE GOODS HAS BEEN SHIPPED ON BOARD A NAMED VESSEL",该证要求在提单上须特别注明货物装上一艘指定船名的船。虽然在提单上已有一个栏目填写船名,但对方仍然坚持用文字证明。一般托运人都可接受这样的条款,于是在制单时在提单的空白处打上"WE CERTIFY THAT THE GOODS HAS BEEN SHIPPED ON A SHIP NAMED×××"。

来证要求"BILL OF LADING SHOWING INVOICE VALUE, UNIT PRICE, TRADE TERMS'CONTRACT NO. OF THIS L/C UNACCEPTABLE",该条款要求禁止在提单上显示发票价值、单价、贸易条件、合同号码和信用证号码,这样的条款是可以接受的,在制单时应小心,不要将这些内容填到提单上。但如果开证申请人提出相反的要求,即要求在提单上显示发票价值、单价、贸易条件、合同号码和信用证号码,这也是可以接受的,在制作提单时,只需将上述内容一一填写在提单的空白处即可。

如果信用证中对提单规定有特殊条款,那么在制作提单时应将特殊条款的内容填写在上述第 11~15 栏的下方空白处。提单中一般不另外标注编号。

(17) 大写件数[Total Number Of Containers Or Packages(In Words)]。此栏填英文大写包装件数,且与第 13 栏填写包装的件数相符。习惯上先填"SAY"字,末尾加填一个"ONLY"。散装货物此栏留空不填。

(18) 运费(Freight & Charges)。此栏一般不填。若信用证条款对此有要求,可填运费率与运费总额。运费支付方式有三种情况:Freight Paid(运费已付)、Freight prepaid(运费预付)和 Freight Collect(运费到付)。在信用证支付条件下,按信用证规定填制。一般在 CFR、CIF 条件下,填"Freight Prepaid"或"Freight Paid";在 FOB 条件下,填"Freight Collect"或"Freight Payable at destination"。

(19) 提单正本份数[No. of Original B(s)/L]。提单有正本和副本之分。正本提单可流通,用于交单议付,副本则不行。对正副本提单要求的权利在收货人一方。出口方应对来证中各种份数表示方法作出正确判断。比如,"FULL SET OF B/L"指全套正本提单,按习惯作三份正本解释。又如,"FULL SET(3/3) PLUS 2 N/N COPIES OF ORIGINAL BILLS OF LADING",这里(3/3)意为:分子位置的数字指交银行的份数,分母位置的数字指应制作的份数,本证要求向议付行提交三份正本。N/N意为不可议付的,即副本,这里要求提交两份副本。根据《UCP600》的规定,银行可接受只包含一份的全套正本提单。

提单正本份数应根据信用证条款要求出具,并在本栏注明。每份正本提单的效力相同,若其中一份提货,则其余备份立即失效。

(20) 提单签发地及提单日期(Place and Date of Issue)。提单签发地应是装货港地点。若中途转船则应是第一程船装货港地点。提单签发日期指装完货的日期,而非接受货物开始装船的日期,国际惯例将其视为装运日。根据《UCP600》的规定,提单日期不能迟于信用证规定的最迟装运期。

小思考:信用证对提单的日期有要求吗?若不符合要求会有什么后果?

案例链接

倒签提单损害赔偿案

某年11月,我国某出口公司A与荷兰某进口公司B签订了一份白薯贸易合同。合同约定采用CIF贸易条件,装运日期不晚于当年11月1日,以不可撤销的即期L/C方式支付。11月3日,B公司通过银行如期开来了L/C,经审核,未发现L/C与合同不符的地方。但A公司出口货物尚未备妥,此时,若要求B公司修改L/C中及合同中的装运期,可能会陷入被动。不得已,A公司于11月14日将货物装上船后便向船方出具保函,由船方签发了倒签提单。

A公司备齐L/C中所有所需单据后,交议付行办理了议付手续。一周后,B公司接受单据,A公司顺利地收回了货款。但船到达目的港后,B公司发现上述货物于11月14日才装船,显然与提单日期不一致。因此,B公司以A公司倒签提单构成违约与欺诈行为为由,要求A公司赔偿损失。由于双方争议较大,此事提交中国国际经济贸易仲裁委员会仲裁,仲裁庭认为买方要求卖方赔偿损失的依据不充分,但作出了A公司给予B公司4%的优惠折价的裁决。

案情分析

本案例可以从以下几个方面进行分析:

(1) B公司有无向A公司索赔的权利。CIF合同下的单据,尤其是提单,其内容的正确性至关重要,它构成合同的要件。如果提单内记载的装运日期与实际情况不相符,也就构成卖方对合同的违反,买方有权拒收单据和拒收货物。然而,本案例中的B公司在不知道A公司所交单据内容错误的情况下接受了单据并支付了货款,这并不等于说B公司就此失去了向A公司索要赔偿的权利。如果本案例中B公司预先明确表示接受倒签提单,则A公司就不存在违约问题,也不承担任何赔偿损失。由此可见,本案例中的B公司虽然在不知情的情况下已经接受了A公司的单据,但仍然有向A公司索赔的权利。

(续表)

(2) 如何确定 A 公司的违约责任。本案例中的 A 公司虽然迟于规定的装运期装运，但是这种迟交并没有给 B 公司造成任何实际的经济损失。而按照惯例，一方向另一方的索赔是以实际经济损失为前提的。因此，买方不能仅凭卖方的违约而要求其支付损害赔偿金。那么，A 公司的违约责任应当如何确定呢？由于 B 公司是在接受单据和支付货款之后才得知的，因此仲裁庭只能将条件违约按保证违约来处理。如按条件违约处理，买方可以宣告撤销合同，而按保证违约处理，买方只能得到名义上的补偿。因此，由 A 公司给予 B 公司 4% 的优惠折价的裁决是公平合理的。

综上所述，出口企业在进行对外贸易的过程中，一定要严格遵守诚信互利的原则，遇到不能履行的条款，要及时与对方协商解决，采取补救措施，切不可隐瞒事实，采用不正规的方式收回货款。进口企业在收取货物、支付货款前，也一定要严格审查单据，查核其与实际情况是否相符，以便及时对不符事实的单据提出异议和拒收。

(21) 提单的背书。指示提单可背书转让。提单背书分记名背书与空白背书两种方式，记名背书即在提单背面批注"Endorsed to ..."或"Deliver to ... CO"，再由背书人签字盖章；空白背书由背书人在提单背面签字盖章，不另作其他任何记载。若提单漏注背书，极易造成拒付的危险。如何背书要根据信用证的规定。

如果信用证规定"FULL SET OF CLEAN ON BOARD BILLS OF LADING MADE OUT TO ORDER OF SHIPPER AND ENDORSED BLANKLY"，则制单时在提单背面进行空白背书，即只书写背书人的名称和地址。

如果信用证规定"FULL SET CLEAN ON BOARD BILLS OF LADING MADE OUT TO ORDER OF SHIPPER AND ENDORSED TO ABC CORP."，在制单时，由托运人记名背书，并在提单背面打上"TO ORDER OF ABC CORP."。

资料库

信用证中常见的提单要求

FULL SET CLEAN ON BOARD PORT TO PORT BILL OF LADING, MADE OUT THE ORDER AND BLANK ENDORSED TO OUR ORDER, MARKED FREIGHT PREPAID DATED NOT LATER THAN THE LATEST DATE OF SHIPMENT NOR PRIOR TO THE DATE OF THIS CREDIT, PLUS THREE NON-NEGOTIABLE COPIES.

全套港至港清洁已装船提单，空白抬头并背书给开证行，注明运费预付，日期不迟于最迟装运日期，也不得早于信用证的开证日期，加上 3 份非议付的副本。

值得注意的是，每个公司的提单都有自己的格式，表 7-6 和表 7-7 分别是中外运和太平洋船运公司的提单。

表 7-6

中外运联运提单

托运人 Shipper	SINOTRANS B/L NO.
收货人或指示 Consignee or Order	中国对外贸易运输总公司 北京 BEIJING 联 运 提 单 COMBINED TRANSPORT BILL OF LADING
通知地址 Notify Address	RECEIVED the goods in apparent good order and condition as specified below unless otherwise stated herein. The Carrier, in accordance with the provisions contained in this document, 1) undertakes to perform or to procure the performance of the entire transport from the place at which the goods are taken in charge to the place designated for delivery in this document, and 2) assumes liability as prescribed in this document for such transport one of the bills of lading must be surrendered duly indorsed in exchange for the goods or delivery order.

前段运输 Pre-carriage by	收货地点 Place of Receipt		
海运船只 Ocean Vessel	装货港 Port of Loading		
卸货港 Port of Discharge	交货地点 Place of Delivery	运费支付地 Freight Payable at	正本提单份数 Number of Original Bs/L

标志和号码 Marks and Nos	件数和包装种类 Number and kind of packages	货 名 Description of goods	毛重(公斤) Gross weight(kgs.)	尺码(立方米) Measurement(m³)

以上细目由托运人提供
ABOVE PARTICULARS FURNISHED BY SHIPPER

运费和费用 Freight and Charges	IN WITNESS whereof the number of original bills of Lading stated above have been signed, one of which being accomplished, the other(s) to be void.
	签单地点和日期 Place and Date of issue
	代表承运人签字 Signed for or on behalf of the Carrier 代 理 as Agents

表 7-7

太平洋海运提单

Shipper	Booking Ref: B/L No. **PIL** **PACIFIC INTERNATIONAL LINES(PTE) LTD** (Incorporated in Singapore) **PORT-TO-PORT OR COMBINED TRANSPORT BILL OF LADING**
Consignee(not negotiable unless consigned "to order" or"to order of"a named person or "to order of bearer")	Received in apparent good order and condition except as otherwise noted the total number of package or units enumerated below for transportation from the Port of Loading (or the Place of Receipt if mentioned below) to the Port of Discharge(or the Place of Delivery if mentioned below), subject to all the terms and conditions hereof, including the terms and conditions on the reverse hereof. One of the signed original Bills of Lading must be surrendered duly endorsed in exchange for the Goods or delivery order. However, where this Bill of Lading is not negotiable and/or is consigned directly to a nominated Person, this shall be a "Straight"Bill and, at the sole discretion of the Carrier, delivery may be made to the nominated Person without surrender of an original Bill of Lading and only upon reasonable proof of identity, as if this Bill of Lading were a Waybill. Such delivery is authorised and shall constitute due delivery hereunder. In accepting this Bill of Lading, the Merchant expressly accepts and agrees to all the terms and conditions hereof, including the terms and conditions on the reverse hereof, and the rights and liabilities parsing in accordance with the terms and conditions hereof shall(without prejudice to any rule of common law or statute rendering them binding on the Merchant)become binding in all respects between the Carrier and the Merchant as though the contract evidenced hereby had been made between them.
Notify Party	

Vessel and Voyage Number	Port of Loading	Port of Discharge
Place of Receipt*	Place of Delivery*	Number of Original Bs/L

PARTICULARS AS DECLARED BY SHIPPER-BUT WITHOUT REPRESENTATION AND NOT ACKNOWLEDGED BY CARRIER

Container Nos. /Seal Nos. Marks/Numbers	No. of Containers/Packages/Description of Goods	Gross Weight (Kilos)	Measurements (cu-metres)

FREIGHT & CHARGES	Total number of containers or package received by the Carrier(in words)
	Shipped on Board Date
	Place and Date of Issue:
* appliable only when this document is used as a combined Transport Bill of Lading	In Witness where of the number of Original Bills of Lading stated above have been issued, all of the same tenor and date, one of which being accomplished, the others to stand biod. Signed for the Carrier, PACIFIC INTERNATIONAL LINES(PTE) LTD. by _____
1ST ORIGINAL	

> **操作提示**
>
> ## 与货代间的协作
>
>   FOB条件下,由客户安排运输,出口商届时与客户指定的货代联系,即CFR和CIF条件下,与客户达成交易前,必须确定交货目的港。根据目的港,向货代询价——当然,你也可以货比三家,择优合作。货代报出的运杂费就是出口商核算CFR和CIF价格的重要参数之一。需要注意的是,考虑到从报价到成交,再备货出货,中间尚有相当长一段时间,而海运费是常常波动的,有时幅度甚至高达一两百美元/集装箱。所以你询价的时候,可以预计交货时间,请货代提供价格变动方面的参考意见。即使这样,很多货代也只能较为准确地报出一个月幅度内的运费,出口商还是要自己留些余地的。
>
>   确定大致的出运期后,就可以向货代订舱了。根据货物名称、数量、体积、重量、目的港等填写订舱单,或者直接发给货代。如果是整柜,货代会协调安排调柜、集装箱拖车和装柜时间;如果是拼柜,货代会提供"进仓单",通知出口商在约定的时限之前把货物送至指定仓库。船运要注意时限的要求。比如,预计9月10日开船的,往往会提前两三天也就是8日左右作为"截关期",即货物必须在截关期前完成报关事宜,否则无法放行装船。

情景模拟

  郭东向韩国公司提出修改信用证的要求之后不久,就收到了对方通过通知行开来的改证通知书。改证通知书上的完全按照郭东的要求进行了信用证修改。郭东审核无误之后开始了备货的准备。

  同时,郭东收到MRK公司关于装船信息的通知,因此郭东开始着手办理托运手续。公司老业务员告诉郭东,虽然他能够通过网站查询船期、运价等事宜,但是现在国际贸易分工已经非常细致了。这些情况完全可以通过相关的货运代理公司了解,并可将托运事宜一并委托给货运代理公司。长期合作的货运代理公司还可以为公司提供一个相对优惠的运输价格。因此,郭东和思马特国际贸易公司的长期合作伙伴——某市东方货运代理公司联系。东方货运代理公司要求郭东尽快填写订舱委托书和其他的订舱文件(如商业发票、装箱单)等交给货运代理公司申请订舱。郭东很快就得到了货代公司传真来的配舱回单。

相关信息:
韩国公司:
货物每箱重量:毛重12公斤,净重10公斤
唛头: D. D.
   SHOE767
   PUSAN
   NO. 1-190
德国公司:
货物每箱重量:毛重14公斤,净重12公斤

指定货代：Ningbo Kaiyuan Shipping Co. Ltd 17F, 8-Building, Ningbo Book-City Mansion, No. 1 yongjiang Avenue, Ningbo, China

Tel：0086-574-87686525

Mr. Green Chen

E-mail：kf11nb@kaiyuancn.com

ADDRESS：××HUQIU ROAD
CABLE：CHUNGKUO
TELEX：33062 BOCSH E CN
SWIFT：BKCHCMBJ300
FAX：021-632320××

中 国 银 行
BANK OF CHINA
SHANGHAI BRANCH

信用证修改通知书
Notification of Amendment to Documentary Credit

ISSUING BANK KOOKMIN BANK	DATE OF THE AMENDMENT： MAY 10, 20××
BENEFICIARY： ××SMART INTERANTIONAL TRADE COMPANY ××YANDANG ROAD ××,CHINA	APPLICANT： D.D. TRADING COMPANY PUSAN, KOREA
L/C NO.　　　　　DATED MKC478632　　　APRIL 28, 20××	THIS AMENDMENT IS TO BE REGARDED AS PART OF THE ABOVE MENTIONED CREDIT AND MUST BE ATTACHED THERETO.

Dear sirs,

　　We have pleasure in advising you that we have received from the above mentioned bank an amendment to Documentary Credit No. MKC478632 contents of which are as follows：

　1. THIS CREDIT IS IRREVOCABLE.

　2. THE CREDIT IS TO EXPIRE AT JUNE 30, 20×× IN CHINA.

　3. THE AMOUNT IS AMENDED TO BE USD 32444.40.

　4. THE DRAFT IS AT SIGHT.

　5. TRANSHIPMENT IS AMENDED TO "ALLOWED".

　6. THE LATEST DATE OF SHIPMENT IS EXTENDED TO JUN. 15, 20××.

　7. THE UNIT PRICE IS USD 12.00 CIFC5％ PUSAN.

　8. ALL 3/3 SET OF ORIGINAL CLEAN ON BOARD OCEAN BILLS OF LADING MADE OUT TO ORDER OF SHIPPER AND BLANK ENDORSED AND MARKED "FREIGHT PREPAID" NOTIFY APPLICANT.

　9. INSURANCE IS TO BE COVERED FOR 110％ OF INVOICE VALUE, NOT FOR 120％ FULL INVOICE VALUE.

　　ALL OTHER TERMS AND CONDITIONS REMAIN UNCHANGED.

　　THE ABOVE MENTIONED DOCUMENTARY CREDIT IS SUBJECT TO THE UNIFORM CUSTOMS AND PRACTICE FOR DOCUMENTARY CREDITS (1993 REVISION, INTERNATIONAL CHAMBER OF COMMERCE, PUBLICATION NO. 500)

PLEASE ADVISE THE BENEFICIARY：	ADVISING BANK'S NOTIFICATIONS：
××SMART INTERNATIONAL TRADE COMPANY	××××××××××××

要求：缮制订舱委托书(商业发票和装箱单也是必需的单据,但是我们将它放到训练九中讲解)。

自我训练

练习一

请为训练六练习四制作订舱委托书。

补充资料如下：725 CTNS, G.W. 45 KG, N.W. 40 KG, MEASUREMENT：65×36×25 立方厘米

练习二

根据下列内容填制提单。

ISSUING BANK：NATIONAL BANK, NAGOYA NO. ×× FIRST ROAD NAGOYA, JAPAN

　　L/C NO.：E-06777　DATE：××0115

　　BENEFICIARY：ZHENGJIANG DONGFANG FOOD CO., LTD.

　　　　　　　NO. ××　QINGCHUN ROAD HANGZHOU, CHINA

　　APPLICANT：JEANS CO. NAGOYA

　　　　　　　NO. ××　AVENUE, NAGOYA, JAPAN

　　SHIPMENT：FROM NINGBO TO NAGOYA, NOT LATER THAN JAN. 25, 200×

　　PARTIAL SHIPMENT：ALLOWED

　　TRANSHIPMENT：ALLOWED

　　COVERING：3 000 CANS CANNED MEAT

　　SHIPPING MARKS：N/M

　　THE GOODS ARE PACKED IN 210 CASES.

　　GROSS WEIGHT：3 300 Kgs

　　MEASUREMENT：76.43 CBM

　　OCEAN VESSEL：YOUNG V. 776

　　DOCUMENTS REQUIRED：

　　　…

FULL SET OF CLEAN ON BOARD OCEAN BILLS OF LADING MADE OUT TO ORDER OF ISSUING BANK AND BLANK ENDORSED MARKED FREIGHT PREPAID AND NOTIFY ISSUING BANK

实际装运时间：20××年1月25日

提单号码：GST45071

训练八　检验、报关与投保

在落实货物运输工具之后,根据成交条件,卖方有可能要对货物进行检验和投保。另外,出口货物必须向海关报关,得到海关的放行之后,才能离开关境自由流通。

本章要求

　　★ 报检程序及报检单的填写
　　★ 报关程序及报关单的填写
　　★ 投保程序及投保单的填写

一、货物检验

　　商品检验简称商检,是国际贸易中按照买卖双方的合同规定或国家有关规定,对进出口商品的品质、数量、包装等实行检验和鉴定的证明,是买卖双方进行报关、结算和处理赔偿的重要根据。商品检验一般可分为法定检验和公证检验。法定检验是专业商检机构根据国家法令法规,对进出口货物进行强制性的检验或检疫。属于法定检验的出口商品,出口商在装运前应报指定的检验机构检验,未经检验合格者,不准出口。属于法定检验进口的商品,未经检验,不得销售、使用。在我国对外贸易中,商品检验的目的是严把质量关,既可促进出口商品的质量,保证其符合国家法律法规的规定,符合合同和外销的要求,又能防止次劣、有害商品进入国内,保证我国生产建设的安全和人民的健康,维护国家权益。而公证检验是根据贸易关系人的申请,按照国际惯例、协议和贸易合同或信用证的要求对商品品质、数量、包装等进行检验、鉴定,提供证明,作为履约和处理争议的有效证明。在本训练中,主要以法定检验为例来说明。

　　在我国,法定检验应报中华人民共和国出入境检验检疫局办理,简称报检。报检必须由地方商检机构准予注册登记的报检企业或者有权经营进出口业务的企业负责办理。报检单位指派的报检员必须经培训并考核,取得"报检员资格证书"之后,才能负责办理有关报检事宜。

（一）出口检验的程序

我国进出口检验工作程序如图8-1所示。

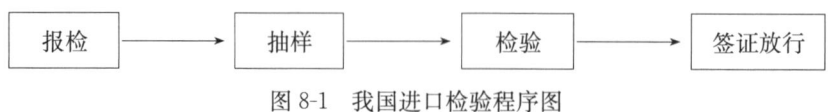

图8-1　我国进口检验程序图

　　报检是这些程序中的第一个环节。出口商若委托专业的代理检验公司进行报检,则需要与报检企业签署报检委托书(如表8-1所示),委托报检企业向商检部分申请检验。报检时需要填写出境货物报检单。填明申请检验、鉴定的项目和要求,同时提交对外签订的合同、信用证和其他必要的资料。商检部门会对已经打好包、刷好运输标志的货物抽样检验。检验没有问题,则签发检验合格证书并放行货物。

表 8-1

报 检 委 托 书

报 检 委 托 书

_____出入境检验检疫局:

　　本委托人郑重声明,保证遵守《中华人民共和国进出口商品检验法》及其实施条例、《中华人民共和国进出境动植物检疫法》及其实施细则、《中华人民共和国国境卫生法》等有关法律、法规的有关规定和检验检疫机构制定的各项规章制度。如有违法行为,自愿接受检验检疫机构的处罚并负法律责任。

　　本委托人所委托受委托人向检验检疫机构提交的"报检单"和随附各种单据所列内容真实无讹。具体委托情况如下:

　　本单位将于_____年_____月间出/入境如下货物:
　　品名:
　　数(重)量:
　　合同号:
　　特委托:_____(地址):_____
　　代表本公司办理所有检验检疫事宜,其间产生的一切相关的法律责任由本公司承担。请贵局按有关规定予以办理。
　　委托方名称:　　　　　　　　　委托方印章:
　　单位地址:
　　邮政编码:
　　法人代表:
　　联系电话:
　　企业性质:

　　　　　　　　　　　　　　　　　　　　　　　　　　年　　月　　日

本委托书有效期至　　年　　月　　日

知识链接

国家质量监督检验检疫局网站　　www.aqsiq.gov.cn
上海出入境检验检疫局网站　　　www.shciq.gov.cn
浙江出入境检验检疫局网站　　　www.ziq.gov.cn
江苏出入境检验检疫局网站　　　www.jsciq.gov.cn

（二）出境货物报检单的填报

出口单位在报检时需要填制商检报检单,商检报检单的格式由出入境检验检疫局统一制定,申报单位按要求填制。商品检验合格后,检验检疫局按合同或信用证中的具体要求在检验证书上作相应的表述,以符合单、证一致的要求。出境货物报检单(如表 8-2 所示)的填制要点如下:

表 8-2

出境货物报检单

中华人民共和国出入境检验检疫出境货物报检单

报检单位(加盖公章)： ＊编　号＿＿＿＿＿

报检单位登记号：　　联系人：　　电话：　　报检日期：　年　月　日

发货人	(中文)
	(外文)
收货人	(中文)
	(外文)

货物名称(中/外文)	H.S.编码	产地	数/重量	货物总值	包装种类及数量

运输工具名称号码		贸易方式		货物存放地点	
合同号		信用证号		用途	
发货日期		输往国家(地区)		许可证/审批号	
起运地		到达口岸		生产单位注册号	
集装箱规格、数量及号码					

合同、信用证订立的检验检疫条款或特殊要求	标记及号码	随附单据(划"√"或补填)	
		□ 合同 □ 信用证 □ 发票 □ 换证凭单 □ 装箱单 □ 厂检单	□ 包装性能结果单 □ 许可/审批文件 □ □ □ □

需要证单名称(划"√"或补填)		＊检验检疫费	
□ 品质证书　＿正＿副 □ 重量证书　＿正＿副 □ 数量证书　＿正＿副 □ 兽医卫生证书＿正＿副 □ 健康证书　＿正＿副 □ 卫生证书　＿正＿副 □ 动物卫生证书＿正＿副	□ 植物检疫证书　＿正＿副 □ 熏蒸/消毒证书　＿正＿副 □ 出境货物换证凭单 □ 出境货物通关单	总金额 (人民币元)	
		计费人	
		收费人	

报检人郑重声明： 　1．本人被授权报检。 　2．上列填写内容正确属实,货物无伪造或冒用他人的厂名、标志、认证标志,并承担货物质量责任。 　　　　　　　　　签名：＿＿＿＿＿	领取证单	
	日　期	
	签　名	

注：有"＊"号栏由出入境检验检疫机关填写　　　　◆ 国家出入境检验检疫局制

[1-1(2000.1.1)]

(1) 报检单位(加盖公章):可以用报检专用章。
(2) 报检单位登记号:报检单位在检验检疫机构的登记号或注册号(指代理报检单位)。
(3) 联系人:报检员或代理报检员。
(4) 电话:报检员或代理报检员电话。
(5) 报检日期:检验检疫机构实际受理报检的日期。
(6) 发货人:预报检时,可填生产单位名称;出口报检时,可填外贸合同中的卖方或信用证受益人。如需要出具英文证书的,填写中英文。
(7) 收货人:预报检时,可填出口公司名称;出口报检时,可填外贸合同中的买方。如需要出具英文证书的,填写中英文。
(8) 货物名称:按外贸合同、信用证的有关内容填写。
(9) H.S.编码:按海关商品分类目录填写。
(10) 产地:按货物的真实生产地填写。
(11) 数/重量:按实际数、重量填写。重量一般以净重填写,如填写毛重或以毛重作净重,则需注明。
(12) 货物总值:按本批货物合同或发票上所列的总值填写(以美元计),如同一报检单报检多批货物,需列明每批货物的总值(注:如申报货物总值与国内、国际市场价格有较大差异,检验检疫机构保留核价权力)。
(13) 包装种类及数量:本批货物运输包装的件数及种类,按实际包装种类和数量填写,应注明材质,如 500 纸箱。
(14) 运输工具名称号码:预报检时可不填,出口报检时应填船名、车号、航班号码。报检时,未能确定运输工具编号的,可只填写运输工具类别。
(15) 贸易方式:填写货物实际贸易方式:一般贸易,三来一补,边境贸易,进料加工,其他贸易。
(16) 货物存放地点:指本批货物存放的地点位置。
(17) 合同号:预报检时,可填国内购销合同号,出口报检时,填外贸合同号。
(18) 信用证号:预报检时,可不填。出口报检时以信用证结汇的,填信用证号;不是信用证方式结汇的,须注明结汇方式。
(19) 用途:指本批货物出境用途,如种用、食用、奶用、观赏或演艺、伴侣、实验、药用、饲用、加工等,按照货物的实际用途填写。
(20) 发货日期:指出口装运日期,预报检时可不填。
(21) 输往国家(地区):指贸易合同中买方(进口方)所在国家或地区,或合同注明的最终输往国家,按外贸合同填写。
(22) 许可证审批号:对国家出入境检验检疫局已实施《出口商品质量许可证制度目录》内的出口货物和其他已实行许可制度、审批制度管理的货物,报检时填写安全质量许可证编号或审批单编号。
(23) 起运地:即出口装货口岸,指装运本批货物离境的交通工具的启运口岸/地区城市名称。
(24) 到达口岸:即国外到达口岸,指装运本批货物的交通工具最终抵达目的地停靠的口岸名称。
(25) 生产单位注册号:指生产/加工本批货物的单位在检验检疫机构的卫生注册登记编号。
(26) 集装箱规格、数量及号码:指装载本批货物的集装箱规格(如 40 英尺、20 英尺等)以及分别对应的数量和集装箱号码全称,按实际填写。若集装箱太多,可用附单形式填报。

(27) 合同、信用证订立的检验检疫条款或特殊要求:指贸易合同或信用证中贸易双方对本批货物特别约定而订立的质量、卫生等条款和报检单位对本批出境货物的检验检疫的其他特别要求,按合同/信用证要求填写。

(28) 标记及号码:按出境货物的实际标记及号码(唛头)填写,如没有标记,填写 N/M,标记填写不下时可用附页填报。

(29) 随附单据:按实际提供单据,在对应的空格打"√"。

(30) 需要证单名称:按需要检验检疫机构出具的证单,在对应的空格打"√",并应注明所需证单的正副本的数量。

(31) 报检人郑重声明:必须由报检员或代理报检员手签。

(32) 领取证单:由领证人填写实际领证日期并签名。

(33) 编号:由检验检疫机构人员填写。

在填单时应按要求翔实填写,所列项目应填写完整、准确、清晰,不得涂改。个别项目确实填写不上,经允许可填"＊＊＊"。每张申请单一般只填写一批商品,不能涂改和出现错别字、生造的简化字、缩写字或简称。

(三) 商品检验证书

商品检验证书是指出入境检验检疫机构对出口商品实施检验或检疫后,根据检验检疫结果,结合出口合同和信用证要求,对外签发的检验证书。检验证书是出入境检验检疫机构对外签发的具有法律效力的凭证,是证明货物品种、数量、重量或产地的证明书。商品检验证书在我国通常由各地的商检机构签发。

资料库

常见检验证书

品质检验证书	Inspection Certificate of Quality
重量/体积检验证书	Inspection Certificate of Weight / Measurement
数量检验证书	Inspection Certificate of Quantity
兽医证书	Veterinary Certificate
卫生检验证书	Inspection Certificate of Sanitary or Certificate of Health
温度检验证书	Inspection Certificate of Temperature
消毒检验证书	Inspection Certificate of Disinfection
熏蒸证书	Fumigation Certificate

---

1. 检验证书的内容

检验证书又称商检证书,是商品检验局对进出口商品执行法定检验或办理签订业务后,根据受验货物、签订对象的实际情况,对外签发的证件。检验证书是具有法律效力的证明凭证,在国际贸易中起公正性的证明作用,是交接货物、结算货款、银行议付、国外通关、核计关税、明确责任、计算费用、对外索赔以及仲裁、诉讼举证的重要证明文件。检验证书在对外贸易中发挥着配合对外贸易的顺利进行,维护对外贸易有关各方面的合法权益,促进对外贸易的发展的重要作用。检验证书根据不同的检验项目和要求,分别签发品质、包装、重量、数量、兽医、卫生、残损鉴定以及其他各项检验、签订业务的证书,并以标题标明证书名称。检验证书的内容由五部分组成:

(1)签证机构的签名,包括地址和联系电话。

(2)证书种类名称,包括正本或副本,证书程序号、报检号和签证日期。

(3)商品识别部分,包括发货人、收货人、商品名称、报检数量/重量、商品标记及号码、运输工具、发货港、目的港等。

(4)证明内容,即检验签订的结果和评定,这是证书的主要部分。

(5)签署部分,包括检验日期和地点、签证机构印章,签署人的签字,并在证书右上角加盖钢印。

检验证书的格式是由国家质量监督检验检疫部门统一制定的。出口商品检验证书(如表8-3所示)的证明内容一般使用英文,也可根据报检人要求用中文表示;进口商品检验证书(如表8-4所示)的证明内容,一般使用中文,证书最后加印"本证书译文如有任何异点,概以中文

表 8-3

出口商品检验证书

中华人民共和国出入境检验检疫

ENTRY-EXIT INSPECTION AND QUARANTING OF THE PEOPLE'S REPUBLIC OF CHINA

编号 NO.

品质数量检验证书

INSPECTION CERTIFICATE OF QUALITY AND QUANTITY

发货人 Consignor _____	
收货人 Consignee _____	
品名 Description of Goods _____	标记及号码 Mark & No.
报检数量/重量 Quantity/Weight _____	
包装种类及数量 Number and Type of Package _____	
运输工具 Means of Conveyance _____	
检验结果 Results of Inspection	

印章 签证地点 Place of Issue _____ 签证日期 Date of Issue _____
Official Stamp

　　　　　授权签字人 Authorized Officer _____ 签　名 Signature _____

　　我们已尽所知和最大能力实施上述检验,不能因我们签发本证书而免除卖方或其他方面根据合同和法律所承担的产品质量责任和其他责任。All inspections are carried out conscientiously to the best of our knowledge and ability. This certificate does not in any respect absolve the seller and other related parties from his contractual and legal obligations especially when product quality is concerned.

表 8-4

进口商品检验证书

中华人民共和国出入境检验检疫
ENTRY-EXIT INSPECTION AND QUARANTING
OF THE PEOPLE'S REPUBLIC OF CHINA

检 验 证 书
INSPECTION CERTIFICATE

No.

日期
date

电话：
Tel：

受货人：
Consignee：

发货人：
Consignor：

品　名：
Commodity：

报验数量/重量：
Quantity/Weight Declared：

运　输：
Transportation：

进口日期：
Date of Arrival：

卸毕日期：
Date of Completion of Discharge：

发票号
Invoice No.：

合同号：
Contract No.：

标记及号码：
Mark & No.：

注意：本证书译文如有任何异点，概以中文为主。
(N. B. In case if divergence, the Chinese text shall be regarded as authentic)

为主"。商检机构对外签发证书只发一份正本,并增发副本三份。检验证书发出后,不准任何人涂改证书或变造、伪造,违反者依法查处。报检人若需要更改或补充内容时,应向原签发的商检机构申请按照规定办理。

3. 签发商检证书应注意的问题

对于商品检验证书的缮制,要注意以下事项:

(1) 出证机关、地点及证书名称。如来证未规定出具证书的机关,则由出口人决定;如信用证规定由"有关当局(Competent Authority)"出证,则应根据情况由有关的商检机构出具。出证地点除信用证有特别规定外,原则上应在装船口岸。证书名称应与信用证的规定相符。

(2) 证书日期。检验证书(产地证除外)出具日期一般应早于提单日期,个别商品(如食盐)需在装船之后进行公估的,出证日期可迟于提单日期。对大多数早于提单日期的检验证书来说,要注意检验证书的有效性:如果检验证书日期太早,超过了检验的有效期才装船,会遭到收货人的异议,甚至要求重新检验;如果信用证规定装船时检验,则检验证书的签发日期应与提单日期相同。

(3) 证书内容。证书所表示的检验结果要与信用证上的要求和发票等各项单据所列明的规格、性状等一致。如检验结果所列明的规格超过来证规定者,应以该货物本身的正常规格为限。

小思考:商检证书可以由谁出具?若信用证没有明确规定,应该如何处理?

案例链接

商检证书以受益人名义出具争议案

我国 A 公司向国外 B 公司出口一批建筑涂料,国外开来 L/C 规定要求出具"Inspection certificate of quality in duplicate"(品质检验证书一式两份)。在货物装运后,A 公司单证人员在向商检局申请出具品质检验证书时,因该批货物报验程序不对,商检局没有出具品质检验证书。单证人员向公司负责人汇报,并核对各项手续和资料,证实 L/C 确实要求出具品质检验证书一式两份。但业务部通知储运部的委托书上漏填有关申请报验和出具检验证书项目,使报验人员认为不需要报验。又由于该商品属非法定检验商品,合同也没有规定出具品质检验证书,所以装运前也未办理申请检验。

为了向银行交单结汇,A 公司只好自己按 L/C 要求和发票上表示的规格,出具品质检验证书一式两份。但是,议付单据一到开证行即被提出:"第××××号 L/C 项下单据经审查存在不符点:我所收到的品质检验证书系由受益人自己出具的,我 L/C 虽然未规定出单人,但该证书等于由受益人自己证明自己的商品合格,这样的检验证书不能生效。根据《UCP500》第 20 条关于出单人不明确的规定,L/C 项下应提交的任何单据,如果对其出单人规定不明确时,只要所提交的单据表面与 L/C 其他条款相符,并且不是由受益人出具,银行将予接受。这就是说,L/C 对出单人规定不明确的,只要不是受益人出具,其他任何人出具都可以接受。所以,受益人自己出具的品质检验证书不能生效。经联系申请人也不同意接受单据。单据暂代保管,速告单据处理意见。"翌日,国外B公司也提出异议:"第××××号项下货物的品质无检验证书无法通关。我地当局也规定出口商自己出具的证书无效。请速补寄检验机关出具的证书。"

A公司接到开证行上述拒付的通知后,认为单纯从单证角度看,开证行的理由不充足,经研究决定先对开证行提出反驳意见,并对开证行作如下答复:"你20日电悉,你行对第××××号L/C项下我第××××号单据所谓不符点,我们不同意你方意见。我们认为你行所引证《UCP500》第20条是误解原条文规定。原条文是这样规定的:不应该使用诸如'第一流的'、'著名的'、'合格的'、'独立的'、'正式的'、'有资格的'、'当地的'以及类似意义的语言描述L/C项下应提交的有关单据的出单人的身份。如信用证中含有此类词语,只要所提交单据在表面符合信用证的其他条款和条件,且该检验证书不能由受益人出具,银行将予接受。(编者注:《UCP600》规定,类似诸如"第一流"、"著名"、"合格"、"独立"、"正式"、"有资格"、"当地"等用语用于描述单据出单人的身份时,单据的出单人可以是除受益人以外的任何人。)你第××××号信用证并未有这样类似语言来描述出单人,你只规定品质检验证书一式两份,所以,本情况不适用于《UCP500》第20条,却适用于第21条,第21条是这样规定的:当要求提供运输单据、保险单据和商业发票以外的单据时,信用证中应规定该单据的出单人及它们的措词或数据内容。如果信用证中没有这样的规定,只要提交的单据的数据内容能与提交的其他所规定单据不矛盾,银行将接受这样的单据。所以我所提交的品质检验证书符合你信用证和《UCP500》的规定,你行没有理由不接受它。请你们立即付款。"

3月23日,A公司与买方反复洽商,决定以生产厂商的名义补出品质检验证书代替原来的证书,开证行也未再提出异议,最后按原额付款了结此案。

案情分析

本案情并不复杂,但却比较典型,我们可以从中得到以下启示:

(1) 把好审证关是避免被动受损的关键。在具体的外贸业务中,审查L/C是一项重要的工作。本案例中A公司对L/C的审查是不够严格的。因为在买卖双方的合同中并没有规定要卖方出具品质检验证书,这本来是买方的错误,应该修改L/C品质检验条款。但A公司没有在审证时审查出来,所以才照常办理租船订舱和各项装运手续,这是A公司的失误,也是导致本案例发生并使A公司陷于被动的主要原因。

(2) 熟悉国际惯例是应对纠纷的武器。国际贸易惯例是开展国际贸易业务和处理贸易纠纷的主要依据。只有对有关国际贸易惯例非常熟悉,才能在实践中灵活应用。所幸该公司比较熟悉《UCP500》,本案发生后,才能够对开证行提出的异议进行有力的反驳,最后才改变了被动的局面。对买方提出的品质检验证书问题,A公司采取了比较灵活的方法,在不违背原则的前提下,补出了生产厂家的品质检验证书,使之能够办理通关手续,也保证了自己安全收汇。

(3) 加强单证管理是实现安全收汇的保证。本案反映出A公司内部信息沟通和协调中的问题。如通知储运部的委托书上漏填了报验和出具检验证书项目,却没有被及

(续表)

时发现和反馈。外贸企业的单证管理实际上也是企业内部的信息流管理。要提高外贸企业的经营管理水平,提高经济效益,仅仅重视物流是不够的。如果信息流不畅通,反馈信息不及时或者信息错误,必然会对物流失去控制。所以,在实际工作中,要克服重经营轻管理的思想,将重视物流和重视信息流结合起来,才能全面提高经营管理水平。

二、出口货物报关

出口货物报关又称通关,是指出口货物的收发货人或其代理人向海关办理货物出口手续以及相关手续的全过程。只有在这一环节完全缴纳各种税费,并办结了各项海关手续以后,出口货物才可以运离关境自由流通。

在进出口贸易的实际业务中,绝大多数是卖方负责出口货物报关,买方负责进口货物报关。除非另有规定,报关必须由海关准予注册登记的报关企业或者有权经营进出口业务的企业才能负责办理。报关单位指派的报关员应经海关培训并考核认可,取得"报关员资格证书"后,才能负责办理有关报关事宜。

(一)出口货物报关程序

出口货物报关程序图如图 8-2 所示。

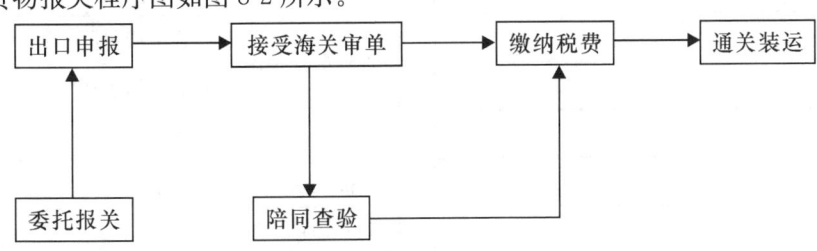

图 8-2　出口货物报关程序图

(1)出口公司按照合同规定备齐出口货物后,与报关企业签署委托代理协议,即报关委托书(如表 8-5 所示)委托报关企业向海关报关。

(2)准备报关单证。

① 报关单是报关单位向海关申报货物情况的法律文件。

② 出口货物属于国家限制出口或配额出口的应提供许可证件或其他证明文件。

③ 货物的发票、装箱清单、合同。

④ 商检证明。

⑤ 对方要求的产地证明。

⑥ 出口收汇核销单。报关时,应交验外汇管理部门加盖"监督收汇"章的出口收汇核销单,并将核销单编号填在每张报关单的右上角处。

上述单据申报人必须认真、如实填写,并对其填写内容的真实性和合法性负责,承担相应的法律责任和经济责任。

(3)向海关递交报关单证。在海关指定的报关地点和报关时限内以书面和电子数据的方式向海关报关。

表 8-5

代理报关委托书

编号：

我单位现　　　（A 逐票、B 长期）委托贵公司代理　　　等通关事宜。(A. 填单申报　B. 辅助查验　C. 垫缴税款　D. 办理海关证明联　E. 审批手册　F. 核销手册　G. 申办减免税手续　H. 其他)详见《委托报关协议》。

我单位保证遵守《海关法》和国家有关法规，保证所提供的情况真实、完整、单货相符。否则，愿承担相关法律责任。

本委托书有效期自签字之日起至　　年　　月　　日止。

委托方（盖章）：

法定代表人或其授权签署《代理报关委托书》的人（签字）：

年　　月　　日

委托报关协议

为明确委托报关具体事项和各自责任，双方经平等协商签订协议如下：

委托方		被委托方		
主要货物名称		*报关单编码	No.	
H.S.编码	□□□□□□□□	收到单证日期	年　月　日	
货物总价		收到单证情况	合同□	发票□
进出口日期	年　月　日		装箱清单□	提（运）单□
提单号			加工贸易手册□	许可证件□
贸易方式			其他	
原产地/货源地		报关收费	人民币：　　　　元	
其他要求：		承诺说明：		
背面所列通用条款是本协议不可分割的一部分，对本协议的签署构成了对背面通用条款的同意。		背面所列通用条款是协议不可分割的一部分，对本协议的签署构成了对背面通用条款的同意。		
委托方业务签章：		被委托方业务签章：		
经办人签章： 联系电话：　　　　　　　年　月　日		经办报关员签章： 联系电话：　　　　　　　年　月　日		

CCBA　　（白联：海关留存、黄联：被委托方留存、红联：委托方留存）　　中国报关协会监制

表 8-6

出口货物报关单
中华人民共和国海关出口货物报关单

预录入编号：　　　　　　　　　　　　　　　　　　　　　　海关编号：

出口口岸		备案号		出口日期		申报日期	
经营单位		运输方式		运输工具名称		提运单号	
发货单位		贸易方式		征免性质		结汇方式	
许可证号		运抵国（地区）		指运港		境内货源地	
批准文号		成交方式		运费		保费		杂费	
合同协议号		件数		包装种类		毛重（公斤）		净重（公斤）	
集装箱号		随附单据				生产厂家		
标记唛码及备注							

项号	商品编号	商品名称、规格型号	数量及单位	最终目的国（地区）	单价	总价	币制	征免

税费征收情况

录入员　　　录入单位	兹声明以上申报无讹并承担法律责任	海关审单批注及放行日期（签章）	
报关员		审单　　　审价	
单位地址	申报单位（签章）	征税　　　统计	
		查验　　　放行	
邮编	填制日期		

· 113 ·

表 8-7

报 关 单 实 例
中华人民共和国海关出口货物报关单

预录入编号：　　　　　　　　　　　　　　　　　　　　　　　　　　　海关编号：

出口口岸 ××		备案号	出口日期 ×××	申报日期 ××××××
经营单位 ××××贸易有限公司		运输方式 海运	运输工具名称 HAILING V.022	提运单号 CTAET×××
发货单位 ××××贸易有限公司		贸易方式 一般贸易	征免性质	结汇方式 L/C
许可证号	运抵国(地区) 德国		指运港 德国	境内货源地 ××××××
批准文号	成交方式 CIF	运费 USD 2 200	保费 USD 423.61	杂费 RMB 15 940.00
合同协议号 ABC×××	件数 285	包装种类 纸箱	毛重(公斤) 10 350	净重(公斤) 9 522
集装箱号 CTBT0011　CTBT0012	随附单据 发票、装箱单			生产厂家 ××××××
标记唛码及备注 BRIGHT GERMANY N01-285				

项号	商品编号	商品名称、规格型号	数量及单位	最终目的国(地区)	单价	总价	币制	征免
01	9017.1000	DRAFTING MACHINE 绘图机 ART. NO. 7003	285 SETS	GERMANY	89.02	25 370.70	USD	

税费征收情况				
录入员	录入单位	兹声明以上申报无讹并承担法律责任	海关审单批注及放行日期(签章)	
报关员 ×××			审单	审价
单位地址 ××路18号 中国 温州 邮编		申报单位(签章) ××××××	征税	统计
	电话 883××××	填制日期 20××-7-31	查验	放行

> **知识链接**
>
> 国家海关总署网站　　　　www.customs.gov.cn

(4) 经海关对报关电子数据或书面报关单证进行审核后,在海关认为必要的情况下,报关人员要配合海关进行货物的查验。

(5) 属于应纳税、应缴费范围的出口货物,报关单位应在海关规定的期限内缴纳税费。

(6) 上述程序完成后,出口货物海关放行,报关单位可以安排装卸货物。同时,为了证明进出口行为的合法性,进出口货物的收发货人可以向海关申请签发有关《货物进出口证明书》。

(二) 出口货物报关单的填制

1. 出口货物报关单(如表8-6所示)的填制方法

中华人民共和国海关进出口货物报关单按进口和出口分为《中华人民共和国海关进口货物报关单》和《中华人民共和国海关出口货物报关单》两种,每种报关单均有47个栏目,其中大部分为报关单位(人)填写。为便于报关单位(人)准确填报和便于海关接受申报时审核有关数据,海关对外发布了《中华人民共和国海关进出口货物报关单填制规范》,统一规定了报关单各栏目的填写要求。报关单位(人)必须按照填制规范的要求,真实、准确地填制报关单的有关栏目,并对其填报的数据的准确性和真实性承担相应的法律责任。某市轻工艺进出口有限公司的出口货物报关单如表8-7所示。

现将海关对进出口货物报关单的各栏目的填制内容和规定介绍如下:

(1) 预录入编号。预录入编号是指申报单位或预录入单位对该单位填制录入的报关单的编号。预录入报关单及EDI报关单的预录入编号由接受申报的海关决定编号规则,计算机自动打印。

(2) 海关编号。海关编号是指海关接受申报时给予报关单的编码,一般为9位数码,由海关在接受申报环节确定,标识在报关单的每一联上。此栏报关单位不用填写。

(3) 进口口岸/出口口岸。进口口岸/出口口岸是指货物实际进(出)口我国关境口岸海关的名称。本栏目应根据货物实际进(出)口的口岸海关选择填报《海关名称及代码表》中相应的口岸海关名称及代码。部分关区代码表如表8-8所示。

表8-8

部分关区代码表

代　　码	海关名称	代　　码	海关名称
100	北京关区	101	机场单证
124	北　京　站	125	西　客　站
200	天津关区	201	天津海关
202	新港海关	203	津开发区
900	大连海关	901	大连码头
2200	上海海关	2201	浦江海关
2203	沪机场关	2233	浦东机场
2300	南京海关	2301	连云港关

续表

代　码	海关名称	代　码	海关名称
2302	南通海关	2303	苏州海关
2304	无锡海关	2305	张家港关
2306	常州海关	2307	镇江海关
2310	扬州海关	2311	徐州海关
2900	杭州关区	2901	杭州海关
2903	温州海关	2904	舟山海关
2907	湖州海关	2908	嘉兴海关
3700	厦门关区	3701	厦门海关
3702	泉州海关	3703	漳州海关
5100	广州海关	5101	广州新风
5301	皇岗海关	5302	罗湖海关
5303	沙头角关	5304	蛇口海关

（4）备案号。备案号是指进出口企业在海关办理加工贸易合同备案或征、减、免税审批备案等手续时，海关给予《进料加工登记手册》、《来料加工及中小型补偿贸易登记手册》、《外商投资企业履行产品出口合同进料件及加工出口成品登记手册》（以下均简称《登记手册》）、《进出口货物征免税证明》（以下简称《征免税证明》）或其他有关备案审批文件的编号。一份报关单只允许填报一个备案号。备案号长度为12位，其中第1位是标记代码。备案号的标记代码必须与"贸易方式"及"征免性质"栏目相协调，例如：贸易方式为来料加工，征免性质也应当是来料加工，备案号的标记代码为"B"。

（5）进口日期/出口日期。进口日期是指运载所申报货物运输工具申报进境的日期。本栏目填报的日期必须与相应的运输工具进境日期一致。出口日期是指运载所申报货物的运输工具办结出境手续的日期。本栏目供海关打印报关单证明联用，预录入及EDI报关单均免予填报。

（6）申报日期。申报日期是指海关接受进（出）口货物收、发货人或其代理人申请办理货物进（出）口手续的日期。预录入及EDI报关单填报向海关申报的日期，与实际情况不符时，由审单官员按实际日期修改批注。

（7）经营单位。经营单位是指对外签订并执行进出口贸易合同的中国境内企业或单位。

本栏目应填报经营单位中文名称及经营单位编码。经营单位编码为10位数字，是进出口企业在所在地主管海关办理报关注册登记手续时，海关给企业设置的注册登记编码。

（8）运输方式。运输方式是指货物进出关境时所使用的运输工具的分类，包括江海、铁路、汽车、航空、邮递和其他运输等共十大类。

（9）运输工具名称。运输工具名称是指载运货物进出境的运输工具的名称或运输工具编号。本栏目填制内容应与运输部门向海关申报的载货清单所列相应内容一致，一份报关单只允许填报一个运输工具名称。具体填报要求如下：

① 江海运输填报船名及航次，或载货清单编号（注：按受理申报海关要求填报）。

② 汽车运输填报该跨境运输车辆的国内行驶车牌号码。

③ 铁路运输填报车次或车厢号，以及进出境日期。

④ 航空运输填报分运单号,无分运单的,本栏目空白不填。

⑤ 邮政运输填报邮政包裹单号。

(10) 提运单号。提运单号是指进出口货物提单或运单的编号。本栏目填报的内容应与运输部门向海关申报的载货清单所列相应内容一致。一份报关单只允许填报一个提运单号。

(11) 收货单位/发货单位。收货单位指已知的进口货物在境内的最终消费、使用单位,包括:

① 自行从境外进口货物的单位。

② 委托有外贸进出口经营权的企业进口货物的单位。

发货单位指出口货物在境内的生产或销售单位,包括:

① 自行出口货物的单位。

② 委托有外贸进出口经营权的企业出口货物的单位。

(12) 贸易方式。贸易方式是指以国际贸易中进出口货物的交易方式为基础,结合海关对进出口货物的征税、统计及监管条件综合设定的对进出口货物的管理方式。常见的贸易方式有一般贸易、来料加工、进料对口和进料非对口等。

本栏目应根据实际情况,并按海关规定的《贸易方式代码表》选择填报相应的贸易方式简称或代码,部分贸易方式的代码表如表8-9所示。一份报关单只允许填报一种贸易方式。

表8-9

部分贸易方式的代码表

代码	简称	全称	代码	简称	全称
110	一般贸易	一般贸易	815	低值辅料	低值辅料
130	易货贸易	易货贸易	1110	对台贸易	对台直接贸易
214	来料加工	来料加工装配贸易进口料件及加工出口货物	3010	货样广告品	有经营权单位进出口的货样广告品
513	补偿贸易	补偿贸易	1215	保税工厂	保税工厂
1523	租赁贸易	租期在一年及以上的租赁贸易货物	1233	保税仓库货物	保税仓库进出境货物
3612	捐赠物资	华侨,港、澳、台同胞,外籍华人捐赠物资	4500	直接退运	直接退运

(13) 征免性质。征免性质是指海关对进出口货物实施征、减、免税管理的性质类别。本栏目应按海关核发的《征免税证明》中批注的征免性质填报,或根据实际情况按海关规定的"征免性质代码表"选择填报相应的征免性质的代码,部分征免性质的代码表如表8-10所示。

表8-10

部分征免性质的代码表

代码	简称	全称	代码	简称	全称
101	一般征税	一般征税进出口货物	399	其他地区	其他执行特殊政策地区出口货物
201	无偿援助	无偿援助进出口物资	401	科教用品	大专院校及科研机构进口科教用品
299	其他法定	其他法定减免税进出口货物	403	技术改造	企业技术改造进口货物
301	特定区域	特定区域进口自用物资及出口货物	406	重大项目	国家重大项目进口货物
307	保税区	保税区进口自用物资	412	基础设施	通信、港口、铁路、公路、机场建设进口设备

加工贸易报关单本栏目应按照海关核发的《登记手册》中批注的征免性质填报相应的征免性质简称或代码,一份报关单只允许填报一种征免性质。

(14)征税比例/结汇方式。征税比例仅用于非对口合同进料加工贸易方式(代码0715)下进口料、件的进口报关单,填报海关规定的实际应征税比率,如5%填报5,15%填报15。

出口报关单应填报结汇方式,即出口货物的发货人或其代理人收结外汇的方式。本栏目应接海关规定的《结汇方式代码表》选择填报相应结汇方式名称或代码。常用的结汇方式代码表如表8-11所示。

表8-11

结汇方式代码表

编号	结汇方式	编号	结汇方式	编号	结汇方式
1	信汇	2	电汇	3	票汇
4	付款交单	5	承兑交单	6	信用证
7	先出后结	8	先结后出	9	其他

(15)许可证号。应申领进(出)口许可证的货物,必须在此栏目填报商务部及其授权发证机关签发的进(出)口货物许可证的编号,不得为空。一份报关单只允许填报一个许可证号。

(16)起运国(地区)/运抵国(地区)。起运国(地区)是指进口货物起始发出的国家(地区);运抵国(地区)是指出口货物直接运抵的国家(地区)。本栏目应按海关规定的《国别(地区)代码表》选择填报相应的起运国(地区)或运抵国(地区)中文名称或代码。

(17)装货港/指运港。装货港是指进口货物在运抵我国关境前的最后一个境外装运港;指运港是指出口货物运往境外的最终目的港。本栏目应根据实际情况,按海关规定的《港口航线代码表》选择填报相应的港口中文名称或代码。

(18)境内目的地/境内货源地。境内目的地指已知的进口货物在国内的消费、使用地或最终运抵地;境内货源地指出口货物在国内的产地或原始发货地。本栏目应根据进口货物的收货单位、出口货物生产厂家或发货单位所属国内地区,并按海关规定的《国内地区代码表》选择填报相应的国内地区名称或代码。

(19)批准文号。进口报关单本栏目暂时为空;出口报关单本栏目用于填报《出口收汇核销单》编号。

(20)成交方式。本栏目应根据实际成交价格条款按海关规定的《成交方式代码表》选择填报相应的成交方式代码。无实际进出境的,进口填报CIF价,出口填报FOB价。

(21)运费。本栏目用于成交价格中不包含运费的进口货物或成交价格中含有运费的出口货物,应填报该份报关单所含全部货物的国际运输费用。可按运费单价、总价或运费率三种方式之一填报,同时注明运费标记,并按海关规定的《货币代码表》选择填报相应的币种代码。运保费合并计算的,运保费填报在本栏目。

运费标记中,"1"表示运费率,"2"表示每吨货物的运费单价,"3"表示运费总价。例如:

① 5%的运费率填报为5。

② 24美元的运费单价填报为502/24/2。

③ 7 000美元的运费总价填报为502/7000/3。

(22)保费。本栏目用于成交价格中不包含保险费的进口货物或成交价格中含有保险费的出口货物,应填报该份报关单所含全部货物国际运输的保险费用。可按保险费总价或保险费率两种方式之一填报,同时注明保险费标记,并按海关规定的《货币代码表》选择填报相应的币种代码。运保费合并计算的,运保费填报在运费栏目中。

保险费标记中,"1"表示保险费率,"3"表示保险费总价,例如:

① 3‰的保险费率填报为0.3。

② 10 000港元保险费总价填报为110/10000/3。

(23) 杂费。杂费是指成交价格以外的,应计入完税价格或应从完税价格中扣除的费用,如手续费、佣金、回扣等,可按杂费总价或杂费率两种方式之一填报,同时注明杂费标记,并按海关规定的《货币代码表》选择填报相应的币种代码。

应计入完税价格的杂费填报为正值或正率,应从完税价格中扣除的杂费填报为负值或负率。杂费标记:"1"表示杂费率,"3"表示杂费总价。例如:

① 应计入完税价格的1.5%的杂费填报为1.5;

② 应将完税价格中扣除的1%的回扣率填报为-1;

③ 应计入完税价格的500英镑杂费总价填报为303/500/3。

(24) 合同协议号。本栏目应填报进(出)口货物合同(协议)的全部字头和号码。

(25) 件数。本栏目应填报有外包装的进(出)口货物的实际件数,不得填报为零,裸装货物填报为1。

(26) 包装种类。本栏目应填报进(出)口货物的实际外包装种类,如木箱、纸箱、铁桶、散装等。

(27) 毛重(公斤)。毛重指货物及其包装材料的重量之和。本栏目填报进(出)口货物实际毛重,计量单位为公斤,不足1公斤的填报为1。

(28) 净重(公斤)。净重指货物的毛重减去外包装材料后的重量,即商品本身的实际重量。本栏目填报进(出)口货物的实际重量,计量单位为公斤,不足1公斤的填报为1。

(29) 集装箱号。集装箱号是指在每个集装箱箱体两侧标示的全球惟一的编号。本栏目用于填报和打印集装箱编号及数量。集装箱数量四舍五入填报整数,非集装箱货物填报为0。例如:

① TEXU3605231*1(1)表示1个标准集装箱。

② TEXU3605231*2(3)表示2个集装箱,折合为3个标准集装箱,其中一个箱号为TEXU3605231。

在多于一个集装箱的情况下,其余集装箱编号打印在备注栏或随附清单上。

(30) 随附单据。随附单据是指随进(出)口货物报关单一并向海关递交的单证或文件。合同、发票、装箱单、许可证等必备的随附单证不在本栏目填报。本栏目应按海关规定的《监管证件名称代码表》选择填报相应证件的代码,并填报每种证件的编号(编号打印在备注栏下半部分)。

(31) 用途/生产厂家。进口货物填报用途,应根据进口货物的实际用途按海关规定的《用途代码表》选择填报相应的用途代码;生产厂家指出口货物的境内生产企业,本栏目供必要时手工填写。

(32) 标记唛码及备注。本栏目下部供打印随附据栏中监管证件的编号,上部用于打印的内容主要有:

① 标记唛码中除图形以外的文字、数字。

② 一票货物多个集装箱的,在本栏目打印其余的集装箱号。

③ 一票货物多个提(运)单的,在本栏目打印其余的提(运)单号等。

(33) 项号。本栏目分两行填报及打印。第一行打印报关单中的商品排列序号;第二行专用于加工贸易等已备案的货物,填报和打印该项货物在《登记手册》中的项号。

加工贸易合同项下进出口货物,必须填写与《登记手册》一致的商品项号,所填报项号用于核销对应项号下的料件或成品数量。

(34) 商品编号。商品编号是指按海关规定的商品分类编码规则确定的进(出)口货物的商品编号。加工贸易《登记手册》中商品编号与实际商品编号不符的,应按实际商品编号填报。

(35) 商品名称、规格型号。本栏目分两行填报及打印。第一行打印进(出)口货物规范的中文商品名称,第二行打印规格型号,必要时可加注原文。

(36) 数量及单位。数量及单位是指进(出)口商品的实际数量及计量单位。本栏目分三行填报及打印。具体填报要求如下:

① 进出口货物必须按海关法定计量单位填报。法定第一计量单位及数量打印在本栏目第一行。

② 凡海关列明第二计量单位的,必须报明该商品第二计量单位及数量,打印在本栏目第二行。无第二计量单位的,本栏目第二行为空。

③ 成交计量单位与海关法定计量单位不一致时,还需填报成交计量单位及数量,打印在商品名称、规格型号栏下方(第三行)。成交计量单位与海关法定计量单位一致时,本栏目第三行为空。

加工贸易等已备案的货物,成交计量单位必须与备案登记中同项号下货物的计量单位一致,不相同时必须修改备案或转换一致后填报。

(37) 原产国(地区)/最终目的国(地区)。原产国(地区)是指进口货物的生产、开采或加工制造国家(地区);最终目的国(地区)是指已知的出口货物的最终实际消费、使用或进一步加工制造国家(地区)。本栏目应按海关规定的《国别(地区)代码表》选择填报相应的国家(地区)名称或代码。

(38) 单价。本栏目应填报同一项号下进(出)口货物实际成交的商品单位价格。

(39) 总价。本栏目应填报同一项号下进(出)口货物实际成交的商品总价。

(40) 币制。币制是指进(出)口货物实际成交价格的币种。本栏目应根据实际成交情况按海关规定的《货币代码表》(如表 8-12 所示)选择填报相应的货币名称或代码。

表 8-12

货 币 代 码 表

货币代码	货币符号	货 币 名 称	货币代码	货币符号	货 币 名 称
110	HKD	港币	132	SGD	新加坡元
116	JPY	日本元	136	THB	泰国铢
121	MOP	澳门元	142	CNY	人民币
129	PHP	菲律宾比索	300	EUR	欧元

(续表)

货币代码	货币符号	货币名称	货币代码	货币符号	货币名称
302	DKK	丹麦克朗	501	CAD	加拿大元
303	GBP	英镑	502	USD	美元
326	NOK	挪威克朗	601	AUD	澳大利亚元
330	SEK	瑞典克朗	609	NZD	新西兰元
331	CHF	瑞士法郎			

(41) 征免。征免是指海关对进(出)口货物进行征税、减税、免税或特案处理的实际操作方式。本栏目应按照海关核发的《征免税证明》或有关政策规定,对报关单所列各项商品选择填报海关规定的《征减免税方式代码表》(如表8-13所示)中相应的征减免税方式。

表8-13

征减免方式代码表

代码	方式	代码	方式	代码	方式
1	照章征税	2	折半征税	3	全　免
4	特　案	5	征免性质	6	保证金
7	保　函	8	折半补税	9	全额退

(42) 税费征收情况。本栏目供海关批注进(出)口货物税费征收及减免情况。

(43) 录入员。本栏目用于预录入和EDI报关单,打印录入人员的姓名。

(44) 录入单位。本栏目用于预录入和EDI报关单,打印录入单位名称。

(45) 申报单位。本栏目指报关单位左下方用于填报申报单位有关情况的总栏目。申报单位是指对申报内容的真实性直接向海关负责的企业或单位。自理报关的,应填报进(出)口货物的经营单位名称及代码;委托代理报关的,应填报经海关批准的专业或代理报关企业名称及代码。一般应加盖申报单位的有效公章。

(46) 填制日期。填制日期是指报关单的填制日期。预录入和EDI报关单位由计算机自动打印。

(47) 海关审单批注栏。本栏目指供海关内部作业时签注的总栏目,由海关关员手工填写在预录入报关单上。其中"放行"栏填写海关对接受申报的进出口货物作出放行决定的日期。

2. 报关单填制的基本要求

进出境货物的收、发货人或其代理人向海关申报时,必须填写并向海关递交进出口货物报关单。申报人在填制报关单时,应当依法如实向海关申报,对申报内容的真实性、准确性、完整性和规范性承担相应的法律责任。

第一,报关员必须按照《海关法》、《货物申报管理规定》和《报关单填制规范》的有关规定和要求,向海关如实申报。

第二,报关单填报必须真实,做到"两个相符"。

(1) 单、证相符:所填报关单各栏目的内容必须与合同、发票、装箱单、提单以及批文等随附单据相符。

(2) 单、货相符:所填报关单各栏目的内容必须与实际进出口货物情况相符。

第三，报关单的填报要准确、齐全、完整、清楚，报关单各栏目内容要逐项详细准确填报（打印），字迹清楚、整洁、端正，不得有铅笔或红色复写纸填写；若有更正，必须在更正项目上加盖校对章。

第四，不同的批文或合同的货物、同一批货物中不同的贸易方式的货物、不同备案号的货物、不同提运单的货物、不同的运输方式或相同的运输方式但不同的航次的货物，均应该分单填报。至于为什么要分单填报，待学习过相关栏目的含义及填报要求后就理解了。这也是学习各栏目的填报时需要注意的地方。还有以下情况也需要注意：一份原产地证书只能对应一份报关单；同一份报关单上的商品不能够同时享受协定税率和减免税；在一批货物中，对于实行原产地证书联网管理的，如涉及多份原产地证书或含有非原产地证书商品，亦应分单填报。

第五，在反映进出口商品情况的项目中，需分项填报的主要有下列几种情况：商品编号不同（也即商品编码不同）的；商品名称不同的；原产国（地区）/最终目的国（地区）不同的。

第六，已向海关申报的进出口货物报关单，如原填报内容与实际进出口货物不一致而又有正当理由的，申报人应向海关递交书面更正申请，经海关核准后，对原填报的内容进行更改或撤销。

三、出口货物投保

出口贸易中如果以 CIF 或 CIP 条件成交，由出口方向保险公司投保。我国出口货物保险采用逐笔投保的方式。在完成托运手续并取得配舱回单后且在货物离开发货人仓库向装运地之前，出口企业要及时办理保险手续，这样才能充分享受保险条款"仓至仓"的保险受益范围。

在办理投保手续时，投保人（出口公司）填制一式二份的投保单，并在投保单上加盖公章。其中一份由保险公司签署后交投保人作为投保的凭证，另一份由保险公司留存作为缮制保险单的依据。如果是信用证付款，最好将信用证中对保险有特殊要求的部分复印一份作为投保单的附件。

保险公司核保人员将审核保单，根据投保内容与投保人协商承保条件（出口货物根据货物目的地的不同，费率有较大浮动。一般平安险费率在1％左右，水渍险费率在1.2％左右，一切险费率在1.5％左右。根据货物本身的不同，保险公司会与投保人约定费率、免赔额和特约责任、除外责任等），协商一致后签发保险单或保险凭证，并计算保险费。保险单一式五份，其中一份留存。投保人付款，外币保单要求用相应币种支付，根据国家外汇管理局有关规定应使用支票或转账方式付款。付清保险费后投保人取得四份正本保单，投保即告完成。

<u>小思考：平安险、水渍险和一切险，哪一个险种保险费率高？如何计算保险费？</u>

投保人如果在保险单出具后，发现投保内容有错漏或需变更，应向保险公司及时提出批改申请，由保险公司出立批单，粘贴于保险单上并加盖骑缝章，保险公司按批改后条件承担责任。注意，申请批改必须在货物发生损失以前，并且在货物抵达目的地前提出。

（一）投保单

各个保险公司均有自己固定格式的投保单（如表8-14所示），投保单的内容大都要求填写投保人名称、货物名称、唛头、运输路线、船名或装运工具、开航日期、航程、投保险别、保险金额、投保日期、赔款地点等，保险公司据此考虑接受承保并缮制保险单据。投保单的填制方法可以参见保险单的填制方法。

表 8-14

投 保 单
出口运输险投保单

兹将我处出口货物依照信用证规定拟向你处投保出口货物运输险：

投 保 人			
发票号码	件　　数	货 物 描 述	保 险 金 额
运输工具（船名航次）		开 航 日 期	赔款偿付地点
运输路线	自 到		转载地点：
投 保 险 别			唛　　头
			投保单位签章： 经办人： 电话：

（二）保险单

保险单（Insurance Policy）是指保险人与被保险人之间订立保险合同的证明文件，反映了保险人与被保险人之间的权利和义务关系，也是保险人的承保证明。当发生保险责任范围内的损失时，它又是保险索赔和理赔的主要依据。目前，在保险实务中，我国绝大多数企业采用中国人民保险公司出具的海洋货物运输保险单，也有部分企业采用英国伦敦保险业协会海运货物保险条款。

在国际贸易中是否使用保险单取决于 L/C 的规定。在确定以 FOB、CFR 价格成交时，出口方无须提交保险单。在以 CIF 价格成交时，出口方须办理保险手续，填写保险单。例如，信用证保险条款规定："Insurance Policy covered for 110% of total value against All Risks and War Risks, as per and subject to the relevant Ocean Marine Cargo Clause of the People's Insurance Company of China dated 1/1/1981"，则要求卖方提供保险单。

1. 保险单据的种类

（1）保险单（Insurance Policy）。保险单（如表 8-15 所示）俗称大保单，是使用最广泛的一种保险单据。保险单上一般须载明：当事人的名称和地址；保险标的的名称、数量或重量、唛头；运输工具；保险险别；保险责任起讫时间和地点；保险人签章；赔款偿付地点以及经保险人与被保险人双方约定的其他事项等内容。保险单背面载明的保险人与被保险人之间权利和义务等方面的保险条款，也是保险单的重要内容。保险单实例如表 8-16 所示。

表 8-15

保 险 单

中 国 人 民 保 险 公 司

THE PEOPLE'S INSURANCE COMPANY OF CHINA

总公司设于北京　　　　　一九四九年创立
Head Office: BEIJING　　Established in 1949

保 险 单　　　　号次
INSURANCE POLICY　　No. SH02/304246

中 国 人 民 保 险 公 司 （ 以 下 简 称 本 公 司 ）
This Policy of Insurance witnesses that The People's Insurance Company of China (hereinafter called
根 据 ＿＿
"the Company"), at the request of ＿＿＿＿＿＿＿＿＿＿＿＿＿＿＿＿＿＿＿＿＿＿＿＿＿＿＿
（ 以 下 简 称 被 保 险 人 ） 的 要 求 ， 由 被 保 险 人 向 本 公 司 缴 付 约 定
(hereinafter called " the Insured ") and in consideration of the agreed premium paid to the Company by the
的 保 险 费 ， 按 照 本 保 险 单 承 保 险 别 和 背 面 所 载 条 款 与 下 列
Insured, undertakes to insure the undermentioned goods in transportation subject to the conditions of this Policy
条 款 承 保 下 述 货 物 运 输 保 险 ， 特 立 本 保 险 单。
as per the Clause printed overleaf and other special clauses attached hereon.

标　记 Marks & Nos.	包装及数量 Quantity	保险货物项目 Description of Goods	保险金额 Amount Insured
As per Invoice No.			

总保险金额：
Total Amount Insured: ＿＿＿＿＿＿＿＿＿＿＿＿＿＿＿＿＿＿＿＿＿＿＿＿＿＿＿＿＿＿＿

保　费　　　　　　　　　费　率　　　　　　　　装载运输工具
Premium: as arranged　　Rate　as arranged　　Per conveyance S.S. ＿＿＿＿＿＿＿＿＿
开行日期　　　　　　　　自　　　　　　　　　　至
Slg. on or abt. As Per B/L　From ＿＿＿＿＿＿＿＿＿＿ To ＿＿＿＿＿＿＿＿＿＿＿＿
承保险别
Conditions
所保货物，如遇出险，本公司凭本保险单及其他有关证件给付赔款。
Claims, if any, payable on surrender of this Policy together with other relevant documents.
所 保 货 物 ， 如 发 生 本 保 险 单 项 下 负 责 赔 偿 的 损 失 或 事 故，
In the event of accident whereby loss or damage may result in a claim under this Policy immediate notice applying
应 立 即 通 知 本 公 司 下 述 代 理 人 查 勘。
For survey must be given to the Company's Agent as mentioned hereunder:
赔款偿付地点
Claim payable at ＿＿＿＿＿＿＿＿＿＿＿＿＿＿＿＿＿
日期　　　　　　　　　上海　　　　　中国人民保险公司上海分公司
Date ＿＿＿＿＿＿＿＿＿＿ Shanghai　　　THE PEOPLE'S INSURANCE CO. OF CHINA
　　　　　　　　　　　　　　　　　　　　　　　　SHANGHAI BRANCH
地址：中国上海中山东一路 23 号
Address: 23 Zhongshan Dong Yi Lu Shanghai, China
Cables: 42001 Shanghai.
Telex: 33128 PICCS CN　　　　　　　　　　　　　　*General Manager*

表 8-16

Marine Claim Section, National Integrated Operation Center, Ping An Insurance (Group)Company of China,Ltd.
P.O. BOX 201-003,
Shanghai 201203, P. R. China
Tel: +86-755-95512
Fax: +86-21-5027 4783
E-mail: marine-claim@pingan.com.cn.

中国平安财产保险股份有限公司
PING AN PROPERTY & CASUALTY INSURANCE COMPANY OF CHINA,LTD

货 物 运 输 保 险 单
CARGO TRANSPORTATION INSURANCE POLICY

No. 0748000000×××

◆ 以下信息来源于您的投保申请,是为您提供理赔及售后服务的重要依据,请务必仔细核对。如有错误或遗漏请立刻拨打 95512 申请修改。
Please confirm the accuracy of following information to ensure that we can provide effective claim and other service accordingly. Should you have any query, please contact us by +86-755-95512.

被保险人:
Insured: ×× FOREIGN TRADE CO.,LTD
通讯地址及邮编:
Address: 14/F, EAST BUILDING, ××, CHINA

中国平安财产保险股份有限公司根据被保险人的要求及其所交付约定的保费,按照本保险单背面所载条款与下列特款,承保下述货物运输保险,特立本保险单。
This Policy of Insurance witnesses that Ping An Property & Casualty Insurance Company Of China,LTD, at the request of the Insured and in consideration of the agreed premium paid by the Insured, undertakes to insure the undermentioned goods in transportation subject to the conditions of Policy as per the clauses printed overleaf and other special clauses attached hereon.

保单号 Policy No. 14806000202007000×××

赔款偿付地点 Claim Payable at : GOTHENBURG IN USD

发票或提单号 Invoice No. or B/L No. KN070200××

查勘代理人 Survey By:
DAMCO SURVEY AB
ADDR: HAMNPLANEN 2,PO BOC 3, S-260 40 VIKEN.
HELSINGBORG,SWEDEN
TEL: +46(42)2370××
FAX: +46(42)2370××

运输工具 Per Conveyance S. S. CSCL ASIA V. 0043W
起运日期 Sig. on or abt 20××年 03月 17日 From NINGBO,CHINA
Via GOTHENBURG,SWEDEN 至 To GOTHENBURG,SWEDEN

保险金额 Amount USD902.00 (U.S. DOLLARS NINE HUNDRED AND TWO ONLY)

承保条件 Conditions:
COVERING ALL RISKS AS PER OCEAN MARINE CARGO CLAUSES (1/1/1981) (WAREHOUSE TO WAREHOUSE CLAUSE IS INCLUDED) OF THE PEOPLE'S INSURANCE COMPANY OF CHINA. SUBJECT TO TERMS AND CONDITIONS IN "YEAR 2000 EXCLUSION CLAUSES FOR PROPERTY INSURANCE"

保险货物项目,标记,数量及包装:
Description, Marks, Quantity &. Packing of Goods:
WIND TURBINE
1PCS/3CINS
KN
KN070200××
SWEDEN
P/No.;1/3,2/3,3/3

ORIGINAL

IMPORTANT
PROCEDURE IN THE EVENT OF LOSS OR DAMAGE FOR WHICH UNDERWRITERS MAY BE LIABLE
LIABILITY OF CARRIERS, BAILEES OR OTHER THIRD PARTIES

It is the duty of the Assured and their Agents, in all cases, to take such measures as may be reasonable for the purpose of averting or minimizing a loss and to ensure that all rights against Carriers, Bailees or other third parties are properly preserved and exercised. In particular, the Assured or their Agents are required.
1. To claim immediately on the Carriers, Port Authorities or other Bailees for any missing packages.
2. In no circumstances, except under written protest, to give clean receipts where goods are in doubtful condition.
3. When delivery is made by Container, to ensure that the container and its seals are examined immediately by their responsible official. If the Container is delivered damaged or with seals broken or missing or with seals other than as stated in the shipping documents, to clause the delivery receipt accordingly and retain all defective or irregular seals for subsequent identification.
4. To apply immediately for survey by Carriers' or other Bailees' Representatives if any loss or damage be apparent and claim on the Carriers or other Bailees for any actual loss or damage found at such survey.
5. To give notice in writing to the Carriers or other Bailees within 3 days of delivery if the loss or damage was not apparent at the time of taking delivery.

DOCUMENTATION OF CLAIMS
To enable claims to be dealt with promptly, the Assured or their Agents are advised to submit all available supporting documents without delay, including when applicable:
1. Original policies of insurance.
2. Original or certified copy of shipping invoice, together with shipping specification and/or weight notes.
3. Original or certified copy of Bill of Lading and/or other contract of carriage.
4. Survey report or other documentary evidence to show the extent of the loss or damage.
5. Landing account and weight notes at port of discharge and final destination.
6. Correspondence exchanged with the Carriers and other Parties regarding their liability for the loss or damage.

In the event of loss or damage which may involve a claim under this insurance, no claim shall be paid unless immediate notice of such loss or damage has been given to and a Survey Report obtained from this Commpany's Office or Agents specified in this Policy.

签单日期 Date: Mar 16 20××

保单正本: 2份
Number of Originals: 2

For and on behalf of
PING AN PROPERTY & CASUALTY INSURANCE COMPANY OF CHINA, LTD.

....
Authorized Signature

复核: 制单:

(2) 保险凭证（Insurance Certificate）。保险凭证俗称小保单，是一种简化的保险合同。这种凭证除背面不载明保险人和被保险人双方的权利和义务等保险条款外，其他内容与保险单相同。保险凭证与大保单具有相同的法律效力。

(3) 联合凭证（Combined Certificate）。联合凭证是一种更为简化的保险单据，由保险公司在出口公司提交的发票上加上保险编号、承保险别、保险金额并加盖保险公司的印章。这种凭证曾在我国对某些特定地区的出口业务中使用，现已不再使用。

(4) 批单（Endorsement）。保险单开出后，投保人如需要补充或变更其内容时，可根据保险公司的规定，向保险公司提出申请，经同意后即另出一种凭证，注明更改或补充的内容，这种凭证即称为批单。保险单一经批改，保险公司即按批改后的内容承担责任。其批改内容如涉及保险金额增加和保险责任范围扩大，保险公司只有在证实货物未发生出险事故的情况下才同意办理。批单原则上须粘贴在保险单上，并加盖骑缝章，作为保险单不可分割的一部分。表8-17是一个批单实例。

(5) 预约保险单（Open Policy）。预约保险单是一种长期性的货物运输保险合同。合同中规定了承保范围、险别、费率、责任赔款处理等项目。凡属于合同约定的运输货物，在合同有效期内自动承保。预约保单的优点是减少了逐笔签订保险合同的手续，并可以防止因漏保或迟保而造成的无法弥补的损失。保险公司一般对使用预约保险单的投保人提供更优惠的保险费用，因而也吸引了不少投保人。

预约保险单往往与保险通知书、保险声明书（Insurance Declaration）一起使用，如果进口商和保险公司订有长期的预约保险单，每当货物装船后，由出口方将货物装船的详细情况，包括品名、数量、重量、金额、运输工具、运输日期以及列明在信用证中的预约保单号码，直接通知保险公司和进口商，并以此作为正式保险单生效的标志。出口商的书面证明（受益人证明或通知副本）将作为议付单据之一，向议付行提交。

2. 保险单的缮制

下面以表8-15为例，说明如何缮制保险单。

(1) 被保险人（Insured）。在出口业务中，通常买卖双方对货物的权利凭单据的转移而转移，保险单中的可保利益（即货物）也随卖方转移给买方。因此，运输保险索赔几乎是由买方进行的。保险业务中的投保人和被保险人的区别被单据转让掩盖了，按照习惯，人们在被保险人一栏中填出口公司的名称，一般为信用证的收益人。

(2) 标记（Marks & Nos）。标记也就是唛头，一般与商业发票的唛头完全一致，或者填写"As Per Invoice No.×××"。因为保险单索赔时一定要求出具发票，这样简单地填写，可使两种单据互相参照，避免填写单据时疏忽导致单单不符的严重错误。

(3) 包装及数量（Quantity）。本栏填写商品最大外包装的数量及种类。

(4) 保险货物项目（Description of Goods）。本栏填写商品的名称，可以用总称。

(5) 保险金额（Amount Insured）。保险金额应按信用证规定的金额及加成率投保。如果信用证对此未作规定，一般是按发票金额加一成（即110%发票金额）填写，但允许不按这个比例而按双方商定的比例计算而成，如允许加2成或3成甚至更多。保险单上的保险金额的填写方法应该是"进一法"，即如果保险金额为USD 5 018.16，则在此栏应填写USD 5 019.00。

(6) 保险总金额（Total Amount Insured）。这一栏目只需将保险金额以大写的形式填入。计价货币也应以全称形式填入。注意保险金额使用的货币应与信用证使用的货币一致。

表 8-17

保 险 批 单

香港民安保险有限公司
The Ming An Insurance Co. (H. K.) Ltd.

ENDORSEMENT

ENDORSEMENT NO.	:PCSH-92-07978-3-02	
POLICY NO.	:PSCH-92-07978-3	DATE OF ISSUE:29 JUNE,20××
AMOUNT INSURED	:USD 1 210 224.84	
L/C NO.	:BC05141	
ASSURED	:GLORY DEVELOPMENT LTD.	
VESSEL NAME	:M. V. CONFIDENCE SEA	

IT IS HEREBY NOTED AND AGREED THAT WITH EFFECT FROM THE DATE AS SPECIFIED BELOW THE FOLLOWING AMENDMENTS ARE MADE:
EFFECTIVE DATE   :29 JUNE 20××
VESSEL NAME   :M. V. SONG RIM
VOYAGE   :FROM PARADIP,INDIA TO HUANGPU,CHINA
SAILING ON/ABOUT   :15 JUNE 20××
ADDITIONAL PREMIUM :AS ARRANGED
IN CONSIDERATION OF THE ABOVE, AN ADDITIONAL PREMIUM, AS ARRANGED, IS HEREBY SUBJECT OTHERWISE TO TERMS AND CONDISITIONS OF THIS POLICY.

The Ming An Insurance Co. (H. K.) Ltd.

（7）保费（Premium）。一般这一栏都已由保险公司在保险单印刷时填入"as arranged"字样,出口公司在填写保险单时无须填写。

（8）费率（Rate）。这一栏基本上不需要由出口公司填写。保险公司一般已经在该栏目中印有"as arranged"字样。

（9）装载工具（Per Conveyance S. S.）。该栏应如实填写装载船的船名。当运输由两种运输完成时,应分别填写第一程船名和第二程船名。填写时,要按提单中相应栏目的内容填写。比如,提单的第一程船名是"May Flower",二程船名是"Shanghai",则本栏目应这样填写"May Flower/ Shanghai"。

（10）开航日期（Sailing on or about）。一般地,这一栏填写"As Per B/L",也可以根据提单中提单签发日填写。

（11）起讫地点（From... To...）。起点是指装运港名称,讫点是指目的港名称。当一批货物经转船到达目的港时,这一栏照下列方法填写:From 装运港 To 目的港 W/T(VIA)转运港。

（12）承保险别（Condition）。出口公司在制单时,只需在副本上填写这一栏的内容。当全套保险单填好交给保险公司审核、确认时,才由保险公司把承保险别的详细内容加注在正本保险单上。

承保险别叫分为两大类:基本险、附加险。中国人民保险公司承保的基本险别是:平安险

(F. P. A)、水渍险(W. A.)和一切险(All Risks),在填写时,一般只需填写险别的英文缩写。同时注明险别的来源,即颁布这些险别的保险公司。如:"PICC"指中国人民保险公司。"C. I. C"指中国保险条款。并标明险别生效的时间。如:PICC 或 C. I. C 颁布的险别生效时间是 1981 年 1 月 1 日。在实际业务中,对于要求投保英国协会货物条款的我方一般也可接受。

(13) 赔付地点(Claim payable at)。一般地,将目的地作为赔付地点,将目的地名称填入这一栏目。

(14) 日期(Date)。填写保险单的签发日期。由于保险公司提供仓至仓服务,所以要求保险手续在货物离开出口方仓库前办理。保险单的日期相应地填写货物离开仓库的日期,或至少填写早于提单签发日的日期。

另外,保险单转让时需要背书,背书是转让票据的一种法定手续。根据国际保险行业的习惯,保险单据经被保险人背书后,即随着被保险货物的所有权转移自动转到受让人手中。背书前后均不需要通知保险公司。因此,出口方只需在保险单上背书就完成了转让手续。

保险单背书一般分为空白背书和记名背书。空白背书只注明被保险人(包括出口公司的名称和经办人的名字)的名称。当来证没有明确使用哪一种背书时,可使用空白背书方式。记名背书在出口业务中较少使用,因为这一背书方式只允许被背书人(受让人)而限制其他任何人在被保险货物损失后享有向保险公司或其代理人索赔的权利,并得到合理的补偿。其背书方法与提单背书相似,在此不多作阐述。

情景模拟

在委托货代公司订舱并陆续着手安排货物装船事宜的同时,郭东又开始新的工作了。

由于皮革制品是列入"必须实施检验的进出口商品目录"的商品,并且两家公司都规定应提交原产地证书,在商品报关时,报关单上必须有商检机构的检验放行章方可报关。因此,郭东马上着手委托代理报检公司的报检员进行报检。

接着,郭东开始委托货代公司进行报关。他将报关委托书、出口货物报关单、出口收汇核销单、商业发票、装箱单、外销合同等一系列资料整理好交给报关代理行。在代理行报关后,海关查验货物,退回已经盖章的核销单和两份报关单。此时,郭东可以安排集装箱拖货到指定码头了。

但是在韩国公司订购的货物离开仓库前,必须对货物先行投保。根据保险的"仓至仓"条款,在货物离开仓库前投保,万一货物在运输途中发生事故,可以得到保险公司相应的赔偿。因此,郭东填写投保单,准备好发票,联系保险公司。

补充资料:
韩国:
H. S. Code:6402.0000
提单号:70081
发票号码:SMT2357
运输工具:JIEDA V. 39
装船日期:20××年5月27日
发票日期:20××年5月15日
德国:

H. S. Code：6402.0000

提单号：0324140

发票号码：SMT2358

运输工具：COSCO GERMANY T37

装船日期：20××年5月27日

发票日期：20××年5月15日

要求：

(1) 报检:填写报检委托书和报检单。

(2) 报关:填写报关委托书和报关单。

(3) 投保:填写投保单。

自我训练

练习一

根据下列发票填写出口报关单。

上海××××有限公司
×××(SHANGHAI) CO., LTD.

Address：No. ×××× Road Shanghai 200040 China

INVOICE

To：Bestco Continental ltd
　　Rm 1501 Peninsula Square
　　××Sung On Street, Hunghom

No.：Utb07-027
Date：Jul. 22, 20××
L/C No.：Ua173488

Under Mentioned Goods From Shanghai To LAGOS, NIGERIA

Marks & No.	Description Of Goods	Unit Price	Amount
N/M	TOOTHPASTE 牙膏 1074grs HS No. 33061010　计量单位:千克 AS PER CONTRACT NO. 97 UTB1103 SHIPMENT BY CONTAINER IN 1×20' FCL CONTAINER NO. GHYC 87653 外汇核销单号码:28/0165783 ALL PACKED IN 537 CTNS OF 2 GRS EACH ONLY TOTAL G/W: 7 894 KGS　N/W: 7 142.1 KGS 上海××有限公司生产并发货 企业海关注册编码:7803674436 预录入号:757004543　B/L NO. COSU17123 手册号:C22513114121 该货属第二项 由上海外运 7.28 向上海海关申报并录入 20××.7.30 装"合欢 V.175"出口 报关员:××　　录入员:××	FOB SHANGHAI PER USD 16.30	USD 17 506.2 F：USD 2 000 I：0.25%

　　　　　　　　　　　　　　　　　　　　　　　　　　×××
　　　　　　　　　　　　　　　　　　　　　　　上海××有限公司
　　　　　　　　　　　　　　　　　　　　××(SHANGHAI)CO., LTD.

练习二

根据下面的出口货物资料填制投保单和保险单。

开证行：BANK OF CHINA SINGAPORE BRANCH

信用证号码：0586286TRT20
开证日期：MAY 13，20××
受益人：××西新进出口公司（×× XIXIN IMPORT & EXPORT CO.）
合同号码：××IMC58168
开证申请人：EASTSEAS COMPANY, FLOOR 2, NO. 45 JACTETOP, SINGAPORE
成交条件：CIF SINGAPORE
发票号码：××INV86549
单价：USD 120/SET
成交金额：USD 50 760
装运港：SHANGHAI
目的港：SINGAPORE
装运期限：JUNE 28，20××
标记唛头：EASTSEAS SINGAPORE NO. 1-423
货物名称：3A BRAND COURLOR TELEVISION SET SC3758
包装及件数：423 CARTONS
数量：423 SETS
信用证保险条款：COVERING FOR TOTAL INVOICE VALUE PLUS 10% AGAINST INSTITUTE CARGO CLAUSES (A) INCLUDING W/W CLAUSES
船名：WEORUGHR 航次：V.183 提单号：EW0943
开航日期：JULY 5，20××
保单号次：PSH-05367
保险费率：0.8%
保险代理人：INVESTIGATORS LEGAL ADVISERS & SURVEYORS
　　　　　　128 DEIFSLIDKOAD,NOWEUR BUILDNG
　　　　　　10 100 SINGAPORE

训练九 制 单 结 汇

在国际贸易实践中,结算方式有信用证、托收和汇付等。但不论采用何种方式,出口商要收回货款都必须向进口商提供所要求的结汇单据。"凭单交货、凭单付款"的特性随着单据的流转充分体现。缮制出口所要求的结汇单据即本训练的主要内容。

本章要求

★ 缮制各种结汇单据
★ 对结汇单据进行自审

一、制单的基本要求

制单是进出口人按照信用证、合同和其他有关要求,并根据货物的实际交易数量及运输情况,缮制各种单据的工作过程。在长期的外贸实践中,我国外贸企业总结出了制单工作的基本要求"三一致,四要求"。

(一)"三一致"

"三一致"是指单据内容要求做到单证一致、单单一致和单货一致。由于信用证业务属纯单据业务,银行对信用证受益人的付款承诺是以其提交单据的完整性和表面真实性为前提的。银行只考虑单据的表面真实性,而不考虑货物的实际交付情况,这就要求受益人提交的各类单据必须严格与信用证相符。即使是跟单托收业务,虽对单据的要求不如信用证业务严格,但仍须与买卖合同相符。因此,出口人制作的单据必须做到单证一致、单单一致和单货一致,才能保证收回货款。

1. 单证一致

单证一致,即要求信用证的条款必须在单据上体现,信用证的要求必须在单据上完全被照办。具体操作上,主要注意下面几点:

(1) 同一商品品名,不同信用证会有不同的翻译方法,制单时须按信用证的规定填写。比如,活文蛤,有的信用证用 Living Clam,有的用 Alive(Hard)Clam;比如,麻袋,有的信用证用 Bag,有的用 Jute Bag;比如,花生,有的用 Ground Nut,有的用 Peanut;再如,纸箱,有的信用证用 Carton,有的用 Card Board Cases。不同信用证项下各种单据的缮制应用本证的规定名称。

(2) 因不同的买方国家使用的语言不同,在目前尚未实现信用证全部以英文开立的情况下,不同国家的来证可能使用不同的语言,如英文 Living Ark Shell(活赤贝),在日商来证中规定为 Living Sarubou。对此,制单时均需使用信用证的语言,如果信用证规定:"CERTIFICATE OF ORIGIN G. S. P. FORM A FOR FRANCE MUST BE ESTABLISHED BOTH IN ENGLISH AND FRENCH LANGUAGES",则该信用证项下的普惠制产地证应用英文和法文填写。

（3）对信用证规定的商品品名制单时应全文照写,不应随意增加或删减字符(尤其在制发票时,名称应严格相符)。信用证的品名如果用单数,制单时也用单数;如果用复数,制单时则用复数。即使信用证规定的品名有错字、漏字或中英文不符,对非原则性差错,在没有正式接到修改书的情况下,也只能按原样制单,可在错误名称后面用括号注上正确的写法。但对原则性差错,应要求买方修改信用证后发货制单。

（4）在包装规格上,不可随意折算改称。如果信用证以公吨为单位,包装上则应以公吨为单位,不宜换算为公斤;如果信用证以公斤为单位,则包装上应以公斤单位;如果信用证中规定有唛头,应严格照规定缮制,不能随意改动。

贯彻"单证一致"的原则,并不意味着必须依信用证原文原句照打,依葫芦画瓢,而是要正确理解信用证的条款,按条款的文义办事。比如,信用证中规定"shipment must be effected by container vessel",单证中应明确"货已装集装箱船"(Goods shipped by container vessel)。

（5）卖方出具的各种单据的名称、份数、出证机关、特殊语句等均应与信用证一致。如信用证规定 Untransferable,受益人为思马特国际贸易公司总公司,即使出口人是思马特国际贸易公司分公司,也用总公司的名义制单并开具发票。如果信用证规定 Transferable,则可以以分公司名义制单,用分公司发票,用分公司图章盖章。另外,如果来证要求卫生证书,则不能出具健康证书;如果要求出具重量证书,则不能出具重量单;如果要求出具保险单,则不能出具保险凭证;如果要求证书三份,则不能提供两份;如果产地证书由出入境检验检疫局出具,则不能提供由中国国际贸易促进委员会出具的产地证书;如果来证要求所有单据都要标上成本、保险费和运费,则在制单时应照办。

开证行开证后,若对信用证主要条款作了多次修改,须将原证规定与后来的修改作为制单的依据,特别是对在原证描述基础上补充修改的情形,应仔细分辨有关条款的完整规定。

制单时应注意来证中对单据和货物有无特殊的规定。进口国因特殊的贸易习惯和法令规定,来证中往往会有一些特殊条款。比如,马来西亚政府规定,商业发票上须注名商品的成本、保险费、运费的金额,且这三者之和必须等于 CIF 价格,否则不予以进口报关;巴基斯坦某些来证规定,承运人提供的海运提单须经手签才有效,拒绝接受盖章的海运提单,且在海运提单上注明装船日期应为装完货物的日期。对此,我们应照办,如难以办到,须及时提出修改。

2. 单单一致

单单一致,即各种单据之间必须相互一致,不能彼此矛盾。尤其要注意各种日期之间的关系。

（1）汇票是根据发票开立的,所以汇票日期应等于或晚于发票日期,且不能先于提单日期,以符合先发货后收款的一般交易原则。

（2）商业发票的日期一般可早于或等于提单日期,但必须在交单日期内。海关发票的签发日期不应迟于提单日期;形式发票日期应先于装运日期;领事发票的日期不得迟于汇票和提单日期,以满足其提前办理进口手续或出口报价的需要。

（3）提单日期不得迟于信用证装运期,也不得早于规定的最早装运期。

（4）保险单日期一般应早于提单日期,以符合装运前投保的要求。若投保日期晚于提单日期,应经信用证特别许可,注明保险责任何时生效。

(5) 装箱单、重量单日期应等于或略迟于发票日期,但不得早于发票日期。

(6) 一般产地证日期不应迟于提单日期。普惠制产地证书号码和日期须按正式商业发票填写,签证当局签署日期和出口商签署日期不得早于发票日期。

(7) 为确定货物经检验合格后才装船,商检证书日期不应晚于提单日期,但也不能过分早于提单,特别是某些鲜活商品和容易变质的商品,以免使买方因检验时间太早而怀疑商品质量与检验结果不符。

(8) 出口许可证日期应早于或等于提单日期。

(9) 受益人证明或声明往往在装船后出具。因此,其日期应等于或晚于提单日期。

(10) 信用证中若规定"卖方装船后立刻发电报给买方",则电报抄本日期应等于或晚于提单日期3天之内(对于"立刻、马上"一词,中国银行规定为3天时间),若证中规定"卖方至少在装船后××天发电报给买方",则电报抄本日期须为装船后××天。

(11) 因装船后才能证实已装数量、重量,船长收据或证明及有关须提供具体数据的单据日期应等于或晚于提单日期。

(12) 用于证实船籍、船龄、航程的船公司证明日期应早于或等于提单日期;运费收据日期也应早于或等于提单日期。

从以上叙述可以看出,提单日期是确定其他各种单据签发日期的焦点。

出口单据的缮制一般以发票为基础展开。海关发票、产地证、投保单及报关需要的托运单、报关单等单证一般都是按发票内容缮制的。各单据的填制内容除提单用概括性的商品统称外,须在措词和用语方面保持一致。比如,发票上叙及的产地应与产地证上的产地相同;发票上运费金额应与运费单据或运费发票上所列一致;各单据相应的重量或数量应完全相同等。此外,涉及商品数量、尺码、重量、总价等方面计算的,制单前应按信用证要求和装运实际详细核算。

小思考: 如果出现单证不一致或单单不一致的情况,可能会带来什么后果?

案例链接

填单失误损致案

美国A商按CFR纽约贸易条件和L/C付款方式向意大利B商购买一批智利产的金鱼粉。B商通过美国银行开出一张不可撤销的L/C,其中规定:在议付单据中,提单中所载通知人名字为Mohammed Sofan,并注明运费已付,品质证书须证明含蛋白质不低于70%。

但在填制单据时,受益人却将通知人名字填写成了"Mohammed Soran",且无"运费已付"字样,品质证书仅注明蛋白质为67%,发票的商品名称是鱼粉,而不是金鱼粉。由于单证不符,遭到开证行拒付。后受益人又补交了符合L/C要求的单据,并要求银行凭单付款,但由于单据寄到开证行时,L/C的有效期已过,故开证行再次拒收单据和支付货款。

> **案情分析**
>
> 　　本案合同项下的交易是采用L/C付款方式。根据《UCP500》的规定,开证银行只根据表面上符合L/C条款的单据付款。本案合同项下卖方所提交的提单中,竟将通知人的名字拼错,尽管只有一个字母之差,但却属严重错误,并构成单证不符,因此开证行拒付是有理有据的。(《UCP600》同样要求受益人提交符合信用证规定的单据,但是如果开证行收到申请人放弃不符点的通知,则可以释放货款。编者注)对此,我们应引以为戒。
>
> 　　在本案中,发票的商品名称应与L/C、合同保持一致,最好留其复印件以便核对,切不可图简单方便而出现丝毫不一致。对于品质证书,我们完全应对商品事先做好检测,决不能以次充好,更不应抱有侥幸心理,以不符合品质要求的证书蒙混过关。后来,受益人虽又补交了符合L/C要求的单据,并要求开证行凭单付款,但由于单据寄到开证行时,L/C有效期已过,故开证行再次拒收单据和拒付货款。
>
> 　　从上述案例中,我们可以看到最终的损失完全是受益人自身的失误所致,虽然在工作中我们难免会有失误,但是我们应当尽力避免,更为重要的是,我们要有防范风险的准备,事先预想可能发生的问题,以早采取相应的应对措施,这样才能确保化险为夷。本案中,为防范L/C过期,A公司就应预先订立L/C到期自动延展有效期的条款。

3. 单货一致

单货一致,即指单据上记载的内容应与实际货物内容相一致。虽然信用证业务是单据业务,银行仅凭单据付款,而不管货物的实际交付情况,但信用证是依据买卖合同开立的,单货不一致,则极易造成所交货物与合同不相符合,从而导致违约情况的发生。另外,单货不一致也会在报关、检验时遇到麻烦。

(二)"四要求"

"四要求"是指缮制单据过程中要做到正确、完整、及时、整洁。

1. 正确

正确,即要求单据制作做到准确无误,不仅要做到"单证一致、单单一致、单货一致",而且也要符合有关国际惯例和进口国有关法规。目前,各国银行开立的信用证绝大多数均在证内注明按照《UCP500》(2007年7月1日起《UCP600》启用)解释和审核单证。若证内有上述规定,则除信用证另有特殊规定外,银行均以此惯例作为审核单证的依据。如果受益人提交的单据与该惯例有抵触,则也会被视为单证不符而遭银行拒付。此外,有些进口国的外贸法规对单证有特殊要求,并大多在来证中加以规定。例如,墨西哥要求所有单据均需手签,西班牙不允许发票、产地证和包装单以联合形式出具。若制单时忽略了这些特殊要求,也会遭到银行的退还或拒付。

2. 完整

完整一般包括下列三层含义:

(1)单据内容完整。每种单据都有其特定的功能和作用,并通过单据本身的格式、栏目内容、文字、签章等得以体现,因而制单时应保持其栏目内容的完整。由出口人自行拟制的单据,必须包括单据的必要项目(即使来证未规定),不能出现遗漏。例如,商业发票的首文部分必须包括发票名称、号码、出票日期及制作地点、信用证或合同号码、收货人或抬头人,本文部分必须包括唛头、货物描述、单价与总金额等内容,不能有任何遗漏;缮制具有固定格式的单据则应填的栏目不能出现漏填、漏注、漏签的现象。

(2) 单据种类完整。在国际贸易结算中,每一次信用证或托收支付都规定由各种单据组成的全套单据。例如,CIF条件下的全套结汇单据至少应包括商业发票、运输单据和保险单。若进口人有要求,则还必须提供装箱单、重量单、检验检疫证书、产地证明书、船公司证明、受益人证明等。只要遗漏一种,即为单据种类不完整。

(3) 单据份数完整。即每种单据应按相关规定或要求的份数按数提供。信用证中对结汇随付的单据大多规定有应提交的份数;若未按规定份数提交,则为单据份数不完整。例如,来证要求:"THE FOLLOWING DOCUMENTS AT LEAST IN TRIPLICATE",则所提交的每种单据至少三份。即使信用证中未规定份数,有些单据的出单份数仍有一定的商业习惯。例如来证规定:"FULL SET OF BILL OF LADING",则在交单时应至少提交三份正本提单。

3. 及时

制单工作具有很强的时间性。及时性包括两层含义:

(1) 各种单据的出单日期应及时、合理。每一种单据都有一个适当、合理的签发日期。例如,海运提单的签发日期通常就是装运日期,这个日期不能迟于信用证规定的装运期。而按国际惯例,保险单、检验检疫证书的签发日期则不能晚于提单签发日期。采用FOB或CFR贸易术语交货,应在装船时或装船完毕后立即发送装运通知。

(2) 全套单据的交单日期应及时。在信用证支付方式下,一般都规定有装运后限制交单议付日期。若未规定,按《UCP600》第14条c款的规定,最多不得迟于装运后21天交单。

4. 整洁

整洁即是要求单据的外观质量要简明、清洁。如果单据不整洁,除反映外观质量差、制单水平低之外,还给人以单据不真实的印象,从而影响收汇。单据的整洁性要求如下:

(1) 尽可能减少或杜绝差错涂改现象。一份单据不允许多次涂改,个别需涂改处要盖校对章。有些单据的栏目则不允许涂改,如汇票的付款人、金额等项目,缮制时应特别慎重。

(2) 格式设计和缮制应尽可能标准化、规范化。由进出口人自行拟制的单据要求栏目布局合理,主次分明,排列整齐。

(3) 单据填写时应字迹清晰、易认,语句流畅,语法通顺。

(三) 出口单据工作操作程序及单据自审

1. 出口单据工作操作程序

(1) 核算。在制单前,须将单证中很多需要计算的数据,如货物的尺码、毛重、净重、发票的单价、总价、中间商的佣金等等,逐项认真加以核算。

(2) 备单。根据信用证要求把本批出口货物所需各种空白单据,按需要的份数逐一配妥备用,既可以防止某一单据的漏制,又能提高制单工作效率。

(3) 制单。完成了上述工作以后,即可以着手制单。制单一般可先从发票和装箱单开始,因为发票记载的内容比较全面,它是一切单证的中心。发票制妥后,就可以参照发票的内容缮制其他单证。

(4) 审单。单据制妥后,要求制单人员自审一遍,如有差错立即更正,以保证迅速有效地向银行交单。

2. 单据的自审

(1) 审单的目的。审单的目的是确保"安全、及时收汇"。

(2) 审单的依据。在信用证方式下,审单的依据是信用证的条款;在托收方式下,审单的依据是买卖合同。

(3) 审单的要求。审单不是简单的文字核对,要从安全收汇和整个合同的全面履行出发,既要考虑单证本身的正确性,又要涉及单证更改过程中牵涉的一系列具体问题。审单的基本要求如下:

① 单据齐全。

② 各种单据份数符合合同和信用证要求,内容和签章完整。

③ 各种单据的名称和内容与信用证相符。

④ 各种单据之间内容相互一致。

⑤ 各种单证的签发日期没有矛盾。

(4) 审单的方法。审单常用的方法是纵横审单法。外贸单位制单后,向银行交单前,为保证一次性成功议付,应先行审单。审单时应将审单记录表、全套单据、信用证从右向左放置在案桌上,中间的单据按汇票、商业发票、保险单、提单从上至下依次排好。为取得事半功倍的效果,审单时常采用纵横审单法,即先将信用证(包括修改条款)从头到尾阅读一遍,每涉及一种单据,立即与那一种单据核对,以达到单证一致(横审)。审完的单据反转放置在桌子中间未审单据前面,待全套单据审完,未被审核的单据即为多余的单据予以剔除。横审完毕后,再以发票为中心,与其他单据挨个核对,特别注意各单据签发日期的合理性及共有项目的一致性,确保"单单一致"(纵审)。审核过程中,每发现一个不符点,应立即记录在审单记录表上,并在记录文字后面写上"改"、"加"、"补"等字。待改妥单据后,在这些字上划圈表示不再有此不符点。当全部字画圈后,单据全部改妥相符,就可以交单议付了。

二、结汇所需要的单据

一般而言,根据单据制作的主体不同,结汇时所要求的单据有三类:一是出口商自行缮制的各类单据和证明,包括商业发票、装箱单、受益人证明书等;二是为国际贸易提供商业服务的各个部门所出具的单据,包括运输单据、保险单据等;三是由出口商申请并经核准,官方机构出具的各种单据,包括海关发票、原产地证书、检验证书等。这些单据都有它特定的用途,并不是每一笔交易所需的单据都相同,而是要根据实际情况和买方要求,向银行提交单据并进行结汇。

在前面的训练中,我们已经解释了海运提单、保险单、检验证书等单据的缮制。在本训练中,我们将介绍其余几种单据的内容及其缮制。

三、发票及其缮制

商业发票实例如表 9-1 所示。

发票是出口方对进口方开立的发货价目清单,它是装运货物的总说明,也是进出口双方交接货物和结算货款的凭证。就广义而言,发票包括形式发票(Proforma Invoice)、商业发票(Commercial Invoice)、领事发票(Consular Invoice)、样品发票(Sample Invoice)、厂商发票(Manufactures' Invoice)、收讫发票(Receipt Invoice)、详细发票(Detailed Invoice)、海关发票(Cutoms Invoice)等。

表 9-1

商业发票实例

××市工艺进出口有限公司
××INDUSTRIAL PRODUCTS ARTS AND CRAFTS IMPORT AND EXPORT CO., LTD
NO. ×× WEST LIMING ROAD ××, CHINA

SOLD TO MESSRS: DATE: 20××-12-31
TRAMPOLIN MODEVERTRIEVS GMBH   INVOICE NO. FF×××
                                             L/C NO: 002260100
                                             ORDER NO.: 6-2288/6-2350/6-2374

COMMERCIAL INVOICE

From: SHANGHAI CHINA   TO: HAMBURG BY SEA

Marks & Nos.	Descipt. & Item No.	Color	QTY. (Pcs)	Unit Price	Amount
CONSIGNEE: TRAMPOLIN ART NO. ORDER NO. LABEL CARTON MEAS CARTORN NO. DESTINATION	ARTICLE NO.: D4501NG009 DESCR: BELT QUANTITY: 12600 USD1.1 USD13 860 SHIP DATE: 30.12.20××	BEIGE	12 600	$1.10	$13 860.00
	ARTICLE NO.: H4501NG012 DESCR: BELT QUANTITY: 7 500 USD1.00 USD7 500.00 SHIP. DATE: 30.12.20××	SCHWARZ/BLACK	7 500	$1.00	$7 500.00
	ARTICLE NO.: D4501NG013EN DESCR: BELT QUANTITY: 7 500 USD0.69 USD5 157 SHIP. DATE: 30.12.20×× THE GOODS ARE OF CHINA ORIGIN	DARD BROWBN	7 500	$0.69	$5 175.00
	TOTAL:		27 600PCS		$26 535.00

SAY USD TWENTY SIX THOUSAND FIVE HUNDRED AND THIRTY FIVE ONLY

                                           ××市工艺进出口有限公司
                                       ×× INDUSTRIAL PRODUCTS ARTS & CRAFTS
                                       IMPORT & EXPORT CO., LTD.

（一）商业发票

商业发票简称发票，是卖方向买方开立的、凭以向买方收取货款的发货价目清单，是装运货物的总说明。其作用主要有：

（1）卖方向买方的发货凭证，是卖方重要的履约证明文件。

（2）便于进口人核对已装运的货物是否符合买卖合同的规定。

（3）进出口双方凭以收付货款和记账的重要凭证。

（4）进出口双方办理报关、纳税的重要依据。

（5）索赔和理赔的重要凭证。发票全面反映了交付货物的状况，是缮制其他单据的依据，是整套单据中的中心单据，因此发票是出口人必须提供的主要单据之一。

一般在出口业务中使用的，由出口方出具的发票大多是商业发票，所以并不要求一定标出"Commercial"（商业）的字样。但一定要醒目地标出"Invoice"（发票）的字样。除此之外，其他各项内容的填制如表 9-2 所示说明如下。

表 9-2

商 业 发 票
COMMERCIAL INVOICE

Invoice No.： Date：

Seller：

Buyer：

MARKS	DESCRIPTION OF GOODS	QTY.	UNIT PRICE	AMOUNT

Total Amount (In Word)：

SIGNATURE

（1）发票号码（Invoice No.）。本栏由出口公司自行编制，一般采用顺序号，以便查对，同时也被作为相应的汇票号码。

（2）发票签发日期（Date）。《UCP600》规定银行可以接受签发日期早于开证日期的发票。一般而言，在全套单据中，发票是签发日期最早的单据，尤其要注意，不应使发票签发日期迟于提单的签发日期，也不应晚于信用证规定的交单到期日。

(3) 卖方(Seller)。出口商的名称和地址。有的公司将发票做成固定抬头,在发票名称的上方已经印好公司的名称和地址,这一项目就可以省略。表9-1中就省略了。

(4) 买方(Buyer)。进口商的名称和地址。在已经印注出口商名称和地址的发票商,可能会用 To 或 Messrs 来表示。此时也应该填买方信息。

(5) 唛头(Marks)。凡信用证有关于唛头的规定,必须依照规定制唛,而且发票中的唛头应与提单、托运单据严格保持一致。唛头由收货人、目的地、件号和件数以及有关参考号码组成。例如:

ABC CO　收货人
STOCKHOLM　目的地
SC8898　参考号
NO.1～88　件数

如果信用证未规定唛头,则出口人可自行设计;如果无唛头,则填写"N/M"。

(6) 货物的描述(Description of Goods)。当不使用信用证支付货款时,合同有关货物内容的条款应如实地反映在发票的这一栏目中。当使用信用证支付货款时,这一栏目的内容应与信用证有关内容严格一致。《UCP600》规定:"商业发票中对货物的描述必须符合信用证中的描述。而在所有其他单据中,货物的描述可使用统称,但不得与信用证中货物的描述有抵触。"

(7) 数量(Quantity)。填写计价数量。

(8) 价格(Price)。价格内容在发票中分别由三个栏目表述:单价(Unite Price)、总额(Amount)和大写总额(Total Amount)。

单价由四个部分组成:计价货币、计量单位、单位价格金额和价格术语。例如,USD(计价货币)24.50(单位价格金额)Per Piece(计量单位)CIF NEWYORK(价格术语)。

如果一张发票上有多种货物,则必须列出各种货物的单价和总额。在总额下方划一横线,将各种货物总额的总和再列出来。

除了小写的总和之外,有时发票上还会注明大写的总和(可以在小写金额的下方注明)。

发票总金额通常是可以收取的价款,如果合同中包含佣金和折扣,而信用证未加规定,总金额中不应该扣减佣金,因为原则上佣金应由卖方收到货款后向中间商支付,但总金额中通常应减去折扣,因为折扣不是卖方可以收取的价款。

(9) 特殊条款(Special Terms)。在相当多的信用证中,除了要求一般的发票内容外,还要求在发票中证明某些事项的条款。在缮制发票时,可将上述内容打在发票的商品描述栏内。在实际业务中,常见的要求有:列明货物的FOB金额、运费以及保险费、布鲁塞尔税则号、注明货物的原产地是中国以及要求提供"证实发票"等。例如:

The commercial invoice must certify that the goods are of Chinese origin.

商业发票必须证明产品原产于中国。

The commercial invoice should bear the following clause: "We hereby certify that the contents of invoice herein are true and correct."

商业发票上必须有如下条款:"我们兹此证明发票内容是真实正确的。"

(10) 签字盖章(Issued by & Signature)。注明公司名称,并由法人代表或经办制单人员代表公司在此签名。信用证若规定要手签,则必须在此处手工签名。

（二）海关发票

海关发票是指某些国家规定在货物进口时，必须根据海关规定，制定一种特定格式和内容的发票。该发票由出口方逐项填写，进口方据此办理货物的报关进口手续。它是某些国家执行差别待遇政策和排挤别国商品进口的一种工具。其作用主要是便于进口国海关核定货物的原产地，根据进口国对不同国家的差别待遇政策，课以不同的进口税；同时也是进口国海关核查进口商品在出口国国内市场的价格的依据，以防止出口商"低价倾销"，并确定是否要征收反倾销税的依据。

海关发票格式与详细内容因国而异。其内容除商品品名、单价、总值等与商业发票相同外，还包括商品的成本价值（Cost/Value of Goods）和商品的生产国家（Country of Origin of Goods）等内容。海关发票常见细目有：

(1) 外包装的价值。
(2) 货物装入外部容器的工资费用。
(3) 内陆运输费与保险费。
(4) 码头与港口费用。
(5) 海运费用。
(6) 海运保险费。
(7) 有关交货的其他费用。
(8) 其他特殊开支。
(9) 佣金。
(10) 现金折扣率。
(11) 出售给买主的价格。
(12) 现行国内价值或出口国的工厂/仓库/装运港的公开市场价格。

现以加拿大海关发票（如表9-3所示）为例，介绍海关发票的制作。

(1) Vendor（卖方、发货人）：填写出口公司的名称及地址。

(2) Date of Direct Shipment to Canada（直接运往加拿大的日期）：填写签发提单的日期和提单号码。

(3) Other Reference（其他参考文号）：填写有关合同、订单、发票的号码等。

(4) Consignee（收货人）：填写加拿大收货人的名称与地址。

(5) Purchaser's Name and Address（买方名称与地址）：填写买卖合同上作为买方签字人的名称与地址。如果该填写的内容与第4栏的内容一样，在这一栏填写"The same as Consignee"（同收货人）。

(6) Country of Transhipment（转船的国家）：填写转船地点的名称。比如，在香港转船时，填写"W/T Hong Kong"如果不转船，填写"N/A(Not Applicable)"。

(7) Country of Origin of Goods（原产国）。填写"China"（中国）。如果装运的货物中含有不是原产国的原料、零件、部件或材料，本栏填 N/A，具体情况按第12栏要求填入第12栏。

(8) Transportation: Give mode and Place of Direct Shipment to Canada（运输：直接运往加拿大的方式和起讫地点）：填写两项内容：地点和运输工具。例如，从广州运往加拿大魁北克，使用海运方式。填写"From Guangzhou To Quebec, Canada By Sea"。

表 9-3

加拿大海关发票

Revenue Canada　　Revenu Canada　　CANADA CUSTOMS INVOICE
Customs and Excise　Douanes et Accise　FACTURE DES DOU ANES CANADIENNE

1 Vendor (Name and Address) / Vendeur (Name et adresse).	2 Date of Direct Shipment to Canada/Date d'expedition directe vers le canada		
	3 Other References (Include Purchaser's Order No.) Autres references(Inclure le n de commande de l'acheteur)		
4 Consignee(Name and Address) /Destinataire(Nom et adresse)	5 Purchaser's Name and Address(if other than Consignee) Nom et adresse de l'acheteur(S'il differe du desinataire)		
	6 Country of Transhipment/Pays de transbordement		
	7 Country of Origin of Goods Pays d'origine des marchandises	IF SHIPMENT INCLUDS GOODS OF DIFFERENT ORIGINS ENTER ORIGINS AGAINST ITEMS IN 12.	
8 Transportation:Give Mode and Place of Direct Shipment to Canada Transport Preciser mode et point d'expedition directe Vers le Canada	9 Conditions of Sale and Terms of Payment (i. e. Sale,Consignment Shipment. Leased Goods, etc.)Conditions de vente et modalites de paiement(p. ex. vente, expedition en consignation, location de marchan-dises, etc.)		
	10 Currency of Settlement/Devises du paiement		
11 No. of Pkgs ND'e De colis	12 Specification of Commodities (Kind of Packages,Marks and Numbers, General Description and Characteristics, i. e. Grade, Quality)	13 Quantity(State Unit) (Preciser l'unite)	Selling Price/Prix de vente
			14 Unit Prise Prix unitaire / 15 Total
18 If any of fields 1 to 17 are included on an attached commercial invoice. Check this box □ Commercial Invoice No. _____	16 Total Weight/Poids Total		17 Invoice Total
	Net	Gross/Bru	
19 Exporter's Name and Address(If other than Vendor)Nom et adresse de l'exportatur(S'il deffere du vendeur)	20 Originator(Name and Address)/Expedieur d'origine (Nom et adresse)		
21 Departmantal Ruling(If applicable)/Decision du Ministere(S'il y a lieu)	22 If fields 23 to 25 are not applicable,check this box □ Si les zones 23 a 25 sont sans object,cocher cette boite		
23 If included in field 17 indicate amount Si compris dans le total a la zone 17. Preciser (i) Transportation charges, expenses and insurance from the place of direct shipment to Canada $_____ (ii) Costs for construction, erection and assembly incurred after importation into Canada. $_____ (iii) Export packing $_____	24 If not included in field 17 indicate amount Si non copris dans le total a la zone 17 Preciser (i) Transportation charges. Expenses and insurance to the place of direct shipment to Canada. $_____ (ii) Amounts for commissions other than buying commissions. $_____ (iii) Export packing $_____	25 Check (If applicable): Cocher (S'il y a;ieu): (i) Royalty payments or subsequent proceeds are paid or payable by the purchaser. □ (ii) The purchaser has supplied goods or services for use in the production of these goods. □	

DEPARTMENT OF NATIONAL REVENUE CUSTOMS AND EXCISE　　MINISTERE DU REVENU NATIONAL DOUANES ET ACCISE

(9) Conditions of Sales and Terms of Payment(i. e. Sale, Consignment, Shipment, Leased Goods, ect.)[销售方式和支付条款(即销售、寄售、租赁等)]:填写两项内容:价格术语和支付方式。例如,"CIF Toronto By L/C At Sight","FOB Guangzhou By D/P at sigh"。

(10) Currency of Settlement(结算货币):填写成交时确定的支付货款的货币的名称。填写该货币名称的缩写即可,如 USD、HKD、DEM 等。注意,应与商业发票使用的计价货币一致。

(11) No. of Pkgs(件数):填写最大包装的件数。

(12) Specification of commodities(Kind of Packages, Marks and Numbers, General Description and Characteristics, i. e. Grade, Quality)[货物内容(包装方式、唛头、件数、货物描述和特征,即等级、品质)]:填写的要求与商业发票的相同栏目的要求完全一致。

(13) Quantity(数量):填写数量条款的内容,即实际交货的数额,如 5000M/T 等。

(14) Unit Price(单价):填写计价货币、计量单位、单价数额和价格术语四个部分,如 USD 50 PER SET FOB ZHONGSHAN。

但有时也只填写计价货币和单价数额,因为价格术语在第 9 栏中已打出,计量单位在第 13 栏中已打出,如@USD 50.00。

(15) Total(总金额):填写方法与商业发票的相同栏目一样。如果一张海关发票上有两个或两个以上不同货号的货,就应分别列出单价,相应地填写每一货号的总额。在上述内容打完之后,可以打出一横线,在横线的下方打出各货号总额的总和,也可以不打这一内容,因为在第 17 栏要求填写发票总金额。

(16) Total Weight(总重量):由 Net 净重和 Gross 毛重两个小栏目构成,填写整批货的总净重和总毛重。要求与提单和装箱单的相同栏目保持完全一致。

(17) Invoice Total(发票总额):填写整批货的金额,并在金额的前面加上计价货币的缩写。

(18) If any of fields l to l7 are included on an attached commercial invoice, check this box(如果第 1~17 栏所填内容都已填写在所附的商业发票中,则查对本栏):在本栏目最下一栏的横线上方打上同批货物的商业发票的号码。

(19) Exporter's Name and Address(出口商的名称与地址):填写时可以把第一栏 Vendor 卖方发货人的内容再填写一遍,也可以只填"The same as Vendor"。

(20) Originator(Name and Address)[原产国负责人(名称与地址)]:填写时,先填写出口公司的名称和地址,后填写负责人(制单经办人)的名字和签字。

(21) Departmental Ruling(主管当局现行条例):即加拿大海关对本批货物进口的有关规定。在制单时,一般打上"N/A"字样。

(22) If fields 23 to 25 are not applicable, check this box(如果第 23~25 栏不适用,查本栏目):如果第 23~25 栏填上了内容(不一定全部填满),则空白这一栏中的方格;否则就在方格中打上"×"。

(23) If included in field 17 indicate amount(下列金额是否已包括在第 17 栏目):

Ⅰ. Transportation charges, Expense and Insurance From The Place of Direct Shipment To Canada(从起运地至加拿大的运费和保险费,填写运费和保险费之和)。

Ⅱ. Cost for Construction, Erection and assembly incurred after importation into Canada

［进口到加拿大后因建造、安装和组装而产生的费用，根据实际情况填写，如果无此项费用产生，在横线上方打上"N/A"（不适用）］。

Ⅲ．Export Packing（出口包装费）。

在填写时，可将实际费用或"N/A"打在横线的上方。

(24) If not included in field 17 indicate amount（下列金额是否不包括在第 17 栏中）：

Transportation Charge, Expenses and Insurance From The Place of Direct Shipment To Canada（如果在第 17 栏中没有包括运费和保险费时，在这一栏填上；否则在横线上方打上"N/A"）。

Amounts for Commissions, other than Buying Commissions（购买佣金以外的佣金）。

按实际情况填写或打上"N/A"。

Export Packing（出口包装费）

按实际情况填写或打上"N/A"。

(25) Check（核对）：

Ⅰ．Royalty Payments or Subsequent Proceeds are Paid or Payable by the Purchaser 买方已支付的专利费或售后支付的款项。一般都空白这一栏目或打上"N/A"。

Ⅱ．The Purchaser has supplied goods or services for use in the production of these goods 买方为这些货物的生产提供的货物或服务。由于出口业务不涉及这一项，所以一般都在方格内打上"N/A"。

表 9-4 是一个新西兰海关发票实例。

表 9-4

新西兰海关发票实例
新西兰海关发票 FORM59A

FORM 59A	CERTIFICATE OF ORIGIN FOR EXPORTS TO NEW ZEALAND	
DEVELOPING COUNTRIES	Exporter CHINA ×× IMPORT & EXPORT COMPANY NO. 28 SHANGHAI ROAD NAN JING CHINA	Status of Seller (delete terms inapplicable) Manufacturer ~~Grower~~ ~~Producer~~ ~~Supplier~~
	Sold to S. H. LOCK(NEW ZEALAND)LIMITED	This certificate relates to the commercial invoice/invoices numbered as follows SU-34678
		Country of Origin CHINA
	Ship/Airline, etc. BY SEA	Sea/Airport of loading SHANGHAI
	Sea/Airport of discharge AUCKLAND	Final destination of goods AUCKLAND

(续表)

MARKS AND NUMBERS ON SHIPPING PACKAGES CANDYTEX 2425 AUCKLAND NO. 1~10	NUMBER OF PACKAGES 10 CARTONS	DESCRIPTION OF GOODS PRINTED SHIRTING RESIN-FINISH
I, the undersigned, being the seller of the goods enumerated on the attached invoice/invoices(or manager, chief clerk, or other responsible person in the sole employ of and authorised by the seller to make and sign this certificate) have the means of knowing and hereby certify that the goods described in this certificate qualify to be entered into New Zealand under Tariff preference IN ACCORDANCE WITH THE PROVISIONS OF THE NEW ZEALAND CUSTOMS REGULATION 1968, the relevant details of which are printed overleaf. FULL NAME　　WU XIAO JING STATUS　　　Chief Clerk SIGNATURE DATE　　　　MAY 16 20××		

资料库

信用证中常见的发票要求

MANUALLY SIGNED INVOICE IN FIVE FOLDS, CERTIFYING THAT GOODS ARE AS PER PURCHASE ORDER NO. ABC567 OF MAY 15, 2006, QUOTING L/C NO.

手签发票一式五份,并在发票上显示根据2006年5月15日合同号ABC567订立,注明信用证号码。

SIGNED COMMERCIAL IN 5 COPIES, CERTIFYING MERCHANDIES TO BE OF CHINESE ORIGIN.

签署商业发票一式五份,证明产品原产地为中国。

四、原产地证书

原产地证书(Certificate of Origin),是一种证明货物原产地或制造地的文件,它的作用是实行差别关税,分配和控制进口配额。在出口业务中,常使用的原产地证书主要有普惠制原产地证书、一般原产地证书和政府间协议规定的特殊原产地证书等。选择使用上述哪一种原产地证书,根据信用证条款确定。

(一) 一般原产地证书

在我国出口业务中采用一般原产地证书(Certificate of Origin of People's Republic of China,简称 C/O),证明出口货物的原产地是中华人民共和国,而且符合《中华人民共和国货物原产地规则》,该文件是进口国海关对该进口货物按何种税率征收进口税的依据。

1. 一般原产地证书的填制方法

下面以表 9-5 为例,说明一般原产地证书应该如何填写。表 9-6 是一个一般原产地证书的实例。

表 9-5

一般原产地证书
ORIGINAL

1. Exporter	Certificate No.
2. Consignee	**CERTIFICATE OF ORIGIN OF THE PEOPLE'S REPUBLIC OF CHINA**
3. Means of transport and route	5. For certifying authority use only
4. Country/region of destination	

6. Marks and numbers	7. Number and kind packages; description of goods	8. H. S. Code	9. Quantity	10. Number and date of invoice

11. Declaration by the exporter 　The undersigned hereby declares that the above details and statements are correct, that all the goods were produced in China and that they comply with the Rules of Origin of the People's Republic of China.	12. Certification 　It is hereby certified that the declaration by the exporter is correct.
Place and date, signature and stamp of authorized signatory	Place and date, signature and stamp of certifying authority

表 9-6

一般原产地证书实例

1. Exporter ××TEXTILES IMPORT & EXPORT ENITWEARS COMPANY LIMITED ×/F., ××TEXTILES MANSION ××XIAO BEI ROAD GUANGZHOU, CHINA	Certificate No. GZ45692 GERTIFICATE OF ORIGN OF THE PEOPLE'S REPUBLIC OF CHINA
2. Consignee JOHNSON'S S. A. NUMBER 1034 SANTIAGO CHILE	
	5. For certifying authority use only
3. Means of transport and route FROM GUANGZHOU TO SAN ANTONIO W/T HONGKONG BY VESSEL	
4. Country/region of destination SAN ANTONIO, CHILE.	

6. Marks and numbers	7. Number and kind packages; description of goods	8. H. S. Code	9. Quantity	10. Number and date of invoices
JOHNSON'S 97KCS05107 SAN ANTONIO CHILE NO. 1-80 MADE IN CHINA JOHNSON'S 97KCS05111 SAN ANTONIO CHILE NO. 1-80 MDE IN CHINA	EIGHTY (80) CARTONS OF GARMANTS (100% COTTON JERSEY BABY'S OVERALL) EIGHTY (80) CARTIONS OF GARMENTS (100% COTTON JERAEY BABY'S BEATLE WITH SNAP WITH A SMALL EMB ON NECK) * * * * * * * * * * * * * * * * * * *	6 111 6 110	4 000PCS 4 000PCS	YSM1999B OCT. 05, 20××

11. Declaration by the exporter The undersigned hereby declares that the above details and statements are correct, that all the goods were produced in China and that they comply with the Rules of Origin of the People's Republic of China. ×× OCT. 07, 20×× Place and date, signature and stamp of authorized signatory	12. Certification It is hereby certified that the declaration by the exporter is correct. ×× OCT. 07, 20×× Place and date, signature and stamp of certifying authority

(1) 出口商名称、地址、国家。此栏出口商公司名称应与注册时相同,必须打上国名、地址。

(2) 收货人的名称、地址、国家。应填写最终收货方的名称、详细地址及国家(地区)。但由于贸易的需要,信用证规定所有单证收货人一栏留空,在这种情况下,此栏应加注"TO WHOM IT MAY CONCERN"或"TO ORDER",但不得留空。若需要填写转口商名称时,可在收货人后面加填英文 VIA,然后再填写转口商名称、地址、国家,如"ZHEJIANG ××× I/E CORP. NO. ×× NORTH ZHONGSHAN ROAD, HANGZHOU, CHINA VIA HONGKONG MACHINERY CO. ,LTD. "。

(3) 运输方式和运输路线。应注明起运地、目的地以及运输方式等内容,如"FROM NINGBO TO HAMBURG BY SEA"。

(4) 目的地或最终目的国,即填写货物最终到达的国家。不得填写中间商客国别。

(5) 签证当局填写。正常情况时,此栏空白。如果是"后发",加盖"ISSUED RETROSPECTIVELY"的红色印章。应当注意日本一般不接受"后发证书"。

(6) 填写唛头和包装号码。应按照出口发票上所列唛头填写完整图案、文字标记及包装号码,不可简单填写"AS PER INVOICE NO. ..."(按照发票)或"AS PER B/L NO. ..."(按照提单)。包装无唛头,应填写"N/M"或者"NO MARK"。此栏不得留空。如唛头较多本栏填写不下,可填写"SEE THE ATTACHMENT",用附页填打所有唛头(附页的纸张要与原证书一样大小),在右上角打上证书号,并由申请单位和签证当局授权签字人分别在附页末页的右下角和左下角手签、盖印。附页手签的笔迹、地点、日期均与证书第 11、12 栏相一致。值得注意的是,有附页时,请在申请书备注栏注明"唛头见附页",否则计算机退回。

(7) 货物描述及包装种类。采用数量加货物的表述方法。数量和货物之间用 OF 连接,数量要有大小写,如"ONE HUNDRED(100)CARTONS OF COLOUR TV SETS",在英文表述后注明阿拉伯数字。

注意:

① 如果包件数量上了千以上,则千与百单位之间不能有"AND"连词,否则计算机退回。

② 数量、品名要求在一页内打完,如果内容过长,则可以合并包装箱数、品名合并,如"ONE HUNDRED AND FIFYE(150)CARTONS OF GLOVE,SCARF,TIE,CAR. "。

③ 包装数量及种类要按具体单位填写。例如,POLYWOVEN BAG,DRUM,PALLET,WOODEN CASE,不能只填写"PACKAGE"。如果没有包装,应填写"NUDE CARGO"(裸装货)、"IN BULK"(散装货),"HANGING GARMENTS"(挂装)。

④ 应填写具体商品名称(具体到能找到相对应的 4 位 H. S. 编码),如"TENNIS RACKET"(网球拍),不得用概括性表述。又如,"SPORTING GOODS"(运动用品)、"FABRIC"(织物)等。

⑤ 商品的商标、牌名(BRAND)及货号(ARTICLE NUMBER)一般可以不填。

⑥ 商品名称等项列完后,应在下一行加上表示结束的符号"＊＊＊",以防止加填伪造内容。国外信用证有时要求填写合同、信用证号码等,可加填在此栏空白处。

(8) H. S. 编码,该栏应按照商品在《商品名称和编码协调制度》(Harmonized Commodity Description & Coding System)中的编码填写,应该与报关单中的商品编码一致。若同一份证书包含有几种商品,则应将相应的 H. S. 品目号全部填写。此栏不得留空。

(9) 数量或重量。填写出口货物的量值并与商品的计量单位联用。如果填重量的,应该以公斤为单位,同时应该注明"N. W."或"G. W."。

(10) 发票号码和日期,应填写两项内容:发票号码和发票日期。此栏不得空。

(11) 出口商申明。本栏必须由出口公司指派的专人签字并签署地点、时间。该日期不能早于发票的签发日期,一般与发票的日期相同;同时不能迟于装运日期和第12栏签证机关的签发日期。

(12) 签证机关证明。由签证机构签字、盖章,并填写签证地点、日期,如"中国国际贸易促进委员会,2006年10月于上海"。签发日期不得早于发票日期(第10栏)和申请日期(第11栏)。

(13) 证书号栏:应在证书右上角填上检验检疫机构编定的证书号。

证书号编定规则 SHC99999/070001

SH—上海　　　　C—C/O,表示一般原产地证书

99999—公司注册号　　　07—2007年　　　0001—企业流水号。

2. 向进出口检验检疫局申请原产地址书的程序

(1) 申请原产地证注册登记。根据《中华人民共和国出口货物原产地规则实施办法》的规定,申请办理原产地证的单位应先向生产企业所在地的进出口检验检疫局办理产地证注册登记手续。

申请单位应先领取《产地证注册登记表》一份,办理注册登记时应携带以下文件:

① 公司营业执照及其复印件;

② 外经贸委批准证书(或出口经营权批复)及其复印件;

③ 企业组织机构代码证及其复印件;

④ 产品成本明细单(纯外贸公司免填);

⑤ 产品所用的原辅料、零部件的进料发票复印件(增值税发票复印件)(纯外贸公司免提供);

⑥ 其他相关资料。

申请单位的证书手签人员须在检验检疫局注册备案,应保持相对稳定,如有变动,应及时办理变更手续。办理产地证注册登记时应按规定缴纳注册费。

检验检疫签证机构经过审核和调查,对符合注册登记条件的予以注册登记,并给予注册号和产地证注册登记证。

(2) 申请原产地证书。目前,进出口检验检疫局已经开通了网上申请原产地证书的系统。

申请原产地证书的单位,需要在检验检疫局网上申请注册,并递交纸制文件在检验检疫局备案。备案成功后,领取相应的产地证申请软件。每次申请需要通过网上操作,将信息在网上填写清晰后,发送到检验检疫局审核,24个小时后如收到申请通过的回执后,申请的企业需要将所需要的单据[一般情况下,包括空白的《一般原产地证明书(C/O)》一套,正式出口商业发票正本一份,如发票内容不全,另附装箱单,含有进口成分的产品还必须提交《产品成本明细单》,签证机构需要的其他单据]等提交给检验检疫部门。经检验检疫部门审核,同意签发并打印原产地证书后,申请单位需要到检验检疫部门缴纳签证费,领取加盖检验检疫局公章的产地证书(新规定,从2007年8月1日开始,申请企业需要自行打印原产地证书)。如果某些原产地证书有特殊要求,如来料加工产品再出口,则还要填写原产地证明书申请(如表9-7所示)。

表 9-7

原产地证明书申请书

申请单位及注册号码(盖章)： 证书号：

申请人郑重声明：

  本人是被正式授权代表单位申请办理原产地证明书和签署本申请书的。

  本人所提供原产地证明书及所付单据内容正确无误,如发现弄虚作假,冒充证书所列货物,擅改证书,自愿接受签证机关的处罚及负法律责任。现将有关情况申报如下：

生产单位			生产单位联系人电话	
中文品名	H.S.编号	数(重)量	FOB值(美元)	产品进口成分*
商业发票号		商品FOB总值(以美元计)		
贸易方式(请在相应的"□"内处打钩)				
□一般贸易	□灵活贸易	□零售贸易	□展卖贸易	□其他贸易方式
中转国/地区		最终销售国	拟出口日期	
申请证书(单)类型:(请在相应的"□"内处打钩) 1. □《普惠制原产地证明书》； 2. □《〈曼谷协定〉优惠原产地证明书》； 3. □《〈中国-东盟自由贸易区〉优惠原产地证明书》； 4. □《〈中国与巴基斯坦优惠贸易安排〉优惠原产地证明书》； 5. □《输欧盟农产品原产地证明书》(输欧盟蘑菇罐头原产地证明书)； 6. □《烟草真实性证书》； 7. □《中华人民共和国出口货物原产地证明书》； 8. □《加工装配证明书》； 9. □《转口证明书》 10. □《原产地异地调查结果单》； 11. □其他原产地证明书(请列明_____)。				
备注		申报员(签名)： 电话(手机)： 日期： 年 月 日		

  现提交出口商业发票副本一份,原产地证书一套,以及其他附件 份,请予审核签证。

  *注:"产品进口成分"栏是指产品含进口成分的情况,如果该产品不含进口成分,则填0%,若含进口成分,则此栏填进口成分占产品出厂价的百分比。

在一般情况下,进出口检验检疫局签发的一般产地证为一正三副。签证机构只在正本签名、盖章。

3. 向中国国际贸易促进委员会申请原产地证书程序

(1) 申领、填写有关表格。未注册的单位首先根据《注册程序》申请注册登记,已在贸促会注册登记的申请单位,应由指定的原产地证申领员持贸促会颁发的《原产地证明书申领员证》向所在地的贸促会申领由贸促会统一印制的《一般原产地证明书申请书》(如表 9-8 所示)和《中华人民共和国出口货物原产地证明书》,并准确、真实填写其中各栏。

表 9-8

中华人民共和国出口货物
原产地证明书/加工装配证明书
申　请　书

申　请　人
企业名称：　　　　　　　　　　　　　　　　　　　　　　　　产地证编号或
　　　　　　　　　　　　　　　　　　　　　　　　　　　　　网络申请号：

申请人郑重声明:本人被正式授权代表本企业办理和签署本申请书。本申请书及《中华人民共和国出口货物原产地证明书/加工装配证明书》所列内容正确无误,如发现弄虚作假,冒充证书所列货物,擅改证书,本人愿按《中华人民共和国出口货物原产地规则》的有关规定接受处罚并承担法律责任,现将有关情况申报如下:

商品名称(中英文)：	最终目的国/地区： 转口国/地区：
发票号：	HS 编码：
商品 FOB 总值(USD)：	拟出运日期：
是否含有进口成分:是(　)否(　)	数量或重量：
贸易方式和企业性质(请在适用处划"√")	
一　般　贸　易　　　　　灵　活　贸　易　　　　　其　他　贸　易	

一般贸易		灵活贸易		其他贸易	
中资企业	外资企业	中资企业	外资企业	中资企业	外资企业

证书种类:一般原产地证明书(　)　加工装配证明书(　)
该批货物实际生产企业：
现提交中国出口货物商业发票副本一份,《中华人民共和国出口货物原产地证明书/加工装配证明书》一正三副及其他附件　　份,请予审核签证。

申请单位盖章：	申领人员签名： 电话： 日期：　年　月　日

注:1. 灵活贸易包括:来料加工、补偿贸易、进料加工贸易。

2. 外资企业指所有含有外资的企业。

3. 其他贸易指一般贸易和灵活贸易以外的贸易,如展卖、易货、租赁等贸易方式。

（2）提交原产地申请。申请单位出口每批货物时，应于货物报关出运前3天向签证机构申请办理原产地证，并严格按照签证机构的要求，真实、完整、正确地填写下列材料：

①《一般原产地证明书/加工装配证明书申请书》填制申请书时，HS编码取前六位，FOB总值和拟出运日期要准确无误，要加盖申请单位印章，并由申领人签名。

②《中华人民共和国出口货物原产地证明书》一式四份。

③出口货物的商业发票一份。

④签证机构认为必要的其他证明文件。

（3）审核、签发原产地证。

① 签证机构依据中华人民共和国原产地规则、法规和有关规定，对申请单位提交的前述文件进行严格审核。

② 签证机构对申请人提交的文件审核无误后，即在原产地证第12栏进行签证，加盖由贸促会统一刻制的"中国国际贸易促进委员会单据证明专用章"，授权签证员签字。

签证机构只签发原产地证正本一份，副本三份，其中一正二副交申请企业。另一副本、申请书、商业发票等有关文件，由签证机构存档。

目前贸促会也开通了原产地证书网上申报系统，大大方便了企业申请原产地证书的效率。

（二）普惠制原产地证书

普通优惠制产地证（Generalized System of Preferences Certificate of Origin），简称普惠制（G.S.P）产地证。凡是对给予我国以普惠制关税优惠待遇的国家出口的受惠商品，必须提供该产地证，作为进口国海关减免关税的依据。其中，主要书面格式为GSP FORM A。

1. GSP FORM A（如表9-9所示）的填写方法

表9-9

普惠制原产地证书
ORIGINAL

1. Goods consigned from(Exporter's business name, address, country)	Reference No. **GENERALIZED SYSTEM OF PREFERENCES** **CERTIFICATE OF ORIGIN** (Combined declaration and certificate) **FORM A** Issued in THE PEOPLE'S REPUBLIC OF CHINA (country) See Notes, overleaf
2. Goods consigned to(Consignee's name, address, country)	
3. Means of transport and route(as far as known)	4. For official use

(续表)

5. Item number	6. Marks and numbers of packages	7. Number and kind of packages; description of goods	8. Origin criterion (see Notes overleaf)	9. Gross weight or other quantity	10. Number and date of invoices

11. Certification It is hereby certified, on the basis of control carried out, that the declaration by the exporter is correct.	12. Declaration by the exporter The undersigned hereby declares that the above details and statements are correct; that all the goods were produced in _____CHINA_____ （country） and that they comply with the origin requirements specified for those goods in the Generalized System of Preferences for goods exported to _____ （importing country）
Place and date, signature and stamp of certifying authority	Place and date, signature of authorized signatory

（1）出口商名称、地址、国家。此栏出口商公司名称应与注册时相同。必须打上国名、地址。

（2）收货人的名称、地址、国家。

除欧盟25国、挪威外，此栏须填上给惠国最终收货人名称，不可填中间转口商的名称。此栏须打上国名。欧盟25国、挪威对此栏是非强制性要求，若第2栏进口商国家和第12栏最终目的国都是欧盟国家，则可以与第12栏国家不同，也可以不填详细地址，只填上"To Order."。

目前给予我国普惠制待遇的国家有36国，其代码如表9-10所示。

表9-10

36个给惠国及代码

代码	国家中文名	国家英文名	代码	国家中文名	国家英文名
305	法国	France	352	捷克	Czech Rep
303	英国	United Kingdom	353	斯洛伐克	Slovak Rep
306	爱尔兰	Ireland	334	爱沙尼亚	Estonia
304	德国	Germany	335	拉脱维亚	Latvia

(续表)

代码	国家中文名	国家英文名	代码	国家中文名	国家英文名
302	丹麦	Denmark	336	立陶宛	Lithuania
307	意大利	Italy	108	塞浦路斯	Cyprus
301	比利时	Belgium	324	马耳他	Malta
309	荷兰	Netherlands	137	土耳其	Turkey
308	卢森堡	Luxembourg	331	瑞士	Switzerland
310	希腊	Greece	326	挪威	Norway
312	西班牙	Spain	116	日本	Japan
311	葡萄牙	Portugal	601	澳大利亚	Australia
315	奥地利	Austria	609	新西兰	New Zealand
330	瑞典	Sweden	501	加拿大	Canada
318	芬兰	Finland	344	俄罗斯	Russia
327	波兰	Poland	347	乌克兰	Ukraine
321	匈牙利	Hungary	340	白俄罗斯	Byelorussia
350	斯洛文尼亚	Slovenia Rep	341	哈萨克斯坦	Kazakhstan

（3）运输方式及路线（就所知道而言）。一般应填上装货、到货地点（始运港、目的港）及运输方式（如海运、陆运、空运），如"FROM HANGZHOU TO SHANGHAI BY TRUCK, THENCE TRANSHIPPED TO HAMBURG BY SEA"。

转运商品应加上转运港，如"FROM SHANGHAI TO HAMBURG BY SEA VIA HONGKONG"。对输往内陆给惠国（如瑞士、奥地利）的商品，由于这些国家没有海岸，因此如系海运，都须经第三国，再转运至该国，填证时应注明，如"BY VESSEL FROM SHANGHAI TO HAMBURG, IN TRANSIT TO SWITZERLAND"。

（4）供官方使用。此栏由签证当局填写，正常情况下此栏空白。特殊情况下，签证当局在此栏加注。例如：

① 货物已出口，签证日期迟于出货日起，签发"后发"证书时，此栏盖上"ISSUED RETROSPECTIVELY"红色印章。注意日本是不接受后发证书的。

② 证书遗失、被盗或者损毁，签发"复本"证书时盖上"SUPLICATE"红色印章，并在此栏注明原证书的编号和签证日期，并声明原发证书作废，其文字是"THIS CERTIFICATE IS IN REPLACEMENT OF CERTIFICATE OF GRIGN NO. ×× DATED ×× WHICH IS CANCELLED"。

值得注意的是，在录入后发证书时，请在申请书备注栏注明"申请后发"，否则计算机退回。

（5）项目号。本栏根据品名的个数顺序写出，如出现第一外品名，本栏填"1"，出现第二个品名，本栏填写"2"，以此类推。

（6）填写唛头和包装号码。填写的唛头应与货物外包装上的唛头及发票的唛头一致；唛头不得出现中国以外的地区和国家制造的字样，也不能出现我国香港、澳门、台湾原产地字样(例如:MADE IN TAIWAN,HONGKONG PRODUCTS 等);如货物无唛头应填"N/M"。如唛头过多,此栏不够填则打上"SEE THE ATTACHMENT",用附页填打所有唛头(附页的纸张要与原证书一样大小),在右上角打上证书号,并由申请单位和签证当局授权签字人分别在附页末页的右下角和左下角手签、盖印。附页手签的笔迹、地点、日期均与证书第11、12栏相一致的。值得注意的是有附页时,请在申请书备注栏注明"唛头见附页",否则计算机退回。

(7) 货物描述及包装种类。此项规定可参见一般原产地证书的填写。当一份 FORM A 的货物不止一种时,第5、第6、第7栏要做到一一对应。

(8) 原产地标准,该栏应按照普惠制产地证申请书对货物原料的成分比例的不同填写"P"、"W"、"F"等字母。

TIPS

原产地标准要怎么填?

1. 完全原产的,填写"P";
2. 含有进口成分,但符合原产地标准,输往下列国家时,填写如下:

◆ 含有非原产成分的产品,出口到欧盟、挪威、瑞士和日本,填写"W",其后加上出口产品的 HS 品目号,如"W"42.02。产品应符合的条件如下:一是产品列入了上述给惠国的"加工清单"符合其加工条件;二是产品未列入"加工清单",但产品生产过程中使用的非原产原材料和零部件经过充分的加工,产品的 HS 品目号不同于所用的原材料和零部件的 HS 品目号。

◆ 含有非原产成分的产品,出口到加拿大,填写"F"。条件为非原产成分的价值未超过产品出厂价的40%。

◆ 含有非原产成分的产品,出口到俄罗斯、乌克兰、白俄罗斯、哈萨克斯坦、捷克、斯洛伐克六国,填写"Y",其后加上非原产成分价值占该产品离岸价格的百分比,如"Y"38%。条件为非原产成分的价值未超过产品离岸价的50%。

◆ 输往澳大利亚、新西兰的货物,此栏可以留空。

---

(9) 毛重或其他数量。此栏应以商品的正常计量单位填,如"只"、"件"、"双"、"台"、"打"等。比如,"3 200DOZ."或"6 270KGS."以重量计算的则填毛重,只有净重的,填净重亦可,但要标上 N. W. (NET WEIGHT)。

(10) 发票号码和日期,应填写两项内容:发票号码和发票日期。此栏不得空白。月份一律用英语表示。

(11) 签证机关栏。此栏填打签证机构的签证地点、日期,如,"SHANGHAI CHINA APR. 6, 2005"。检验检疫局签证人经审核后在此栏(正本)签名、盖签证印章。此栏日期不得早于发票日期(第10栏)和申报日期(第12栏),而且应早于货物的出运日期(第3栏)。

(12) 出口商申明。进口国横线上填最终进口国。另外,申请单位应授权专人在此栏手签,标上申报地点、日期,并加盖申请单位中英文印章。手签人笔迹必须在检验检疫局注册登记,并保持相对稳定。此栏日期不得早于发票日期(第10栏)(最早是同日)。盖章时应避免覆盖进口国名称和手签人姓名。

(13) 本证右上角普惠制原产地证书标题栏,填上检验检疫机构编定的证书号。

证书号编定规则 SHG99999/070001

SH—上海　　G—FORM A　　99999—公司注册号　　07—2007年

0001—企业流水号

2. 普惠制原产地证书申请程序

普惠制原产地证书必须向出入境检验检疫局申请,申请程序与一般原产地证书相同。企业先注册登记产地申请,然后下载软件。每次申请时要提交《原产地证明书申请书》一份(如表9-6所示)、《普惠制原产地证明书(FORM A)》(如表9-9所示)一套、正式出口商业发票正本一份(如发票内容不全,另附装箱单,盖章,不得涂改)、签证机构需要的其他单据。如果出口货物含有进口成分的产品,必须提交《产品成本明细单》;复出口日本的来料加工产品或进料加工产品需提交《从日本进口原料证明书》。

一般情况下,普惠制产地证为一正二副。证书一律不得涂改,证书不得加盖校对章。

(三) 区域性经济集团互惠原产地证书

目前主要有《〈曼谷协定〉优惠原产地证明书》、《〈中国-东盟自由贸易区〉优惠原产地证明书》、《〈中国与巴基斯坦优惠贸易安排〉优惠原产地证明书》、《中国-智利自由贸易区原产地证书》等。区域优惠原产地证书是具有法律效力的在协定成员国之间就特定产品享受互惠减免关税待遇的官方凭证。

1. 《〈中国-东盟自由贸易区〉优惠原产地证明书》(FORM E) (如表9-11所示)

表9-11

ORIGINAL

1. Goods consigned from(Exporter's business name, address,country)	Reference No. **ASEAN-CHINA FREE TRADE AREA** **PREFERENTIAL TARIFF** **CERTIFICATE OF ORIGIN** (Combined declaration and certificate) **FORM E** Issued in **THE PEOPOE'S REPUBLIC OF CHINA** (country) See Noted Overleaf
2. Goods consigned to(Consignee's name, address, country)	
3. Means of transport and route(as far as known) Departure Date Vessel/Flight/Train/Vehicle No. Port of discharge	4. For official use ☐Preferential Tariff Treatment Given Under _____ ☐Preferential Treatment Not Given(Please state reasons) ....

(续表)

5. Item number	6. Marks and number of packages	7. Number and kind of packages; description of goods	8. Origin criterion (see Notes overleaf)	9. Gross weight or other quantity	10. Number and date of invoices

11. Certification It is hereby certified, on the basis of control carried out, the declaration by the exporter is correct. CHINA Place and date, signature and stamp of certifying authority	12. Declaration by the exporter The undersigned hereby declares that the above detail and statements are correct that the goods were produce in Place and date, signature of authorized signatory

自2004年1月1日起,凡出口到东盟的农产品(HS第一章至第八章),凭借检验检疫机构签发的《〈中国-东盟自由贸易区〉优惠原产地证明书》(FORM E)可以享受关税优惠待遇。可以签发FROM E的国家有文莱、柬埔寨、印尼、老挝、马来西亚、缅甸、菲律宾、新加坡、泰国、越南等10个国家(如表9-12所示)。

表9-12

签发 FROM E 的国家及代码

代 码	国家中文名	国家英文名	代 码	国家中文名	国家英文名
105	文莱	Brunei	107	柬埔寨	Cambodia
112	印尼	Indonesia	119	老挝	Laos,PDR
122	马来西亚	Malaysia	106	缅甸	Myanmar
129	菲律宾	Philippines	132	新加坡	Singapore
136	泰国	Thailand	141	越南	Vietnam

FORM E 的填制说明如下:

(1) 证书号。证书标题栏右上角,填上检验检疫机构编写的证书号。

证书号编定规则 SHE33121/050001

SH—上海　　E—《〈中国-东盟自由贸易区〉优惠原产地证明书》

33121—公司注册号　　06—2006年　　0001—企业流水号

(2) 证书的第1、第2、第3、第5、第6、第9、第10、第11栏内容和填制要求参见《普惠制原产地证明书》FORM A 相应各栏的填制要求。

(3) 第 4 栏由官方使用。不论是否给予优惠待遇,进口成员国海关必须在第 4 栏作出相应的标注。

(4) 第 7 栏是货物名称和 HS 品目号。货物品名必须详细,以便验货的海关官员可以识别。生产商的名称及任何商标也应列明。HS 品目号为国际上协调统一的 HS 品目号,填 4 位数 HS 品目号。

(5) 第 8 栏是原产地标准。货物为出口国完全生产的,不含任何非原产成分,填写"X";货物在出口成员国加工但并非完全生产,未使用原产地累计规则判断原产地标准的,填写该国家成分的百分比,如"70%";货物在出口成员国加工但并非完全生产,使用了原产地累计规则判断原产地标准的,填写中国-东盟累计成分的百分比,如"40%";货物符合产品的特定原产地标准的产品,填写"产品特定原产地标准"。

(6) 第 12 栏是官方证明。此栏填写签证机构的签证地点、日期。

检验检疫局签证人员经审核后在此栏(正本)签名,盖签证印章。

当申请单位申请后发证书时,需在此栏上加注"ISSUED RETROACTIVELY";当申请单位申请重发证书时,需在此栏上加注"CERTIFIED TRUE COPY"。

(7) 证书应由下列颜色的一份正本及三份副本组成:正本——米黄色,交给进口商;第一副本——浅绿色,检验检疫机构留存;第二副本——浅绿色,交给进口商,货物在进口国通关后交还检验检疫机构;第三副本——浅绿色,出口商留存。

目前该证书在我国与泰国的水果蔬菜贸易中运用较为广泛。

2.《《曼谷协定》优惠原产地证明书》

可以签发《曼谷协议》优惠原产地证书的国家有韩国、斯里兰卡、印度等 3 个国家,其输入代码分别是 133 Korea Rep、134 Sri Lanka、111 India。给予关税优惠的商品其关税优惠幅度从 0% 到 30% 不等。

曼谷协定产地证书前暂时用 FORM A 证书代替,申办手续同 FORM A。

《曼谷协定》优惠原产地证书共有 12 栏,除证书号和第 8 栏外,其余各栏填法与普惠制原产地证明书相同。

(1) 证书号编定规则 SHB33121/060001:

SH——上海　　B——《曼谷协议》优惠原产地证书

33121——公司注册号　　06——2006 年　　0001——企业流水号

(2) 第 8 栏填制方法如下:

① 完全原产于出口成员国的货物,填写"P"(货物出口到印度的,同时在证书第 7 栏填上"The goods described in this certificate have been wholly produced/manufactured within the territory of the People's Republic of China")。

② 货物运往韩国,含有非原产成分,填写"W",并在字母下面标上产品的六位数编码,如"W"9 503.70。

③ 货物运往斯里兰卡,含有非原产成分,填写"Y",并在字母下面标上非原产成分占产品 FOB(离岸价)的百分比率,如"Y"45%。

④ 货物出口到印度的,含有非原产成分,对于在中国的生产和劳务支出不少于产品出厂价 50% 的货物,在证书第 8 栏填写大写字母"V≥50%",并在证书第 7 栏填上"The expenditure on all goods produced and labor performed within the territory of the People's Republic of China in the manufacture of the goods described in this certificate is not less than fifty per cent of the ex-factory or ex-works cost of the goods in their finished state".

对于在生产中使用了一个或多个《曼谷协定》成员国原材料并取得中国原产资格的货物，在证书第 8 栏填写大写字母"SC"。

3.《〈中国与巴基斯坦优惠贸易安排〉优惠原产地证明书》

对巴基斯坦可以签发《〈中国与巴基斯坦优惠贸易安排〉优惠原产地证明书》。2006 年 1 月 1 日起双方先期实施降税的 3 000 多个税目产品，分别实施零关税和优惠关税。原产于中国的 486 个 8 位零关税税目产品的关税将在 2 年内分 3 次逐步下降，2008 年 1 月 1 日全部降为零关税，平均优惠幅度为 22%。

除了证书号和第 8 栏《〈中国与巴基斯坦优惠贸易安排〉优惠原产地证明书》的填制方法和 FORM A 一致。

(1) 证书号编定规则 SHP33121/050001：

SH—上海　　P—《〈中国与巴基斯坦优惠贸易安排〉优惠原产地证明书》
33121—公司注册号　　06—2006 年　　0001—企业流水号
Pakistan 代码 127

(2) 第 8 栏的填制方法，应遵循下述原则：完全原产或完全获得产品，在第 8 栏填写字母"A"；非完全原产，对于符合原产地标准的产品，第 8 栏应填写字母"B"，字母 B 后还应填上非中国原产或产地不明的原材料、零部件占产品 FOB 总值的百分比（如"B"50%）。

4.《中国-智利自由贸易区原产地证书》(FORM F)

2006 年 10 月 1 日起，各地出入境检验检疫局开始签发 FORM F 证书。证书中所申请的产品限于《中智自贸区协定》项下智利海关给予关税优惠的产品。产品必须符合中国-智利自贸区原产地规则和直运规则。经我国香港、澳门转运的货物，必须向香港、澳门中国检验有限公司申请办理"未再加工证明"。FORM F 的格式如表 9-13 所示，其填写要点如下：

(1) 应填写出口商详细的依法登记的名称、地址（包括国家）。

(2) 在已知的情况下填写生产商详细的依法登记的名称、地址（包括国家）。如果证书包含一个以上生产商的商品，应该列出其他生产商的详细名称、地址（包括国家）。如果出口商或生产商希望对信息予以保密，可以填写"应要求提供给签证机构"（Available to competent governmental authority upon request）。如果生产商和出口商相同，应填写"相同"（SAME）。如果不知道生产商，可填写"不知道（UNKNOWN）"。

(3) 应填写收货人详细的依法登记的名称、地址（包括国家）。

(4) 应据所知填写运输方式及路线、详细说明离港日期、运输交通工具的编号、装货口岸和到岸口岸。

(5) 不论是否给予优惠待遇，进口方海关必须在相应栏目标注（√）。

(6) 如有要求可以填写顾客顺序号、信用证号等。如果发票是由非缔约方开出的，应在此栏标注原产国生产商的名称、地址和国家。

(7) 应填写项目号，但不得超过 20 项。

(8) 应填写唛头及包装号。

(9) 应详细列明包装数量及种类。对每种货物提供详细的货物描述，以便于查验的海关关员可以识别。货物描述应与发票描述及货物的协调制度编码相符。如果是散装货，应注明

"散装"。当货物描述结束时,加上"＊＊＊"(三颗星)或"\"(结束斜线符号)。

（10）应对应第9栏中的每种货物填写协调制度编码,以六位编码为准。

（11）若货物符合原产地规则,出口商必须按照下列表格中规定的格式,在本证书第11栏中标明其货物申报享受优惠待遇所根据的原产地标准。

出口商申报其货物享受优惠待遇所根据的原产地标准	填入第11栏
在出口方完全获得的产品	"P"
符合基本标准,即区域价值成分大于等于40%的产品	"PVC"
符合产品特定原产地规则的产品	"PSR"

（12）毛重应填写"千克",可依照惯例,使用其他计量单位(如体积、数量等)来精确地反映量。

（13）应填写发票号、发票日期及发票价。

（14）本栏必须由出口商填写、签名并填写日期而且应该填写签名的地点及日期。

（15）本栏必须由签证机构的授权人员填制、签名、填写签证日期并盖章。并应提供签证机构的电话号码,传真及地址。

表9-13

ORIGINAL

1. Exporter's name, address, country:	Certificate No:
2. Producer's name and address, if known:	**CERTIFICATE OF ORIGIN** **Form F for China-Chile FTA** Issued in ＿＿＿＿＿ (see Instruction overleaf)
3. Consignee's name, address, country:	
4. Means of transport and route(as far as known) Departure Date Vessel/Flight/Train/Vehicle No. Port of loading Port of discharge	5. For Official Use Only 　Preferential Tariff Treatment Given Under ＿＿＿＿＿ 　Preferential Treatment Not Given(Please state reasons) -------- Signature of Authorized Signatory of the Importing Country
	6. Remarks

7. Item number(Max 20)	8. Marks and numbers on packages	9. Number and kind of packages; description of goods	10. HS code (Six digit code)	11. Origin criterion	12. Gross weight quantity (Quantity Unit)or other measures(liters, m³, etc)	13. Number, date of invoice and invoiced value

(续表)

| 14. Declaration by the exporter
The undersigned hereby declares that the above details and statement are correct, that all the goods were produced in

_____
(Country)
and that they comply with the origin requirements specified in the FTA for the goods exported to

_____
(Importing country)
_____
Place and date, signature of authorized signatory | 15. Certification
It is hereby certified, on the basis of control carried out, that the declaration of the exporter is correct.

Place and date*, signature and stamp of certifying authority

Certifying authority
Tel: Fax:
Address: |

(四) 专用原产地证书

专用原产地证书是国际组织和国家根据政策和贸易措施的特殊需要,针对某一特殊行业的特定产品规定的原产地证书,主要有输往欧盟蘑菇罐头原产地证明书、烟草真实性证书等。

资料库

信用证中常见的原产地证书要求

CERTIFICATE OF ORIGIN GSP FORM A ORIGINAL AND ONE COPY, EVIDENCING CHINA AS ORIGIN OF GOODS.

FORM A 原产地证书一正一副,证明货物的原产地为中国。

CERTIFICATE OF CHINA ORIGIN ISSUED BY A RELEVANT AUTHORITY.

中国原产地证书,由相关的当局出具。

五、装箱单

装箱单的作用主要是补充商业发票内容的不足,通过表内的包装件数、规格、唛头等项目填制,明确阐明商品的包装情况,便于买方对进口商品包装及数量的了解和掌握,也便于在货物到达目的港时,海关检查和核对货物。

与装箱单作用类似的还有重量单、尺码单等,其内容大同小异,一般均列明每件货物的毛重、净重和体积。

在具体业务中,卖方须提供何种单据,需要根据国外来证的规定及商品性质。无论是装箱单(如表9-14所示)、重量单还是尺码单,缮制的方法基本相同,可以参照商业发票。但要注意以下几个问题:

表 9-14

装 箱 单
PACKING LIST

Invoice No: Date:
Buyer:
Shipped by   MARKS & NOS.
From
To

C/NOS.	NOS. & KINDS OF PKGS	ITEM	QTY	G. W. (KGS)	N. W. (KGS)	MEAS (CBM)
TOTAL PACKAGE:						

                                                                                                      SIGNATURE

（1）除非信用证另有规定,装箱单对货物的内容的描述一般都使用统称。

（2）装箱单着重表现货物的包装情况,包括从最小包装到最大包装所有使用的包装材料、包装方式。

装箱单实例如表 9-15 所示。

表 9-15

装 箱 单 实 例
××宏利水产加工有限公司
××HONGLI AQUATIC PRODUCTS PROCESSING CO.,LTD

MARKS & NUMBERS:
  N/M   发票编号
                                  装箱单   COMMERCIAL INVOICE NO. HDL06×××
                                PACKING LIST   日期:
                                                        DATE: DEC. 26. 20××
品   名: 信用证号码:
COMMODITY DESCRIPTION: FROZEN YELLOW CORVINA   L/C NO. MD1RJ612NS××

编号 NO.	规格 SPECIFICATION	件数 PACKAGE	数量 QUANTITY	毛重 GR. WT.	净重 NET. WT.	尺码 MEASUREMENT
	6.5KG/CTN					
	80/100	600CTNS	3 900KGS	24 500KGS	23 400KGS	58CBM
	100/150	3 000CTNS	19 500KGS			

SAY: THREE THOUSAND SIX HUNDRED CTNS ONLY.

> **资料库**
>
> ## 装箱单的种类
>
> PACKING LIST　　装箱单
> WEIGHT LIST　　重量单
> MEASUREMENT LIST　　尺码单
> PACKING LIST AND WEIGHT LIST　　装箱单/重量单
> PACKING NOTE AND WEIGHT NOTE　　装箱单和重量单
> PACKING LIST AND WEIGHT LIST AND MEASUREMENT　　装箱单/重量单/尺码单
> ……

包装主要有下面几种表示法：
① 只注包装方式、造型等。例如：
PACKED IN CARTON　　箱装
PACKED IN BAG　　袋装
若为散装货,只注"IN BULK"。
② 加注包装材料。例如：
PACKED IN WOODEN CASE　　木箱
PACKED IN GUNNY BAG　　麻袋装
③ 包装内加货物数量或重量。例如：
EACH CARTON CONTAINS 2 SETS　　每箱装2套
ONE DOZEN PER BAG　　每袋一打
2 KGS/CASE　　每箱2公斤
④ 注明包装件数及每件内含量。例如：
PACKED IN 100 CARTONS OF 2 PIECES EACH
装100箱,每箱2件
200 SETS=2 SETS/CTN×100CTNS
200套=每箱2套共100箱
PACKED IN 160 EXPORT CARTONS EACH CONTAINING 5 PIECES OF 56×20 YARDS
装于160个出口包装箱,每箱5匹,每匹56英寸×20码
EACH PIECE IN A POLY BAG, 1 000 PCS IN 200 CARTONS AND THEN IN CONTAINER
每件装在一个聚乙烯塑料袋内,1 000件装200箱,然后装在集装箱内
⑤ 带附带说明的包装。例如：
25KGS NET IN POLY WOVEN CLOTH LAMINATED WITH OUTER 1-PLY KRAFT PAPER BAG
每个聚乙烯塑料袋内净装25公斤,外套单层牛皮纸袋

ONE SET PACKED IN A BOX TIED UP WITH STRIPE, TWO BOXES PER CARTON
一个盒子内装一套,用带子扎起来,2套装一箱
EACH PIECE IN A POLY BAG WITH A HANGER, 2500 PCS HANGED IN ONE CONTAINER
每件带一个衣架装在塑料袋内,2 500件挂在一个集装箱内
EACH PIECE/EXPORT CARTON CARRIES A STAMP/LABEL INDICATING THE NAME OF COUNTRY OF ORIGIN IN A NON-DETACHABLE OR NON-ALTERBLE WAY
每件装在一个出口包装箱内,并带有一个印章/标签,上面以不可分开或不能更改的方式注有产地国名称

⑥ 包装相同,货物和货量不同的表示法。这种包装通常以列表的形式来表示。

⑦ 有的信用证规定"SEAWORTHY PACKING"(适于海运的包装)。"PACKING SUITABLE FOR LONG DISTANT TRANSPORTATION"(适于长途运输的包装)或"STRONG WOODEN CASE PACKING"(坚固木箱装)等。发票和装箱单应照抄。

(3) 在装箱单中一般只体现重量和体积的累计总额。如果要求出具"Detailed Packing List",装箱单中要列明每一包装的详细信息和其他相关信息,如每一包装的毛重、净重和体积等。

(4) 装箱单一般不显示收货人和价格信息,以便于买方转卖。

(5) 装箱单上若有"C/NOS.",此处应填写不同货号商品的包装序列号。例如,一批商品共有3个货号,每个货号的包装件数各为50箱、60箱和80箱,则填写该栏时要对应不同的货号分别填入"1-50"、"51-110"、"111-190"。

(6) 装箱单的号码和日期可以与发票相一致。

(7) 装箱单、重量单或尺码单可以出现特殊条款。特殊条款根据信用证要求填写的,如来证要求在装箱单中标明信用证号码、合同号码或特殊包装的说明文句等等。

六、其他证明文件

(一) 受益人证明书/申明

受益人证明书(Beneficiary's Certificate)是一种由受益人自己出具的证明,以便证明自己履行了信用证规定的任务或证明自己按信用证的要求办事,如证明所交货物的品质、证明运输包装的处理、证明按要求寄单等。

1. 受益人证明的种类

(1) 寄单证明。寄单证明是指根据信用证的规定,在货物装运前后的一定期限内,由发货人邮寄给信用证规定的收货人全套或部分副本单据(个别的要求寄送正本单据),并单独出具寄单证明书,或将寄单证明内容列明在发票内,作为向银行议付的单证。

(2) 电抄本。电抄本是指根据信用证规定,在货物出运前后的一定期限内,由发货人按信用证规定的内容,用电报、电传通知信用证规定的收电人,并以电报、电传的副本,或另缮制发电证明书,作为已发电的证明,交银行作为议付的单证。

(3) 履约证明。履约证明用来证实某件事实、货物符合成交合约或来自某产地。如交货品质证明,由发货人按信用证的规定,证明所交货物的品质。该证明书可直接作为银行议付的单证。交货品质证明书中所证明的内容一般在发票或其他单据中已表明,但信用证要求单独出具该证明书,表明开证人对货物品质的关切程度。又如,生产过程证明,由生产厂家说明产

品的生产过程。该证明书可直接作为银行议付的单证。

2. 受益人证明书的撰写

例 9-1 受益人证明书

BENEFICIARY'S CERTIFICATE

L/C NO.：DC KTG168932

Invoice No.：0110993

We hearby certify that one complete set of non-negotiable shipping documents has been faxed to applicant within 2 days after shipment.

ABC COMPANY

受益人证明书没有固定的格式,就是写一封函电,证明自己已经履行某项义务。一份受益人证明书一般有几个栏目:

(1) 受益人名称。

(2) 单据名称,标明"BENEFICIARY'S CERTIFICATE"(受益人证明)或"BENEFICIARY'S STATEMENT"(受益人声明)。

(3) 发票号码。

(4) 信用证号码。

(5) 证明内容。

(6) 受益人名称及签字。

(二) 装船通知

装船通知为在 FOB、CFR 或 FCA、CPT 条件下成交的合同的买方提供办理货物保险的凭证,也可使以 CIF 或 CIP 价格成交的买方了解货物装运情况、准备接货或筹措资金。

买方为了避免卖方因疏忽未及时通知,所以经常在信用证中明确规定,卖方必须按时发出装船通知,并规定通知的内容,而且在议付时必须提供该装船通知的副本,与其他单据一起向银行议付。因而装船通知也是提交银行结汇的单据之一。

装船通知(Shipping advice 或 Advice of shipment)或称装船声明(Shipping statement 或 shipment declaration)即按信用证或合同规定,发货人通常在装船后将装船情况通知进口商,以便及时办理保险或准备提货租仓等。接受通知的一般是进口商,也有的是进口商指定的保险公司。通知的方式通常为电报通知,电报抄本随其他单据交银行议付。

装船通知的主要内容有:收件人名称和地址、合同号或信用证号、货号、数量、金额、船名、开航日期、提单号码、发电日期等。

发电日期不能超出信用证规定的时限,如信用证规定"within two days after shipment"(装船后 2 天内),假如提单日为 21 日,最晚发电不能超过 23 日午夜 12 点,如信用证规定"Immediately after shipment"(装船后立即),应掌握提单日后 3 天之内。

装船通知的内容如表 9-16 所示。

(1) 单据名称,按照信用证的规定,如"Declaration of shipment"、"Certified Copy of Telex"、"Shipping advice"等。

表 9-16

装 船 通 知 书
装 船 通 知 书
SHIPPING ADVICE

Tel:
Fax:
E-mail:

Messrs:	Name	
	Address	

RE:
Dear Sirs:
    We are pleased to advise you of the above captioned shipment for your insurance purpose with the following particulars.

(1) Quantity:	
(2) Description of Goods	
(3) Value:	
(4) Means of Conveyance:	
(5) Date of Sailing	
(6) Port of Loading	
(7) Port of Destination:	
	SIGNATURE

    (2) 收件人电话、传真和电子邮件。

    (3) 抬头人姓名和地址。装船通知的抬头人取决于装船通知要发给谁。一般有三种情况：

    ① 填写保险公司的名称和地址，即与买方签发了预约保险单的保险人名称与地址。有些进口国家规定保险须在进口国投保，进口商与保险人签订预保合同，要求我方公司在装运时直接向进口国的保险人发出装船通知。这种装船通知在上述预保合同业务中，又叫保险声明(Insurance Declaration)。当保险人直接收到装船通知后，可以将预约保单及时转成为一份正式的保险单。

    ② 填写开证人名称与地址。

    ③ 填写信用证规定的代理人的名称与地址。代理人收到通知后，可及时通知保险公司实际装船情况以便及时投保，同时方便收货人准备收货或卖出在途货物。代理人可以是保险公司的代理人，也可以是开证人的代理人，甚至可以是收货人本人。

    装船通知实例如表 9-17 所示。

    (4) 商品信息，如商品的数量、描述、规格、金额等。

表 9-17

装船通知实例

××轻工家电有限公司

××LIGHT ELECTRICAL APPLIANCES COMPANY LIMITED

××,DEZHENG ROAD SOUTH GUANGZHOU,CHINA.

传真 FAX：+86-××-8331 67××

编号 OUR REF. NO.：GDP982653

To Messrs：A. B. C. CORP. AKEDSANTERINK AUTO

P. O. BOX. 9, FINLAND

ADVICE OF SHIPMENT

1) Name of Commodity	HALOGEN FITTING W500
2) Quantity：	800 CARTONS
3) Invoice Value：	USD36 480.00
4) Name of Carrying Steamer：	DONGFANGHONG
5) Date of Shipment：	MAY 20,2007.
6) Shipping Marks：	N/M
7) Credit No.：	LRT9802457
8) Port of Loading：	GUANGZHOU
9) Port of Discharge：	HELSINKI

××LIGHT ELECTRICAL
APPLIANCES CO.,LTD.

（5）运输信息，包括装运港、目的港、启运时间、船名、航次号、运输方式等。

（6）出口公司名称及签章。

当然，受益人也可以按照信用证的规定来制作装船通知。

资料库

信用证中常见的装船通知条款

BENEFICIARY'S CERTIFIED COPY OF FAX DISPATCHED TO APPLICANT WITHIN 24 HOURS AFTER SHIPMENT IN FULL DETAILS INCLUDING DATE OF DEPARTURE, SHIPPING MARKS, VESSEL NAME, NUMBERS OF L/C, B/L AND CONTRACT AS WELL AS NUMBER OF PACKAGES TOGETHER WITH TOTAL GROSS WEIGHT AND GOODS VALUE.

受益人在交单时须向银行提交受益人签字证明的电传副本。该电传必须在装船后48小时内发给开证申请人，告知开船时间、船名、信用证号、提单号、合同号、包装数量、毛重和货物金额。

小思考：如信用证书常见的装船通知条款所要求的单据要如何制作？

例 9-2 受益人证明书电传副本

BENEFICIARY'S CERTIFIED COPY OF FAX

Sep. 16, 20××

From: ×× XINHUA TRADING CO., LTD.
To: AUEX TRADING CO., LTD.
    Re: Invoice No. JK7965   L/C No.: AT496

We hereby inform you that the goods under the above mentioned credit have been shipped. The details of the shipment are stated below.

Commodity:	Digital Temperature Regulator
Contract No.:	STYB1475
B/L No.:	COS54789
Total Gross Weight:	4 500KGS
Goods Value:	USD75 256.00
Numbers of Packages:	450CTNS
Ocean Vessel:	s.s. HAIHANG 896
Date of Departure:	Sep. 15, 2004
Port of Loading:	NINGBO
Port of Destination:	NEW YORK
Shipping Marks:	AUEX
	STYB1475
	NEW YORK
	Nos. 1~450

We hereby certify that the above content is true and correct.

                              ×× XINHUA TRADING CO., LTD.

（三）船公司证明

船公司证明（Shipping Company's Certificate）又称"船证明"，是进口方要求受益人提供的、由船公司或其代理人出具的用以说明载货船舶的船籍、船龄、船程等内容的一类证明文件。其作用是供进口方满足其政府要求或了解运输情况。种类比较多，主要有船籍及船龄证明（例9-3）、航程证明（例9-4）、船级证明、黑名单证明（例9-5）、进港证明、运费收据等。

各类船公司证明的主要栏目内容通常包括：

（1）出证日期和地址：一般为签发提单的日期和地址。

（2）船名和提单号：表明本次运输的运载船只及其提单号。

（3）证明函标题：按照信用证要求提供不同种类的证明，标题常为"Certificate of ××"或"Statement of ××"。如果信用证未规定标题，此项可省略。

（4）抬头人：笼统打印为"TO WHOM IT MAY CONCERN"（致有关人士）。

（5）证明内容：按照信用证要求，根据实际作出相关证明。

(6)出证人签章:应与提单签单人一致,通常为承运货物的船公司或其代理人、外轮代理公司或承担联运业务的外运公司等。

例 9-3 船龄证明

CERTIFICATE

TO WHOM IT MAY CONCERN:
THIS IS TO CERTIFY THAT THE CARRYING VESSEL S.S. EAST IS NOT MORE THAN 25 YEARS OLD AND FITS FOR LONG VOYAGE.

×××SHIPPING CO.

知识链接

阿拉伯国家的特殊要求

与阿拉伯国家的商人做进出口贸易时要注意,他们经常会要求提供船籍证明和航程证明。船籍证明是用以说明载货船舶国籍的证明,航程路线证明是用以说明载货船舶在航程中停靠港口的证明。有时买方出于政治的原因或为了避免在航行途中货船被扣的风险,对装货船舶的国籍、航线、停靠港口予以限制,要求不得使用某些国家的船只,或船只不经过某些地区,或不在某些港口停靠,并要求买方提供相应的证明。比如,来证规定:"A CERTIFICATE FROM THE SHIPPING COMPANY OR THEIR AGENT STATING THE GOODS ARE SHIPPED ON VESSELS THAT ARE ALLOWED BY ARAB AUTHORITIES TO CALL AT ARABIAN PORTS AND NOT SCHEDULED TO CALL AT ANY ISRAELI PORT DURING ITS VOYAGE TO THE UAE."

例 9-4 航程证明

ITINERARY CERTIFICATE

(date, place)

TO WHOM IT MAY CONCERN:
WE HEREBY CERTIFY THAT THE CARRYING VESSEL S.S. ×× ARE ALLOWED BY ARAB AUTHORITIES TO CALL AT ARABIAN PORTS AND NOT SCHEDULED TO CALL AT ANY ISRAELI PORT DURING ITS VOYAGE TO THE UAE.

(SIGNATURE)

上述证明如为船代理签章,应在签字后加注:AS AGENT FOR THE CARRIE。

例 9-5

黑名单证明
CERTIFICATE

DATE: 30 APR, 2004

Invoice Number: SU345798
B/L Number: AF3450957850
Vessel Name: HAN JIN V. 508

To whom it may concern:

We hereby certify that the carrying vessel is not a blacklisted ship nor of Israeli nationality and she is not scheduled to call at any Israeli ports.

××国际货运有限公司
×× INTERNATIONAL TRANSPORTATION CO. , LTD.

七、汇票

汇票(Bill of Exchange, Draft)是国际贸易结算中非常重要的一种票据。《中华人民共和国票据法》规定汇票的定义是:"汇票是出票人签发的,委托付款人在见票时或者在指定日期无条件支付确定的金额给收款人或者持票人的票据。"在国际贸易结算实务中,汇票在信用证和托收业务中都有使用,但在信用证业务中使用更为广泛,下面分别介绍跟单信用证的汇票缮制和跟单托收项下汇票的缮制。

(一)跟单信用证汇票缮制

下面以图 9-18 为例来说明汇票缮制。

(1)出票根据(Drawn under):这一项要求填写开证行名称与地址。在信用证支付条件下,开证行是提供银行信用的一方,开证行开出的信用证就最终伴随所要求的单据成为凭以向买方(付款人)收款的书面证据。本栏目要求根据信用证写出开证行全称。

(2)信用证号码(L/C NO.)。这一栏的内容要求填写正确。但有时来证要求不填这一栏目,出口公司在制单过程中也可以接受。

(3)开证日期(Dated):这一栏应填写的是开证日期,常见的错误是把出具汇票的日期填在这一栏中了,因此,在实务操作中应多加注意。

(4)年息(Payable with interest ×‰ per annum)。这一栏由结汇银行填写,用以清算企业与银行间的利息费用。

(5)号码(NO.):这一栏的填写内容是制作本交易单据中发票的号码。本来的用意是核对发票与汇票中相同和相关的内容,如金额、信用证号码等。一旦出现这一栏内容在一套单据错误或需要修改时,只要查出与发票号码相同的汇票,就能确定它们是同一笔交易的单据,给核对和纠正错误带来了方便。但在实务工作中,制单人员往往将这一栏也称作汇票号码,因此,汇票号码一般与发票号码是一致的。

表 9-18

汇 票
BILL OF EXCHANGE

凭　　　　　　　　　　　　　　　　　　　　　信用证号
Drawn under _____ L/C NO. _____

日期　　　　　　　　　　　　　支取
Dated _____ Payable with interest @ _____% 按_____息_____付款

号码　　　　　　　汇 票 金 额 ▨▨▨▨▨▨▨▨▨▨▨▨▨▨ ××
No. _____ Exchange for ▨▨▨▨▨▨▨▨▨▨▨▨▨▨▨▨▨

见票_____日后(本汇票之副本未付)
At _____ sight of this FIRST of Exchange (Second of Exchange being unpaid)

付　　交
Pay to the order of _____

金　　额　▨▨▨▨▨▨▨▨▨▨▨▨▨▨▨▨▨▨▨▨▨▨▨▨▨▨▨▨▨▨
The sum of ▨▨▨▨▨▨▨▨▨▨▨▨▨▨▨▨▨▨▨▨▨▨▨▨▨▨▨▨▨▨

款　已　收　讫
Value received As per Seller's invoice No.

此致：
To：_____
　　_____
　　_____

　　　　　　　　　　　　　　　　　　　　　　　_____
　　　　　　　　　　　　　　　　　　　　　　　　　　　(Signature)

表 9-19

汇 票 实 例

　　　　凭　　　SAKURA BANK. LTD. , THE (FORMERLY MITSUI
　　Drawn under　TAIYO KOBE) TOKYO
　　信用证　　　　第　　　　　号
　　L/C　　　　No.　645-3000598　　　　　　　　　　　　　　1
　　日期　　　　　年　　月　　日
　　dated　　　　JAN. 13, 20××

按　　　　　　息　　　　　　　　　　　　　付　　款
Payable with interest @ _____% per annum

号码　　　　　汇 票 金 额　　　　　　　　　　中国．广州　　年　月　日
No. LMS793　　**Exchange** for　USD 16 000.00　Guangzhou. China _____

见票　　　　　　　　　　　　　　　　　　日后（本汇票之副本未付）付
At _____ * * * * * * _____ sight of this **FIRST** of Exchange (Second of Exchange being unpaid)
Pay to the order of _____ BANK OF CHINA _____ 或 其 指 定 人

金　　额　▨▨▨▨▨▨ U. S. DOLLARS SIXTEEN THOUSAND ONLY, ▨▨▨▨▨▨
The sum of ▨▨▨▨▨▨▨▨▨▨▨▨▨▨▨▨▨▨▨▨▨▨▨▨▨▨▨▨▨▨

此致：
To： SAKURA BANK, LTD. THE (FORMERLY　　　×× IMPORT AND
　　 MITSUI TAIYO KOBE) TOKYO　　　　　　　　EXPORT CORP. (GROUP)

(6)汇票小写金额(Exchange for):汇票上有两处相同案底的栏目,较短的一处填写小写金额,较长的一处填写大写金额。汇票金额一般不超过信用证规定的金额。在填写这一栏时同时应注意其金额不包含佣金,即应填写净价。

(7)汇票大写金额:大写金额由小写金额翻译而成,要求顶格,不留任何空隙,以防有人故意在汇票金额上做手脚。大写金额也由两部分构成:一是货币名称,二是货币金额。常见的货币英文名称写法如下:美元(USD)、英镑(GBP)、瑞士法郎(CHF)、中国香港港币(HKD)、日元(JPY)、人民币(CNY)、欧元(EUR)、澳大利亚元(AUD)、加拿大元(CAD)等。

汇票实例如表9-19所示。国外开来的汇票实例如表9-20所示。

表9-20

国外开来的汇票实例

☐ Drawn Under Documentary Credit Number LC94014×× Issued by Bank of China Dated 040412

(USD 867 436.85)

28/05/2004

At SIGHT of this FIRST of Exchange (Second of the same tenor and date being unpaid)

Pay to the order of AUSTRALIA AND NEW ZEALAND BANKING GROUP LIMITED
the sum of <u>EIGHT HUNDRED AND SIXTY SEVEN THOUSAND FOUR HUNDRED AND THIRTY SIX DOLLARS AND EIGHTY FIVE CENTS USD</u>

To
<u>BANK OF CHINA JIANGSU BRANCH</u>
<u>NO 148 SOUTH ZHONGSHAN ROAD</u>
<u>NANJING 21005 JIANGSU CHINA</u>

PENTARCH FOREST PRODUCTS PTY LTD

<u>小思考:若合同金额和信用证上的金额不一致时,汇票上的金额要如何处理?</u>

案例链接

发票和汇票缮制错误导致损失案

我某出口公司A与科威特某中间商成交货物一批,贸易条件为CFRC5,货值为RMB 52 500。国外开来L/C总金额为49 875元,并注明"议付时扣5%佣金额给某商号",原文为"When negotiation 5% commission to be deducted from amount negotiated and returned to ××"。但A公司在制单中忽视核对L/C金额,在缮打发票和汇票时

(续上)

均按照合同金额52 500元,议付时银行扣除5%,按49 875元借记开证行北京账户。开证行接单后来电拒付,理由是发票金额超过来证金额。经多次与开证行及中间商交涉均无效,只好在L/C有效期内另赶制新发票和汇票,即金额改为49 875元,再扣去5%佣金,白白损失了5%的金额计2 493.75元的收入。

案情分析

本案例中的A公司业务人员因缺乏经验,并对缮制单据复核把关不严,以致中了国外商人设下的圈套,可谓有苦难言。本案的教训如下:

(1) 忽视审查L/C金额与合同金额是否相符。本案来证总金额为49 875元,A公司审证时未能发现L/C所列金额与合同不符。按照合同,总金额应为52 500元,而不是49 875元。业务人员对于L/C上"议付时扣5%……"错误理解为:L/C上金额是合同总金额52 500元扣5%佣金后的净额49 875元,于是在缮打发票、汇票时均按合同规定办理。开证行发现单证不符予以拒付是必然的。这个错误本来可以避免,只是由于A公司审证制单把关不严,才误入了国外商人设下的圈套,等于白送了5%的佣金,即人民币2 493.75元给人家。

(2) 审证制单要有全面的专业知识和较强的责任心。审证是一项既细致又专业性很强的工作,工作人员稍有疏忽就会带来不可弥补的损失。作为外贸单证工作人员,不仅要具备良好的专业知识,熟悉合同的条款及操作方法,而且要有风险防范意识和丰富的经验;否则,就会给外方欺诈机会,给自己造成不必要的损失。

(8) 付款期限(At ... sight):汇票付款有即期和远期之分。

① Sight Draft 即期汇票。表明在汇票的出票人按要求向银行提交单据和汇票时,银行应立即付款。即期汇票的付款期限这一栏的填写较简单,只需使用"×××"或"———"或"＊＊＊"等符号或者直接将"AT SIGHT"字样填在这一栏目中,但该栏不得空白不填。

② Time Draft 远期汇票。表明在将来的某个时间付款。比如,30天远期应表示为at 30 day's sight。

(9) 受款人(Pay to the order of):应从信用证的角度来理解这一栏目的要求。由于信用证是银行提供信用证金额,而整个信用证的执行都处在银行监督、控制下,同时开证行也不会跟受益人直接往来,而是通过另一家银行与受益人接触。当开证行按信用证规定把货款交给受益人时,也应通过一家银行,这家银行应成为信用证履行中第一个接受货款的一方,为此,被称为受款人。所以在信用证支付的条件下,汇票中受款人这一栏目中填写的应是银行名称和地址,一般都是议付行的名称和地址。究竟要填哪家银行作为受款人,这要看信用证中是否有具体的规定,即是公开议付还是限制议付。

(10) 付款人(To):信用证项下汇票的付款人和合同的付款人不完全相同。从信用证的角度来看,汇票的付款人应是提供这笔交易的信用的一方,即开证行或其指定付款行为的付款人。但从合同的意义来看,信用证只是一种支付方式,是为买卖合同(S/C)服务的。买卖交易中最终付款人是买方,通常是信用证的开证申请人。在填写汇票时,应严格按照信用证的规定填写。

> **资料库**
>
> ### 常见的中国银行的英语名称
>
> | | |
> |---|---|
> | 中国银行 | Bank of China |
> | 中国工商银行 | Industrial & Commercial Bank of China |
> | 中国交通银行 | Bank of Communications, China |
> | 中国农业银行 | Agriculture Bank of China |
> | 中国建设银行 | China Construction Bank |

(11) 出票人（Drawer）：虽然汇票上没有出票人一栏，但习惯上都把出票人的名称填在右下角，与付款人对应。出票人即出具汇票的人，在贸易结汇使用汇票的情况下，一般都由出口企业填写，主要包括出口公司的全称和经办人的名字。

汇票在没有特殊规定时，都打两张，一式两份。汇票一般都在醒目的位置上印着"1"、"2"字样，或"Original"、"Copy"，表示第一联和第二联。汇票的第一联和第二联在法律上无区别。第一联生效则第二联自动作废（Second of Exchange being unpaid）；第二联生效，则第一联也自动作废（First of Exchange being unpaid）。

（二）托收汇票的缮制

在以托收方式托收汇款时，使用的汇票与信用证支付条件的汇票相似。

在填写方式上有以下区别：

(1) 出票根据、信用证号码和开证日期三栏是不需要填写的，或在"Draw under"后的空栏内打上"For Collection"字样；或者在缮制托收汇票时，这三项不用缮制。

(2) 在"付款期限"栏目中，填写 D/P At Sight（即期付款交单）或 D/P ×× days（××天远期付款交单）；D/A ×× days（××天承兑交单）。

(3) 在"收款人"栏目中，填写托收行名称。

托收汇票也是一式两份。两联汇票起相同的法律作用。当第一联汇票生效时，第二联自动作废（Second of Exchange being unpaid）；当第二联汇票生效时，第一联汇票自动作废（First of Exchange being unpaid）。

八、单证缮制常见的问题

由于在国际贸易中，单据的种类繁多、内容复杂、单据的出具人各有不同，此外，再加上贸易惯例、语言、法律、货币等的不同，所以在出口单据缮制中，经常遇到一些诸如出单人、单据的格式与内容等问题，下面我们将对出口制单中经常遇到的问题进行解释。

（一）单据的正本与副本

正本单据（Original Document）是在信用证中经常要求的一种单据形式。一般来说，除非有明确的要求，否则在出口商提交的单据中，都要有"正本"字样。特别是海运提单，在承运人收到承运货物后签发的书面提单中，通常有2～3份正本，若干份副本，但能够提货、背书转让或抵押的只有正本提单，副本提单只能供有关部门做业务资料使用。

对于什么是正本单据,特别是当要求提交多份正本单据时,按照业务惯例,下列两种方式出具的单据即为正本:一是由书写工具(主要是钢笔)、打印机的色带或油墨直接出具的单据;二是由复印机复印或复写,由已被授权的人用钢笔签署,并加有"正本"字样和加盖有关印章后的单据。

需要注意的是,传真件即由传真机接收的文件不能作为正本。副本单据(copy document or duplicate document)是标明"副本"字样或没有标明"正本"字样的单据,副本单据无须签字。如果信用证要求如"original Form A two copies",则复印的 copies 必须经过商品检验局(发证机构)验证并加盖"original"戳记。

(二)单据的签署与印章

签署贸易文件是表明署名人接受有关文件规定的内容,或对内容的正式确认,表明文件内容是真实的。在较多的国际贸易文件中,都必须经过签署后才能生效。在已印制好的格式文件中,都有一个线条以供签署用。单据中的签字通常和"正本"字样一起使用以显示文件为正本文件。

在信用证中,通常要求商业发票要有签字,可转让的海运提单也必须是手签的原件才算有效。

有些情况下,除了签字以外,还要求在单据上加盖公司印章,这是为了说明公司现在是具有交易资格的实体。

(三)单据的签发人

一般情况下,进口商在合同或信用证中会对所要求的单据或证书等的签发人作出明确、具体的指示,通常出口单据是由出口商签发或获得的。但是,如果进口商或开证行没有指定具体的单据签发人,或者是要求"一流"、"著名"、"合格"、"独立"、"正式"、"有资格"、"当地"及类似意义的用语来描述信用证项下应提交的单据出单人的身份时,出口商可以自己决定由谁出具单据。

但其中的例外是商检证书和原产地证书,一般进口国的主管部门不接受由原产国以外的其他国家的主管机构签发的此类证书。

(四)单据的份数

根据《UCP600》的规定,如果信用证要求提交多份单据,诸如"一式两份"、"两张"、"两份"等,此时的含义是一正一副,即需要提交一份正本,其余份数以副本来满足。但信用证或单据本身另有相反的指示的除外。

(五)单据的真实性

《UCP600》第三条中明确,"当信用证含有要求使单据合法、签证单据、证明单据或对单据有类似要求的条件时,这些条件可由在单据上签字、标注、盖章或标签来满足,只要单据表面已满足上述条件即可"。

因为证实(authenticate)、生效(validate)、合法(legalize)、签证(visa)、证明(certificate)等这些术语的含义在不同的国家有很大不同,因此受理信用证业务的银行有权接受表面上符合条件的任何单据。如果进口商在合同中或在信用证中明确表明需要何种单据、如何证明其真实性、需要由哪个特定的机构来证实时,则出口商要按要求办理。

(六)电子单据

从20世纪60年代以来,特别是电子数据交换(EDI)和互联网的发展,电子单据在国际贸易中的使用越来越广泛。电子单据的使用使得单据的制作更快捷、更标准化和低成本,但是,随之也产生了如何判断"正本"、如何"签字"等诸多问题。

对于 EDI 电子单据,只要有关当事人事先达成协议,也可以作为"正本"接受。电子文件的"电子签名"方式,也需要有关当事人事先达成协议。

情景模拟

在货物顺利出运之后,郭东及时将装运情况通知了卖方。接下来的工作,就是缮制各种单据并交付银行议付。郭东知道,缮制单据是一个不容许丝毫马虎的工作,一个微小的差错可能就会导致收款不成,或者至少也会被银行扣去一些费用。因此,对照着信用证的要求,郭东展开了细致的工作。

要求:

(1) 撰写装船通知。

(2) 按照信用证的要求制作全套议付单据和电汇下的全套议付单据。

补充资料:

D. D. 公司:

发票号码:SMT2357　　发票日期:20××年5月15日

船名和航次:JIEDA V.39　　提单号码:70081

H. S. Code:64020000

原产地证书号:02064153

保险单号:18949

MRK 公司:

原产地证书号:0083301026150468

自我训练

练习一

说明下列条款的含义。

(1) All drafts drawn under this credit must contain the clause "Drafts drawn Under Bank of China Credit No. 4785 Dated Sep. 15, 20××".

(2) Drafts are to be drawn in duplicate to our order bearing the clause "Drawn under United Malayan Banking Corp. Irrevocable Letter of Credit No 89787 Dated July 12, 20××".

(3) Draft(s) so drawn must be in scribed with the number and date of this L/C.

(4) Beneficiary's original signed commercial invoices at least in 8 copies issued in the name of the seller indicating the merchandise, country of origin and any other relevant information.

(5) Signed invoice combined with certificate of origin and value in 6 copies as required for imports into Nigeria.

(6) 4% discount should be deducted from total amount of the commercial invoice.

(7) Full set of clean on board bill(s) of lading marked "Freight Prepaid" to order of

shipper endorsed to ×× Bank, notifying buyers.

(8) Insurance policy or certificate covering W. A. (or F. P. A.) and war risks as per ocean marine cargo clause and ocean marine cargo war risk clauses of the People's Insurance Company of China dated 1/1/1981.

(9) Certificate of inspection certifying quality & quantity in triplicate issued by CCPIT/CIQ.

(10) Certificate customs invoice on form 59A combined certificate of value and origin for developing countries.

(11) One original bill of lading plus copy of shipping documents have been sent to us directly by D. H. L within 7 days from bill of lading date.

(12) If documents presented under this credit are found to be discrepant, we shall give notice of refusal and shall hold document at your disposal.

(13) All documents must be manually signed and dated on or after the date of this L/C date and must quote this L/C No. and date.

练习二

根据所给的资料缮制出口汇票。

20××年8月,我国某市多米尼克公司和英国GEOTAX贸易公司签订合同出口箱包(RUCKSACK)1005个,合同总价值19 939美元。20××年9月7日,某市多米尼克公司收到英国米兰银行开来的信用证,其中汇票条款规定:"Beneficiary's draft at sight is to be made out for 100% of invoice value and drawn on us."。20××年9月底,多米尼克公司装运完毕,向中国银行某市分行交单议付。请根据上述背景和下面所给出的资料缮制汇票。

发票号码:LTD7930

开证日期:9月5日

信用证号:JKL145873

开证行:英国JACKSON银行(JACKSON BANK,UK)

出票时间:20××年10月4日

出票人:某市多米尼克公司(×××× DOMINIQUE CO. LTD)

付款人:英国米兰银行(MILAN BANK, UK)

收款人:某市多米尼克公司或凭其指定

付款时间:即期付款

练习三

下面的条款摘自一份信用证,请问这份信用证对单据有什么要求。

(1) FULL SET OF CLEAN ON BOARD MARINE BILLS OF LADING MADE OUT TO ORDER, ENDORSED IN BLANK MARKED 'FREIGHT PREPAID' AND NOTIFY APPLICANT.

(2) INSURANCE POLICY OR CERTIFICATE (IN DUPLICATE) SHOWING BENEFICIARY AS ASSURED, BLANK ENDORSED FOR FULL INVOICE VALUE PLUS 10% WITH CLAIMS PAYABLE IN SINGAPORE IN THE CURRENCY OF THE CREDIT COVERING ALL RISKS AND WAR RISKS AS PER CIC DATED 01/01/1981 OF THE PEOPLE'S INSURANCE CO. OF CHINA. OPEN COVER DECLARATIONS ARE NOT ACCEPTABLE.

(3) PACKING LIST IN 1 ORIGINAL AND 2 COPIES.
(4) YOUR SIGNED COMMERCIAL INVOICE IN 1 ORIGINAL/S AND 5 COPY/IES.
(5) BENEFICIARIES COPY OF SHIPPING DETAILS WITHIN 24 HOURS AFTER SHIPMENT EFFECTED.
(6) C/O IN ONE ORIGINAL.

练习四

根据下面的信用证制作单据。

SEQUENCE OF TOTAL	*27：1/1
FORM OF DOC. CREDIT	*40A：IRREVOCABLE
DOC. CREDIT NUMBER	*20：LC12712805
DATE OF ISSUE	*31C：××0320
EXPIRY	*31D：DATE ××0515 PLACE CHINA
APPLICANT BANK	*51A：CITI BANK, ANDALOUS BRANCH AHMED BIN HANBAL ST. P. O. BOX 490 JEDDAH 21411 SAUDI ARABIA
APPLICANT	*50：AMB IMP. & EXP. CO., LTD SAMBA STREET P. O. BOX 120 JEDDAH 21413 SAUDI ARABIA
BENEFICIARY	*59：ZHEJIANG MINGYU ELECTRIC CO., LTD. NO. ×× HAIXING RD. ××, CHINA
AMOUNT	*32B：CURRENCY USD AMOUNT 13 625.00
AVAILABLE WITH... BY...	*41D：ANY BANK BY NEGOTIATION
DRAFTS AT...	*42C：AT SIGHT
DRAWEE	*42D：CITI BANK, ANDALOUS BRANCH
PARTIAL SHIPMENTS	*43P：NOT ALLOWED
TRANSSHIPMENT	*43T：ALLOWED
LOADING IN CHARGE	*44A：NINGBO, CHINA
FOR TRANSPORT TO...	*44B：JEDDAH, SAUDI ARABIA
LATEST DATE OF SHIP	*44C：××0430
DESCRIPT. OF GOODS	*45A：

COMMODITY：CIRCUIT BREAKER（断路器）
ITEM NO.： WS1020　3 000PCS　USD 1.50/PC
　　　　　WT1041　2 500PCS　USD 1.80/PC
　　　　　ZT3050　2 500PCS　USD 1.85/PC

TOTAL VALUE: FOBC3 NINGBO, USD 13 625
PROFORMA INVOICE NO. P/10504011
SHIPPING MARKS: AMB
P/10504011
JEDDAH
NOS. 1-160

DOCUMENTS REQUIRED *46A:

1. SIGNED COMMERCIAL INVOICE IN TRIPLICATE CERTIFYING THAT GOODS ARE CONFORM TO ABOVE MENTIONED PROFORMA INVOICE.

2. PACKING LIST IN TRIPLICATE INDICATING THE GROSS WEIGHT, NET WEIGHT AND MEASUREMENT OF EACH PACKAGE.

3. 3/3 SET OF CLEAN ON BOARD MARINE BILLS OF LADING MADE OUT TO OUR ORDER, MARKED FREIGHT PREPAID NOTIFY APPLICANT.

4. CERTIFICATE OF ORIGIN IN ONE ORIGINAL AND TWO COPIES ISSUED BY THE LOCAL INSPECTION BUREAU.

5. BENEFICIARY'S CERTIFICATE STATING THAT ONE SET OF NON—NEGOTIABLE SHIPPING DOCUMENTS HAS BEEN SENT TO THE APPLICANT BY DHL COURIER WITHIN 24 HOURS AFTER SHIPMENT.

6. SHIPPING ADVICE DESPATCHED TO THE APPLICANT AND TO M/S. BUF INSURANCE LTD., JAHAMA RD. POB. 046 JEDDAH, SAUDI ARABIA REFERRING TO OPEN POLICY NO. 6043068819 WITHIN 24 HOURS AFTER SHIPMENT VIA FAX OR COURIER IN FULL SHIPMENT DETAILS.

7. CARRIER/CARRIER'S AGENT CERTIFICATE IS REQUIRED TO THIS EFFECT THAT THE CARRYING VESSEL IS OPERATING UNDER A FLAG OTHER THAN ISRAEL AND NOT SCHEDULED TO CALL AT ANY ISRAELI PORT DURING ITS VOYAGE TO SAUDI ARABIA.

8. AT THE TIME OF NEGOTIATION, YOU WILL BE PAID LESS 3% OF INVOICE VALUE, BEING COMMISSION PAYABLE TO THE APPLICANT AND THIS SHOULD BE SHOWN ON A SEPARATE CREDIT NOTE.

ADDITIONAL COND. *47A:

1. ALL DRAFT(S) REQUIRED MUST MARK THE NUMBER AND ISSUING DATE OF THIS CREDIT AND THE NAME OF OUR BANK.

2. ALL DOCUMENTS MUST BE MADE IN ENGLISH.

3. THIRD PARTY DOCUMENTS ARE NOT ACCEPTABLE.

4. A DISCREPANCY FEE OF USD50.00 WILL BE DEDUCTED FROM THE PROCEEDS IF DOCUMENTS ARE PRESENTED WITH DISCREPANCY(IES).

DETAILS OF CHARGES *71B:

ALL BANKING CHARGES OUTSIDE THE ISSUING BANK ARE FOR A/C OF BENE. A WIRE PAYMENT FEE AND A DISCREPANCY FEE MAY BE DEDUCTED

FROM THE AMOUNT OF THE DRAWING
    PRESENTATION PERIOD   *48:
DOCUMENTS MUST BE PRESENTED FOR NEGOTIATION WITHIN 15 DAYS AFTER THE DATE OF SHIPMENT,BUT NOT LATER THAN THE EXPIRY DATE
    CONFIRMATION   *49: WITHOUT
    INSTRUCTIONS   *78:
1. ALL DOCUMENTS ARE TO BE FORWARDED TO US IN ONE LOT BY COURIER.
2. WE HEREBY UNDERTAKE THAT ALL DRAFTS DRAWN UNDER AND IN COMPLIANCE WITH THE TERMS OF THIS L/C WILL BE DULLY HONORED ON PRESENTATION.
3. THIS CREDIT IS SUBJECT TO THE UNIFORM CUSTOMS AND PRACTICE FOR DOCUMENTARY CREDITS 1993 VERSION I. C. C. PUBLICATION NO. 500 AND NO CONFIRMATION WILL FOLLOW.

其他相关材料：

（1）发票号码：INV0533126　发票日期：20××年4月25日

（2）商品资料。

ITEM NO.	WS1020	WT1041	ZT3050
PACKING	50 PCS/CTN	50 PCS/CTN	50 PCS/CTN
G. W.	10.20KG/CTN	10.50K/CTN G	11.40KG/CTN
N. W.	9.20KG/CTN	9.50KG/CTN	10.40KG/CTN
MEAS	0.018CBM/CTN	0.018CBM/CTN	0.018CBM/CTN

（3）产地证号码：5520085　产地证日期：20××年4月26日　H. S. Code：8535.2100

（4）提单号码：WSK8035012　装船日期：20××年4月28日
　　船名：DUKEAPL　航次：V.301

（5）假设这批货物出口到德国，可享受普惠制优惠税率。须制作FORM A。FORM A的编号是ZJGA33527/050021，签发时间是20××年4月26日。买方名称和地址如下：
STE FOREIGN TRADE CO.
754 DENFORD ST.
HAMBURG, GERMANY
请制作FORM A，其他资料不变。

（6）假设该批货物出口到加拿大温哥华，要求制作加拿大海关发票。其中，买方的名称和地址如下：
SOMIC TRADING CO.
2510 LAUREN STREERT
VANCOUVER, CANADA。
请制作海关发票，其他资料不变。

训练十　交单结汇和退税

交单结汇是出口商通过银行办理国际结算的必要程序。交单是出口商将信用证规定的单据在规定的交单期限内交给议付行的行为；交单后议付银行在保留追索权的条件下购买出口商出具的汇票和单据，称为议付；出口商将所得的外汇按照外汇牌价卖给银行称为结汇。退税是有出口经营权的企业和代理出口货物的企业，可在货物报关出口并在企业财务账册作销售处理后，凭有关单证按月报送税务机关批准退还增值税。

本章要求

★ 出口收汇核销单的填制
★ 缮制其他退税单据

一、交单议付

信用证交易是纯粹的单据买卖，出口人要想及时、安全地收回货款，在按信用证要求装运货物完毕后，应立即缮制信用证规定的全套单据，开立汇票与发票，连同信用证正本（如经修改的还需连同修改通知书）在信用证规定的交单期和信用证的有效期内，递交信用证限定的银行或通知行或自己有往来的其他银行请求议付，该过程称为交单。办理议付的银行则称为议付行。

议付（Negotiation）是指议付行向受益人购进由其出立的汇票及所附单据，俗称买单，是出口押汇的一种做法。议付实际上是议付行对受益人的垫付，所以，议付也被银行称之为出口押汇业务，习惯上把议付称作买单。议付行办理议付后成为汇票的善意持票人，如遇开证行拒付，有向其前手即受益人行使追索的权利。

议付银行收到出口方递交的单据后，在议付前，首先要对信用证进行审核：一是审核信用证是否过期；二是审核信用证金额是否用完；三是审核信用证是否经开证行撤销。其次是严格按照信用证规定审核单据，并在收到单据次日起不超过7个银行工作日将审核结果通知受益人。如审核无误，即按照信用证要求，以与出口人约定的方法议付货款，同时办理结汇，即银行将收到的出口外汇按当日人民币市场汇率的银行买入价购入，进而结算成人民币支付给出口人。议付行在审核单据时，若发现单据有不符点，会退交出口人拒绝议付。信用证要求的单据不尽相同，CIF合同项下一般要求提供汇票、商业发票、提单、保险单、产地证、装箱单等。

由于银行的付款、承兑和议付均以受益人提交的单据完全符合信用证条款的规定为条件，所以交付单据应严格做到正确、完整、及时、整洁的要求。为了提高单证质量，保证安全和及时收汇，可采用在运输单据签发之前先将其他已备齐的单据送交银行预审和在全部单据备齐后向议付银行交单。两种不同的交单方式，视业务的实际情况选择使用。

在具体办理信用证项下出口结汇时，主要有三种做法：

（1）收妥结汇。收妥结汇又称先收后结，是指出口地银行收到受益人提交的单据，经审核确认与信用证条款规定相符后，将单据寄给国外开证行或付款行索汇，待开证行或付款行将外汇划给出口地银行后,该行再按当日外汇银行买入价结算成人民币交付给受益人。

(2) 定期结汇。定期结汇是指出口地银行在收到受益人提交的单据经审核无误后,将单据寄给国外银行索偿,并自交单日起在事先规定期限内将货款外汇结算成人民币,贷记受益人账户或交付给受益人。此项期限是分不同国家地区,根据银行索汇邮程的时间长短确定的。

(3) 买单结汇。买单结汇又称出口押汇或议付。如上所说,信用证受益人所交单据符合信用证条款规定时,议付行即按信用证的条款买入受益人的汇票和单据。因此,买单结汇是议付行向信用证受益人提供的资金融通,可加速出口人的资金周转,有利于扩大出口业务。

二、出口收汇核销制度

出口收汇核销制度是指外汇管理局在海关的配合和外汇指定银行的协助下,以跟单(核销单)的方式对出口单位的货物报关、出运直至出口收汇的全过程进行监管、核查的一种管理制度。建立出口收汇核销制度是国家加强出口收汇管理、确保国家外汇收入、防止外汇流失的一项重要措施。核销程序示意图如图10-1所示。

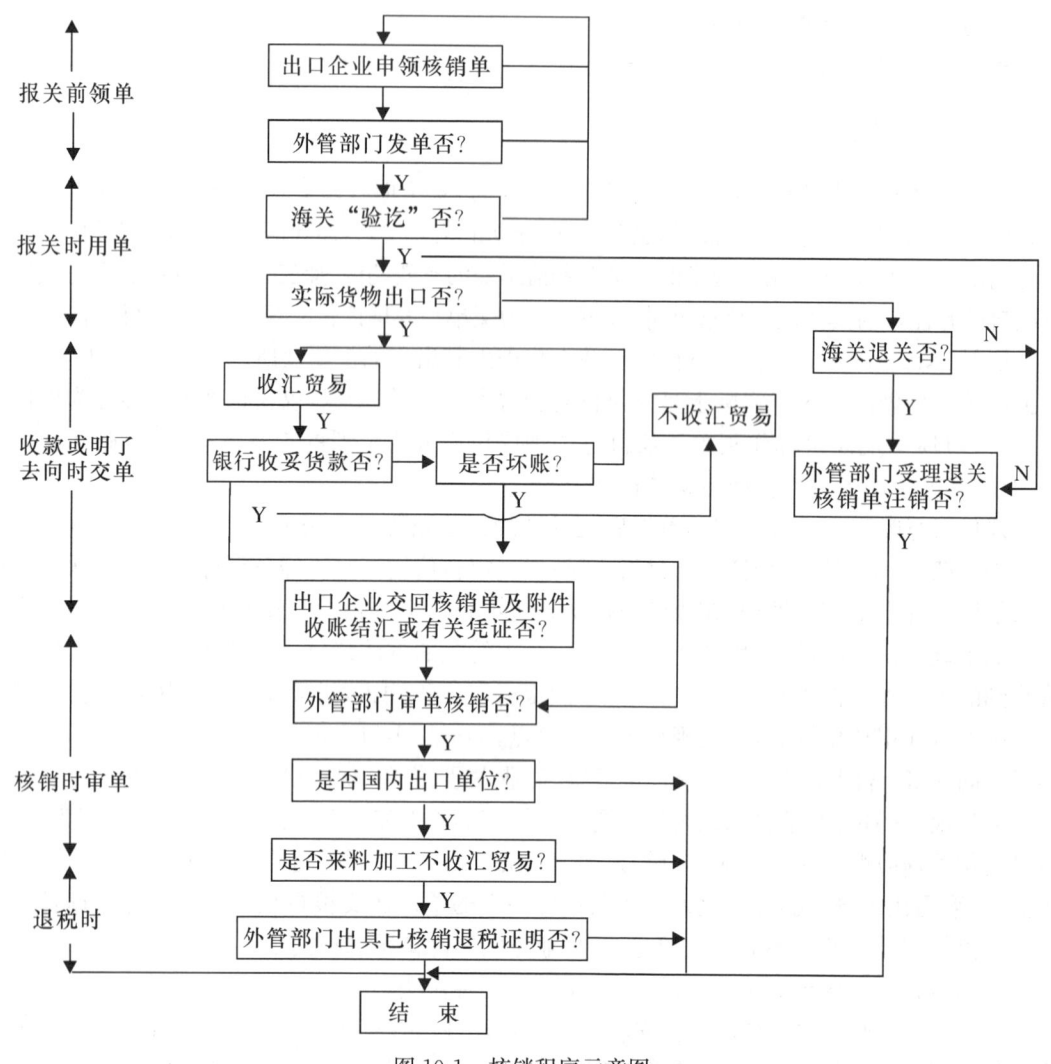

图10-1 核销程序示意图

> **知识链接**
>
> ## 出口收汇核销原则
>
> 出口收汇核销的对象是经国家商务部及其授权单位批准的有经营出口业务的公司、有对外贸易经营权的企业和外商投资企业。在出口收汇核销过程中,应遵循的核销原则是:
>
> (1) 属地管理。由出口单位向其注册所在地的外汇管理部门申领核销单,一般而言,在何地领的核销单就在何地办理核销。
>
> (2) 谁单谁用。谁申领的核销单由谁使用,不得互相借用。核销单的交回核销或作废、遗失、注销手续也由原领用该核销单的出口单位向其所在地的外汇管理部门办理。
>
> (3) 领用衔接。多用多发,不用不发。续发核销单的份数与已用核销单及其已核销情况和预计出口用单的增减量相"呼应"。
>
> (4) 单单相应。原则上一份核销单对应一份报关单。报关单、核销单、发票、汇票副本上的有关栏目的内容应一致,如有变动应附有关的更改单或凭证。

(一) 出口收汇核销程序

出口单位的出口核销程序主要包括:首次出口时的核销备案登记;货物报关前的核销单申领;货物报关时的核销单使用;出口收汇时的核销工作;货款收妥后的核销报告。

1. 出口核销备案登记

出口单位取得出口经营权后,首次出口时应到海关办理中国电子口岸企业法人IC卡和中国电子口岸企业操作员IC卡电子认证手续。

2. 申领空白核销单

出口单位在办理出口货物报关前,根据出口业务实际需要先通过中国电子口岸出口收汇系统向外汇管理局提出领取核销单的申请,然后由本单位核销员持本人中国电子口岸操作员IC卡到外汇局领取核销单。

3. 报关时核销单的使用

核销单申领后,在出口货物报关前,出口单位应预先将核销单编号通过中国电子口岸出口收汇系统向报关地海关备案;在出口货物报关时,出口单位须向海关提交填妥内容的核销单,凭填有核销单编号的报关单办理报关。

海关对出口单位提交的核销单和其他报关材料进行逐票审核,并核对核销单电子底账无误后,在核销单"海关核放情况"栏和有核销单编号的报关单上加盖"验讫"章、签注日期,并对核销单电子底账数据进行"已用"核注,然后将它们交还出口单位。

货物结关后,海关将核销单电子底账的核注情况和报关单电子底账等数据通过中国电子口岸数据中心传送至国家外汇管理局。出口单位则通过出口收汇企业专用系统将已用于出口报关的核销单向外汇管理局交单。

4. 收汇时的核销工作

货物出运后,出口单位应当按照合同约定的收汇方式和收款时间及时、足额地收回货款。即期收汇项下应当在出口报关之日起180天内收款;远期收汇项下应当根据在外汇管理局备案的出口合同规定的收汇期限内收汇。

出口单位到银行办理货款结算,将注有核销单编号的商业发票随同有关单据到银行办理货款结算。若为信用证或托收项下的货物出口,出口单位在向银行交单要求议付或托收时,必须提供一联注明核销单编号的发票交银行查存,盖有海关"验讫章"的核销单由出口单位保存。若为汇付方式出口,出口单位应事先向国外进口商告知该批出口货物的核销单编号。当货款汇至银行后,银行将款项解付给出口单位,并在结汇水单(核销专用联)或收账通知上填写核销单编号、寄单日期,然后交出口单位。对一票出口多笔收汇者或多票出口一笔收汇者,应将对应的核销单编号全部填上。若为自行寄单索汇的,由出口单位在结汇后将核销单编号填入结汇水单或收账通知。

银行按规定为出口单位办理结汇或入账手续后,向出口单位出具出口收汇核销专用联,即结汇水单。对于不同贸易方式下的出口收汇,银行应在核销专用联上注明该项笔款项的业务性质,如"外币现钞结汇"、"出口信用保险理赔款"等。

资料库

结 汇 水 单

出口收汇是出口贸易的最后一个环节。通常出口方委托银行收款,银行要将收到的货款划拨到出口方的账户,结汇水单就是银行向出口方出具的货款已经到账的证明。银行结汇水单一般包括两联:一联为贷记通知,是公司财务人员的记账凭证;另一联为出口收汇核销专用联,专为外汇局核销用。两联虽然名称不同,但内容基本相同。

1. 贷记通知

在一张完整的贷记通知中,主要包含的内容有银行编号、公司发票号、收汇金额、贷记账号、银行扣费等。其中,收汇金额就是在一笔出口业务中,出口公司实际所得的金额;贷记账号则是收汇的款项已划拨至的账户。这两项内容之间也有着密不可分的联系。如果出口收汇款要付至人民币账户,贷记通知上就要显示实收的外币金额按当日牌价折算出的人民币金额,同时提供当日买入价,供公司参考;如果公司希望保留现汇,则需向银行提供外币账号,这时贷记通知上只显示实际收汇的外币金额。

在银行的贷记通知上还会列明一些费用的收取情况,主要分为国外扣费和国内扣费。国外扣费是指国外的银行在处理此笔业务时收取的费用,如不符点费、电报费等,银行依其数额多寡而确定收费标准。国内费用是指本国银行提供实际服务的收费,主要包括押汇利息、电报费、邮费、汇费等,比如,银行应公司的要求,对一笔业务办理了押汇,由此就产生了押汇利息;如果公司要将款项支付给国内供货商或向国外中间商支付佣金,相应地会产生汇费和电报费。

（续上）

2. 出口收汇核销专用联

出口收汇核销专用联除了包括以上所提到的内容外,还有一个十分重要的部分,即核销单编号,公司只有提供了正确的核销单号,才能保证顺利核销,得到退税。

不论对公司还是对银行,结汇水单都是比较重要的凭证。通常在货款到账后银行就发出结汇水单。如果公司在收汇后较长时间未收到结汇水单,应及时与银行联系,查找原因,以避免由此带来的损失。

结汇水单实例如表10-1所示。

表10-1

结 汇 水 单
CREDIT ADVICE
中国银行贷记通知书

DATE(日期):20××-06-25　　　　　OUR NO(我方编号):451290625000××××
VCHSET(传票套号):0007　　　　　 THEIR NO(汇款编号):070622MP00××××
BENEFICIARY:××对外贸易有限公司
　（受益人）
　　　AMT:USD 25 812.80@　　760.48000 WE HAVE CREDIT YOUR ACCOUNT NO.
　（汇款金额）　　　　　　　　　　　　（我行已贷记贵方账号）:
　NET　AMT:CNY 196 301.18@　　8200205475××××××××
　（入账金额）
　FEE　AMT:@ 已从贵司　账户扣除
　（扣费金额）
无兑换手续费
　　　邮电费
FROM(发报行):BKCHU33××　　BANK OF CHINA　　　　NEW YORK,NY
　（汇出行）:
REMITTER:/LV51PARX0008370610001＊＊OK ADVISORY LLP＊＊SUI.12,3RD FL.,QUEENS H.,180 TOT-＊＊TENH
（汇款人）
汇款细言:
附　　言:
收支申报号码:33030100010107060.25　 0007

　　　　　　　　　　　　　　　　　　　　　　　　　　　　银行签章

5. 出口收汇核销报告

外汇管理局根据本地区出口收汇核销业务量以及出口收汇的具体情况,实行出口收汇核销报告表制度,或者出口收汇核销报告电子化管理。出口单位在收到外汇(或实物进口或明了去向)之日起30天内,持规定的核销凭证集中或逐笔向外汇管理局进行出口收汇核销报告。实行自动核销的出口单位,除特殊情况外,无须向外汇管理局进行核销报告。

（二）出口收汇核销单的填制说明

出口收汇核销单是指由国家外汇管理部门制发,出口单位填写、传递,海关凭此受理报关,外汇管理部门凭以核销的有顺序编号的凭证。它由存根、正本(分为左、右两联)共三联构成。表 10-2 是一个核销单实例。

出口单位在核销单正式使用前,应加盖单位名称及组织机构代码条形章,在骑缝处加盖单位公章。出口使用时,应已将核销单填妥。核销单的填写应当正确、完整,并与合同、信用证及有关单据记载的内容一致,以保证数据的真实性和完整性。

1. 核销单流转程序

核销单流转程序如图 10-2 所示。

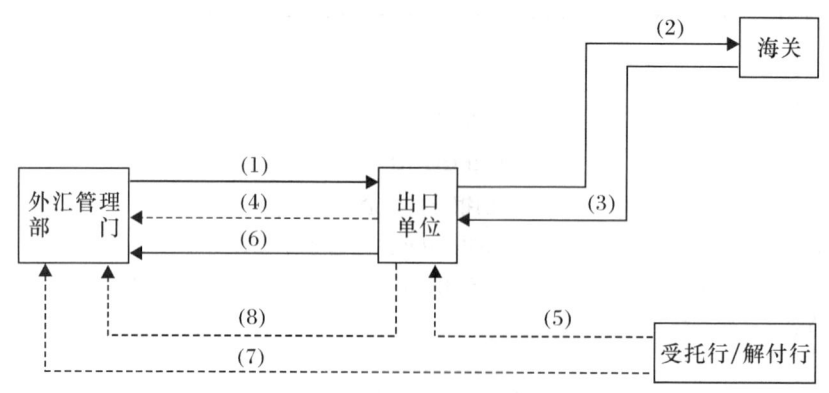

图 10-2 核销单流转示意图

注:实线表示核销单经过环节;虚线表示与核销单有关的环节。

（1）出口单位向外管部门申领核销单。

（2）出口单位凭核销单、报关单向海关报关。

（3）海关在核销单正本和报关单上盖"验讫"章,并退还出口单位。

（4）出口单位按规定时限向外管单位部门交回核销单存根及其附件。

（5）金融机构收妥货款后向出口单位出具注记核销单编号等信息供核销专用的结汇水单/收账通知。

（6）出口单位按规定时限向外管部门交回核销单正本结汇水单/收账通知等附件办理核销。

（7）金融机构定期向外管部门填报出口单位逾期未收汇情况。

（8）出口单位定期向外管部门报送核销单作废、注销、遗失,出口收汇逾期未收汇,收汇后支付贸易从属费用及其他费用情况。

2. 核销单存根联的填写

如表 10-3 所示,出口收汇核销单存根联由出口单位在货物报关时填写,共有八个栏目。

（1）出口单位:填写出口单位的全称并加盖公章。出口单位名称应与领取该编号核销单的申领单位、报关单申报单位、信用证受益人、运单(提单)托运人和保险单投保人的名称相一致。

（2）单位编码:填出口单位税务登记的 9 位数代码。

（3）出口币种总价:按报关单内容填写该批货物的成交条件(如 FOB 或 CIF 或 CFR 等)、

核销单实例

表10-2

出口收汇核销单 存根

(粤)编号:44K7669××

出口单位:广东省××进出口股份有限公司

出口单位代码:	23111×××-2
单位代码:	23111×××-2
出口币种总价:	
收汇方式:	
预计收款日期:	
报关日期:	2008.5.17
备注:	
此单报关有效期截至	

出口收汇核销单

(粤)编号:44K7669××

出口单位:广东省××进出口股份有限公司

单位代码:	23111×××-2	币种金额	日期

银行签注栏:

海关签注栏:

外汇局签注栏:

年 月 日(盖章)

出口收汇核销单 出口退税专用

(粤)编号:44K7669××

出口单位:广东省××进出口股份有限公司

单位代码:	23111×××-2		
货物名称	数量	币种总价	
灯饰、饰袋 一次性拖鞋等	620箱	USD 16 364.24	

报关单编号: 8553O××

海关签注栏:

年 月 日(盖章)

未经核销此联不得撕开

表 10-3

核 销 单

出口收汇核销单 存　　根	出口收汇核销单 正　　联	出口收汇核销单 出口退税专用
(浙)编号： 出口单位： 单位代码： 出口币种总价： 收汇方式： 预计收款日期： 报关日期： 备注： 此单报关有效期截止到	(浙)编号： 出口单位： 单位代号： 银行签审：类别／币种金额／日期／公章 海关签注栏： 外汇管理局签注栏： 年　月　日(盖章)	(浙)编号： 出口单位： 单位代码： 货物名称／数量／币种总价 报关单编号： 外汇管理局签注栏： 年　月　日(盖章)

应收总额及币种。

（4）收汇方式：按合同规定的收汇方式填写，如即期或远期信用证(L/C)；托收项下的付款交单(D/P)或承兑交单(D/A)；汇付中的电汇(T/T)、票汇(D/D)；现金支付等。

（5）预计收款日期：按出口合同规定的收汇方式推算出可能收到款项的日期，但一般不超过《出口收汇核销管理办法》规定的最迟日期。如属分期付款的，应依次列明收款日期、币种和金额。

（6）报关日期：填写出口货物报关日期。

（7）备注：填商业发票号码、出口合同号码及其他需要说明的情况。

（8）此单报关有效期截止到：一般填出口货物的装运日期。

3．核销单正本的填制

如表 10-3 所示，出口收汇核销单正本分为左、右两联。

左联由外汇指定银行、海关、外汇管理局分别填写并盖章。出口单位、单位编码与存根联同项内容一致。

（1）银行签注栏：由外汇指定银行填写出口货物名称及类别号、收汇币种和金额、注明日期并加盖公章，证明已凭该核销单结汇收账。银行在办理结汇或收账时，必须在结汇水单或收账通知单上填入该核销单编号。

（2）海关签注栏：海关核对核销单与报关单内容一致，出口货物经查验无误后，在该栏加盖"验讫"章并注记盖章日期。

（3）外汇局签注栏：外汇管理局在 3 个工作日内处理完出口单位的有关核销单据，并在出口核销单上加盖"已核销"章，注记盖章日期。

右联为出口退税专用联,由出口单位填写。
(1) 出口单位、单位编码:与存根联同项内容填写一致。
(2) 货物名称、数量、币种总价:按出口报关单和商业发票的内容填写。
(3) 报关单编号:按出口报关单上的实际编号填写。
(4) 外汇局签注栏:由外汇管理局核销后加盖"已核销"章,并注上盖章日期。

三、出口退税

对出口产品退(免)税是世界各国鼓励出口的通行做法。为使我国出口产品与其他国家产品一样,以不含税成本进入国际市场,在同等税收条件下进行竞争,根据国际惯例,我国对出口产品实行退税制度。

资料库

出口退税和贸易顺差

中国的出口退税政策始于1984年。出台这项政策旨在鼓励出口、拉动内需。比如,征税税率是17%,而退税税率是14%,那么一家公司出口了100元的货物,就要先交17元税,然后国家会返还你14元。但在投机者眼里,这个政策的存在给出口骗税偷税制造了机会,这是一条难得的大船,乘坐此船,不但可以全程免票,而且能钓到大鱼。

出口骗税和偷税是一个母体下的两种手法,出口骗税是行为人在根本没有出口货物的情况下,采取假报出口或者其他欺骗手段骗取出口退税款。例如,一些企业使用砖头等充当货物出口,空箱无货物假出口,甚至仅用单证流转来骗税。而偷税是虽有商品出口,但采取在数量上以少报多、在价格上以低报高等欺骗手段骗取出口退税款。骗税罪和偷税罪在法律上是两种不同的犯罪行为。随着海关对出口监管的加强,现在更多存在的是出口偷税。

从出口商品的数量增速和金额增速两个数据就可以看出目前出口骗税偷税的严重。2006年,世界市场商品价格呈现出平稳波动的态势,但前8个月,我国大部分出口商品的金额增长快于数量增长。比如,电视机出口数量增长了32.9%,出口金额增长了50.2%;自动数据处理设备出口数量增长了11.5%,出口金额增长了21.6%;游戏机出口数量下降了19.6%,但出口金额却增长61%。2006年的8、9月份,甚至出现了历史上少有的比上月激增10个百分点的现象,这主要是由于央行在该年8月份加息吸引了更多热钱的流入。出口价格莫名其妙上升,最大可能就是出口骗税偷税行为在上升,这也成为我国假顺差的主要原因。

虚增的顺差实际上是流入的热钱,为了回避短期资本流动的严格监管,而采取高报低出方式将境外资本转移到境内。由于预期人民币升值和房地产市场升温等因素的影响,近年来这种行为有愈演愈烈的趋势。造成的危害主要有四个:一是骗取了退税;二是使国际热钱顺利进入中国;三是造成我国顺差虚增;四是影响政府对宏观经济形势的观察和判断。

(续上)

> 抑制顺差虚增最直接的手段是要打击出口骗税偷税。从税务部门来看，要加强生产企业的税收监管，从源头上堵住骗税漏洞；从税收管理部门来看，要对税源实行分片、分类管理，及时了解和掌握企业的生产和纳税情况，综合运用各类信息资料和评估指标及其预警值查找异常。例如，2005年高达5 469万元的福州苏立胜骗税案，就是税务部门根据国际市场劳保手套的价格，与生产企业的报价进行对比发现了异常。作为海关部门，要对报关单证严格审查，更要加大现场查验力度，准确掌握锁定出口异常增长，提高对出口异常货物的查验比例，及时发现货物与申报出口品名的不符问题。税务部门和海关要加强联合行动，目前仅靠海关总署和国家税务总局《关于加强协调配合严格出口退税报关单管理和加强防伪鉴别措施的联合通知》已不能解决现实中的问题，应更加着重在电子监管上加大力度。此外，为鼓励出口而实行的退税制度也应该根据新情况修改。

（一）出口退税的范围

出口退税的产品通常是外贸企业出口的已税产品，委托代理出口的已税产品，特定出口的退税产品，批准设立的外商投资企业、中外合资外贸公司的已税产品。出口产品的应退税种包括产品在生产和流通环节缴纳的增值税和消费税。凡在这两项税种范围内的出口产品，除国家明确规定不予退税者外，均可在报关出口离境并在财务上作销售后，按照规定予以退还增值税和消费税税款。

根据有关规定，国家明确不予退税的出口产品有：原油、援外出口物资和国家禁止出口的货物。对出口企业从小规模纳税人购进并持有普通发票的货物（部分货物除外），不论是内销或出口均不得作扣除或退税。

（二）出口退税申报程序

1. 退税登记手续

为确定经营出口货物的企业是否具备法人资格，符合规定的出口退税条件，首次办理出口退税的企业，必须先向所在地税务机关办理退税登记。提交有关资料，经税务机构审核后，出具《出口退（免）税登记税务核定联系单》，并发给《出口企业退（免）税登记申请表》。出口企业凭《联系单》，将填写完整的《申请表》及有关资料向负责办理出口退税的市财税局办理退税登记。

税务机构受理出口企业登记申请后，对《申请表》中的内容进行审核，然后根据《联系单》、《申请表》的有关内容在退税登记系统内进行录入，并打印核发《出口企业退税登记证》。

2. 出口退税申报

出口企业在产品报关出口后，即可向税务机构提出退税申报。申报退税时必须提供四种单证：

（1）盖有海关验讫章的出口退税报关单。

（2）出口商业发票。

（3）进货发票。

（4）结汇水单或银行收账通知书。

3. 企业办理退税

税务机关办理退税，并在出口退税报关单上加盖"已退税"章。

知识链接

出口退税率的调整

出口退税本身是为了避免双重征税及保证国际贸易的公平性，是符合 WTO 框架协议的。但在实践中，出口退税往往又成为政府推动出口的最重要工具。中国的出口退税政策始于 1985 年，平均出口退税率亦经历过 6%、15%、12% 等多种退税水平，从实践看，出口退税政策对增强我国出口产品的竞争力发挥了极重要的作用。

但是从 2005 年起，我国出口贸易增长极为迅速，贸易顺差持续扩大。为进一步控制外贸出口的过快增长，缓解我国外贸顺差过大带来的突出矛盾，国家规定自 2007 年 7 月 1 日起，调整部分商品的出口退税政策。

本次政策调整主要包括 3 个方面：一是进一步取消 553 项"高耗能、高污染、资源性"产品的出口退税；二是降低 2 268 项容易引起贸易摩擦的商品的出口退税率，主要包括：服装、鞋帽、箱包、玩具、纸制品、植物油、塑料和橡胶及其制品、部分石料和陶瓷及其制品、部分钢铁制品、焦炉和摩托车等低附加值机电产品、家具，以及粘胶纤维；三是将 10 项商品的出口退税改为出口免税政策，主要包括：花生果仁、油画、雕饰板、邮票和印花税票。

此次出口退税政策调整后，出口退税率结构由原 17%、13%、11%、8% 和 5% 五档调整为 17%、13%、11%、9% 和 5% 五档。

取消和降低部分商品的出口退税，我国相关出口商品的成本将会增加，从而会对外贸出口的过快增长产生一定的抑制作用。由于这次在政策设计时采取了"有保有压"的区别政策，释放了国家产业结构、出口商品结构调整的明确信号，有利于引导企业减少"高耗能、高污染、资源性"产品的出口，减少低附加值、低技术含量产品的出口，加大高附加值、高技术含量产品的出口，从而引导企业调整投资方向，避免盲目投资和产能过剩。因此，从长远看，将有利于促进我国经济增长方式转变和经济社会可持续发展，符合国家和全民的长远利益。总体上看，这次出口退税政策调整力度适中，并且重点在于结构调整，不会对正常外贸出口产生明显的负面影响。

情景模拟

郭东将所有的单证都已经准备好了。为了保证万无一失，他将信用证下所有的单据又都检查、校对了一次，然后将单据提交到银行。同时，郭东将电汇的单据传真给了 MRK 公司。3 天后他收到 MRK 公司打来的余款对单。因此，郭东通过国际快递公司将装船单据寄给了 MRK 公司。

不久，思马特公司收到了海关退回的出口收汇核销单和报关单，公司核销员在网上向外汇管理局交单;之后公司收到了银行的收汇水单,表明该笔交易已经安全收汇。核销员于是备齐资料到外管局办理核销手续,核销完毕后,由办税人员办理了退税手续。

至此,这笔交易总算完满结束。郭东舒了一口长气。但这只是郭东外贸生涯的开始。在以后的工作中,更大的挑战还在等着他。

要求:结算收汇,办理核销手续。

自我训练

根据训练九练习四的资料,请制作出口收汇核销单。

出口收汇核销单 存　　根
(浙)编号:
出口单位:
单位代码:
出口币种总价:
收汇方式:
预计收款日期:
报关日期:
备注:
此单报关有效期截止到

出口收汇核销单 正　　联				
(浙)编号:				
出口单位:				
单位代号:				
银行签审	类　别	币种金额	日期	公章
海关签注栏:				
外汇管理局签注栏:				
年　月　日(盖章)				

出口收汇核销单 出口退税专用		
(浙)编号:		
出口单位:		
单位代码:		
货 物 名 称	数量	币种总价
报关单编号:		
外汇管理局签注栏:		
年　月　日(盖章)		

训练十一　电汇方式下单据制作的要点

电汇（Telegraphic Transfer，简称 T/T），是汇付方式的一种，所谓汇付（Remittance）是进口人通过银行将款项汇交出口人的一种支付方式。汇付的方式有信汇、电汇和票汇三种，在国际结算中，它是一种最简便的方式，纯属商业信用，不涉及银行信用。所谓电汇，是汇款人（债务人）将一定金额的汇款及汇付手续费付给当地一家银行（汇出行），要求该银行用电传或电报通知其国外受款人（债权人）所在地的分行、支行或代理行（汇入行），将一定金额的汇款付给受款人，这种汇付一般当天或隔天可到，它最为快捷，但费用也最高。因在实际业务中电汇使用得最多，因此本章重点介绍电汇方式下的单据制作要点。

本章要求

★ 制单要点

一、所需单据

（一）报关单据

出口企业一般把报关工作委托给专业的报关行或船公司来办理，因此需提供以下单据给上述单位：出口合同、商业发票、装箱单、出口货物托运单、报关委托书、报关单、外汇核销单。如需检验的产品还需提供检验证书以及其他证书。

（二）结汇单据

T/T 业务结汇单据是直接通过 EMS，DHL，TNT 等国际快递公司寄给进口商的，在进口商对单据无特殊要求的情况下，一般只需提供商业发票（Commercial Invoice）、装箱单（Packing List）和提单（Bill of Lading）。有的进口商还要求提供原产地证书、商检证书或其他一些有关单据，对这些特殊要求，出口企业在签订出口合同时应视实际情况而定，一旦在合同中约定好，就应提供给对方。

二、缮制单据时应注意的问题

（一）合同是缮制单据的主要依据

在信用证方式下，信用证是缮制单据的依据。而在 T/T 方式下，出口合同是缮制单据的主要依据，因此双方应就单据要求在出口合同中进行详细说明，合同中如无特殊说明，一般按国际惯例来操作。

（二）提单的收货人抬头应做成："TO ORDER"或"TO ORDER OF SHIPPER"

因电汇业务属于商业信用，单据直接由出口商交给进口商，为防止进口商拒不付款，出口企业何时交单给进口企业应十分谨慎。采取 T/T 收汇时，一般由进口商先将一部分定金以 T/T 方式支付给出口商，等货物装船运输，出口企业在取得提单后马上传真提单给进口企业并要求其付余款。出口商在确认收到余款后再将提单正本及其他单据寄给进口商。以T/T方式成交的业务一般在老客户之间使用。在收款方面,最好在收到银行水单后确认为已收款。

例11-1

台州市求向汽车零部件有限公司
QX AUTOMOTIVE TAIZHOU CO., LTD.
GAOXIANG RD., HI-NEW TECHNICAL INDUSTRY ZONE, TAIZHOU CHINA PC: 318000
TEL: 86-576-8829×××× FAX: 86-576-8829××××

SALES CONFIRMATION

S/C No: QXS208
Date: NOV. 30, 2008

买方/The Buyers: AUTOMOTIVE DISTRIBUTORS TIP LTD.

买卖双方同意按下列条款由卖方出售,买方购进下列商品,订立本合同。

This contract is made by and between the Buyers and the Sellers, whereby the Buyers agree to buy and the Sellers agree to sell the under-mentioned commodity according to the terms and conditions stipulated below.

(1) 货号: Article No.	(2) 品名及规格 Description of Goods	(3) 数量 Quantity	(4) 单价 Unit Price	(5) 金额 Amount
326014	HUB BEARING	80 PCS	FOB NINGBO EURO 14.63	EURO 1170.40
228014	HUB BEARING	20 PCS	FOB NINGBO EURO 10.96	EURO 219.20
330006	HUB BEARING	140 PCS	FOB NINGBO EURO 17.07	EURO 2389.80
228019	HUB BEARING	420 PCS	FOB NINGBO EURO 10.21	EURO 4288.20
228013	HUB BEARING	10 PCS	FOB NINGBO EURO 10.42	EURO 104.20
(6) 总计: TOTAL		670 PCS		EURO 8171.80
(7) 装运数量及总值允许有5%的增减,由卖方决定。 With 5% more or less both in shipment quantity and in amount allowed at the Sellers' option.				

(8) 包装/Packing: ONE COLOUR BOX PER PIECE, TOTAL 5 PALLETS
(9) 装运期限/Time of Shipment: BEFORE JAN. 15, 2009
      PARTIAL SHIPMENT: NOT ALLOWED
      TRANSHIPMENT: ALLOWED
(10) 运输方式/Mode of Transportation: BY SEA
(11) 装运口岸/Port of Loading: NINGBO, CHINA
(12) 目的地/Port of Destination: FELIXSTOWE, UNITED KINGDOM
(13) 保险/Insurance: To be covered by the Buyers.
(14) 付款条件/Terms of Payment: 30% AS DEPOSIT AND THE BALANCE AGAINST THE COPY OF B/L
(15) 异议条款/Quantity & Quality Discrepancy:

数量异议须于货物到达目的口岸之日起 15 天内提出,品质异议须于货物到达目的口岸之日起 30 天内提出,但均须提供经卖方同意的公证行的检验证明。

In case of quantity discrepancy claim shall be filed by the Buyers within 15 days after the arrival of the goods at port of destination, while for quantity discrepancy, 30 days.

(16) 争议条款/Dispute Settlement：

合同履行中所发生的任何争议,应通过双方友好协商解决。若协商不成,应提交中国国际贸易仲裁委员会按其仲裁程序仲裁,其仲裁决定是最终的,对双方均有约束力。

All disputes, if any, arising from the execution of the contract shall be settled by amicable negotiation between both sides. In case no settlement can be reached, the case in dispute shall then be submitted for arbitration to the China International Economy and Trade Arbitration Committee in accordance with its provisional rules. The arbitration award made by this committee shall be regarded as final and binding on both parties.

Authorised signature for and on behalf of
买方/The Buyers：　　　　　　　　　　卖方/The Sellers：

AUTOMOTIVE DISTRIBUTORS TIP LTD.　　QIXIANG AUTOMOTIVE TAIZHOU CO., LTD.

附加信息：
(1) 包装信息：

托盘号	货　　号	数　量	体　积	毛　重	净　重
1	228019	180 PCS	0.952 CBM	338 KGS	273 KGS
2	228019	180 PCS	0.952 CBM	338 KGS	273 KGS
3	228019/228014/228013/326014	170 PCS	0.952 CBM	502 KGS	437 KGS
4	330006	72 PCS	0.648 CBM	361 KGS	301 KGS
5	330006	68 PCS	0.648 CBM	344 KGS	284 KGS

(2) INVOICE NO.：QX1800
　　INVOICE DATE：DEC. 30, 2008
(3) 买方：AUTOMOTIVE DISTRIBUTORS TIP LTD
　　　　　3 WHEEL BARROW PARK, PATTENDEN LANE,
　　　　　MARDEN TONBRIDGE, KENT TN 12 9QJ UNITED KINGDOM
　　　　　TEL：0044 (0) 1622 833009
(4) 唛头：ADT31189
　　　　C/NO. 1-UP
(5) 运输路线：FROM NINGBO CHINA TO FELIXSTOWE U.K. VIA SOUTHAMPTON
(6) OCEAN VESSEL：CMA CGM OTELLO V. FM122
(7) 船公司目的港代理：BRONEL GROUP LTD
　　　　　　　　　　UNIT 5, QUATRO PARK, PAYCOCKE ROAD, BASILDON
　　　　　　　　　　ESSEX SS14 3GH
　　　　　　　　　　TEL：01268 820272
　　　　　　　　　　FAX：01268 820271
(8) B/L NO.：8NGBS0U3AP222
　　B/L DATE：JAN. 11, 2009
(9) 提单做成凭指示抬头：TO ORDER
(10) 需在提单上显示集装箱信息：CCLU6570023/104585 40HC LCLCFS-CFS 及运费到付信息：FREIGHT COLLECTED

(11) 普惠制产地证号码：G083301026150466

台州市求向汽车零部件有限公司
QX AUTOMOTIVE TAIZHOU CO., LTD.
GAOXIANG RD.,HI-NEW TECHNICAL INDUSTRY ZONE,TAIZHOU CHINA PC: 318000
TEL: 86-576-8829××××   FAX: 86-576-8829××××

COMMERCIAL INVOICE

Bill To:AUTOMOTIVE DISTRIBUTORS TIP LTD.
   3 WHEELBARROW PARK, PATTENDEN LANE,MARDEN
TONBRIDGE, KENT TN 12 9QJ.UNITED KINGDOM

Invoice No.: QX1800
Invoice Date:DEC.30.2008
FOB NINGBO
Ship To:FELIXSTOWE

Shipping Marks: ADT31189
    C/ NO.1-UP

NO.	Item NO.	Description	Quantity	Unit Price	Amount
1	326014	HUB BEARING	80 pcs	€ 14.63	€ 1 170.40
2	228014	HUB BEARING	20 pcs	€ 10.96	€ 219.20
3	330006	HUB BEARING	140 pcs	€ 17.07	€ 2 389.80
4	228019	HUB BEARING	420 pcs	€ 10.21	€ 4 288.20
5	228013	HUB BEARING	10 pcs	€ 10.42	€ 104.20
PAGE1		TOTAL	670 PCS		€ 8 171.80

台州市求向汽车零部件有限公司
QX AUTOMOTIVE TAIZHOU CO., LTD.
GAOXIANG RD.,HI-NEW TECHNICAL INDUSTRY ZONE,TAIZHOU CHINA PC: 318000
TEL: 86-576-8829××××   FAX: 86-576-8829××××

PACKING LIST

Bill To:AUTOMOTIVE DISTRIBUTORS TIP LTD.
   3 WHEELBARROW PARK, PATTENDEN LANE,MARDEN
TONBRIDGE, KENT TN 12 9QJ.UNITED KINGDOM

Invoice No.: QX1800
Invoice Date:DEC.30.2008
FOB NINGBO
Ship To:FELIXSTOWE

Shipping Marks: ADT31189
    C/ NO.1-UP

NO.	Item NO.	Quantity (pcs)	G.Wt(kgs)	N.Wt(kgs)	Volume(cbm)
NO.1	228019	180	338	273	0.952
NO.2	228019	180	338	273	0.952
NO.3	228019	60	502	437	0.952
	228014	20			
	228013	10			
	326014	80			
NO.4	330006	72	361	301	0.648
NO.5	330006	68	344	284	0.648
PAGE1	TOTAL:	670	1883	1568	4.152

TOTAL PACKED IN 5 PALLETS

普惠制原产地证书
ORIGINA

1. Goods consigned from (Exporter's business name, address, country) QX AUTOMOTIVE TAIZHOU CO., LTD. GAOXING RD., HI-NEW TECHNICAL INDUSTRY ZONE, TAIZHOU, CHINA	Reference No. G083301026150466 **GENERALIZED SYSTEM OF PREFERENCES CERTIFICATE OF ORIGIN** (Combined declaration and certificate) **FORM A**
2. Goods consigned to (Consignee's name, address, country) AUTOMOTIVE DISTRIBUTORS TIP LTD. 3 WHEELBARROW PARK, PATTENDEN LANE, MARDEN, TONBRIDGE, KENT TN 12 9QJ. UNITED KINGDOM	Issued in THE PEOPLE'S REPUBLIC OF CHINA (country) See Notes. overleaf
3. Means of transport and route (as far as known) FROM NINGBO CHINA TO FELIXSTOWE U.K. BY SEA	4. For official use

5. Item number	6. Marks and numbers of packages	7. Number and kind of packages; description of goods	8. Origin criterion (see Notes overleaf)	9. Gross weight or other quantity	10. Number and date of invoices
1	ADT31189 C/NO. 1-UP	HUB BEARING FIVE (5) PALLETS ONLY *** *** *** *** *** *** ***	"P"	670 PCS	QX1800 DEC. 30, 2008

11. Certification It is hereby certified, on the basis of control carried out, that the declaration by the exporter is correct. TAIZHOU CHINA, DEC. 31, 2008 Place and date, signature and stamp of certifying	12. Declaration by the exporter The undersigned hereby declares that the above details and statements are correct; that all the goods were produced in CHINA (country) and that they comply with the origin requirements specified for those goods in the Generalized System of Preferences for goods exported to UNITED KINGDOM QX AUTOMOTIVE TAIZHOU CO., LTD TAIZHOU,CHINA DEC. 31, 2008 Place and date, signature of authorized signatory

S 086154284

KAIYUAN SHIPPING CO., LTD   BILL OF LADING

No. 0224129

SHIPPER QX AUTOMOTIVE TAIZHOU CO., LTD. GAOXING RD.. HI-NEW TECHNICAL INDUSTRY ZONE, TAIZHOU CHINA	**BILL OF LADING NO.** 8NGBSOU3AP222 **EXPORT REFERENCES** **DOCUMENT NO.**
CONSIGNEE TO ORDER	**FORWARDING AGENT - REFERENCES** **POINT AND COUNTRY OF ORIGIN**
NOTIFY PARTY AUTOMOTIVE DISTRIBUTORS TIP LTD. 3 WHEEL BARROW PARK, PATTENDEN LANE, MARDEN TONBRIDGE, KENT TN 12 9QJ UNITED KINGDOM TEL: 0044 (0) 1622 832009	**TO OBTAIN DELIVERY CONTACT:** BRONEL GROUP LTD UNIT 5, QUATRO PARK PAYCOCKE ROAD BASILDON ESSEX SS14 3GH TEL : 01268 820272 FAX : 01268 820271
PRE-CARRIAGE BY	**PLACE OF RECEIPT**
OCEAN VESSEL/VOY NO. CMA CGM OTELLO V.FM122	**PORT OF LOADING** NINGBO ONWARD INLAND ROUTING
PORT OF DISCHARGE SOUTHAMPTON	**PLACE OF DELIVERY** FELIXSTOWE FINAL DESTINATION (FOR THE MERCHANTS REFERENCE ONLY)

CONTAINER NO./ SEAL NO. MARKS AND NUMBERS	NO. OF PKGS OR CONTAINERS	KIND OF PACKAGES; DESCRIPTION OF GOODS	GROSS WEIGHT (KGS)	MEASUREMENT (CBM)
ADT31189 C/NO.1-UP	5PALLETS	HUB BEARING	1883KGS	4.152CBM
CCLU6570023/104585 40HC		LCLCFS-CFS		

ORIGINAL ON BOARD

TOTAL NO. OF PACKAGES OR CONTAINERS (IN WORDS): SAY FIVE PALLETS ONLY

FREIGHT AND CHARGES	RATED AS	RATE	PER	PREPAID	COLLECT	LADEN ON BOARD THE VESSEL
					FREIGHT COLLECTED	DATE 1 JAN 2009 PLACE OF B(s)/L ISSUE NINGBO

DOMESTIC ROUTING/EXPORT INSTRUCTIONS

TOTAL

KAIYUAN SHIPPING CO.,

NO. OF ORIGINAL B(s)/L SIGNED: THREE
DATE OF B(s)/L ISSUED: JAN 2009

KAIYUAN SHIPPING CO., LTD.

AS C......

自我训练

根据售货确认书(S/C)的内容和补充材料制作相关单据,如无规定,按惯例处理。

SALES CONFIRMATION

S/C No: DSS001
Date: JAN. 18, 2010

买方/OCEAN EXPORT & IMPORT CO., LTD.

买卖双方同意按下列条款由卖方出售、买方购进下列商品,订立本合同。

This contract is made by and between the Buyers and the Sellers, whereby the Buyers agree to buy and the Sellers agree to sell the under-mentioned commodity according to the terms and conditions stipulated below.

(1) 货号 Article No.	(2) 品名及规格 Description of Goods	(3) 数量 Quantity	(4) 单价 Unit Price	(5) 金额 Amount
W-56C	56 PCS DINNER SET	1135 PCS	FOB WENZHOU USD 22.68	USD 25741.80
W-52C	52 PCS DINNER SET	1136 PCS	USD 22.22	USD 25241.92
W-36K	36 PCS DINNER SET	946 PCS	USD 16.84	USD 15930.64
W-32B	32 PCS DINNER SET	946 PCS	USD 15.78	USD 14927.88
(6) 总计: TOTAL		4163 PCS		USD 81842.24

(7) 装运数量及总值允许有5%的增减,由卖方决定。
With 5% more or less both in shipment quantity and in amount allowed at the Sellers' option.

(8) 包装/Packing:

货号: Article No.	包装 PACKING	体积 Volume (CBM)	毛重 G.W. (KGS)	净重 N.W. (KGS)
W-56C	ONE PC PER CARTON	0.0355	13.68	12.738
W-52C	TWO PCS PER CARTON	0.0695	27.22	24.416
W-36K	TWO PCS PER CARTON	0.0580	21.35	19.12
W-32B	TWO PCS PER CARTON	0.0580	20.21	18.06
TOTAL IN 2X40'HQ				

(9) 装运期限/Time of Shipment: BEFORE JAN. 30, 2010
　　　　　　　　　　　　PARTIAL SHIPMENT: ALLOWED
　　　　　　　　　　　　TRANSHIPMENT: ALLOWED
(10) 运输方式/Mode of Transportation: BY SEA
(11) 装运口岸/Port of Loading: NINGBO, CHINA
(12) 目的地/Port of Destination: CHITTAGONG, BANGLADESH

(13) 保险/Insurance: To be covered by the Buyers.

(14) 付款条件/Terms of Payment: BY T/T

(15) 异议条款/Quantity & Quality Discrepancy:

数量异议须于货物到达目的口岸之日起 15 天内提出,品质异议须于货物到达目的口岸之日起 30 天内提出,但均须提供经卖方同意的公证行的检验证明。

In case of quantity discrepancy claim shall be filed by the Buyers within 15 days after the arrival of the goods at port of destination, while for quantity discrepancy, 30 days.

(16) 争议条款/Dispute Settlement:

合同履行中所发生的任何争议,应通过双方友好协商解决。若协商不成,应提交中国国际贸易仲裁委员会按其仲裁程序仲裁,其仲裁决定是最终的,对双方均有约束力。

All disputes, if any, arising from the execution of the contract shall be settled by amicable negotiation between both sides. In case no settlement can be reached, the case in dispute shall then be submitted for arbitration to the China International Economy and Trade Arbitration Committee in accordance with its provisional rules. The arbitration award made by this committee shall be regarded as final and binding on both parties.

Authorised signature for and on behalf of
买方/The Buyers: 卖方/The Sellers:

OCEAN EXPORT & IMPORT CO., LTD.   WENZHOU HDS TRADE CO., LTD.

补充资料:

(1) INVOICE NO.: HDS1005
INVOICE DATE: JAN. 25, 2010

(2) 买方:
OCEAN EXPORT & IMPORT CO, LTD.
11/13, PURANA PALTAN DHAKA-1000, BANGLADESH

(3) 卖方:
WENZHOU HDS TRADE CO., LTD.
NO. 8 XINHUA RD., LUCHENG, WENZHOU, CHINA

(4) 唛头:
OCEAN EXPORT & IMPORT CO., LTD.
11/13, PURANA PALTAN DHAKA-1000, BANGLADESH
TIN#112-100-4871/SHA-58
MADE IN CHINA

(5) HS 编码:70139900

(6) OCEAN VESSEL: FEI HE V12

(7) B/L NO.: 11GC42335

(8) B/L DATE: JAN. 29, 2010

(9) 提单抬头做成 TO ORDER OF SHIPPER

1. 商业发票

COMMERCIAL INVOICE

TO:
INVOICE NO.: _____
DATE: _____
S/C NO.: _____

唛头号码 MARKS&NOS	数量与品名 QTYS AND DESCRIPTIONS	单价 UNIT PRICE	金额 AMOUNT

TOTAL AMOUNT:

_____
(SIGNATURE)

2. 装箱单

PACKING LIST

SHIPPING MARKS:
INVOICE NO.: _____
L/C NO.: _____
DATE: _____

编号 C/O NOS.	货物描述 DESCRIPTION OF GOODS	件数 NOS & KINDS OF PKGS	数量 QTY	毛重 G.W.	净重 N.W.	尺码 MEAS.

TOTAL PACKAGE:

_____
(SIGNATURE)

3. 海运提单

BILL OF LADING

1) SHIPPER:		10) B/L NO.	
2) CONSIGNEE:			
3) NOTIFY PARTY:		COSCO 中国远洋运输公司 CHINA OCEAN SHIPPING COMPANY Combined Transport BILL OF LADING	
4) PLACE OF RECEIPT	5) OCEAN VESSEL		
6) VOYAGE NO.	7) PORT OF LOADING		
8) PORT OF DIACHARGE	9) PLACE OF DELIVERY		
11) MARKS	12) NOS. & KINDS OF PKGS	13) DESCRIPTION OF GOODS	14) G. W.	15) MEAS(M^3)
16) TOTAL NUMBER OF CONTAINS OR PACKAGES (IN WORDS)			
FREIGHT & CHARGES	REVENUE TONS	RATE	PER	PREPAID	COLLECT
PREPAID AT	PAYABLE AT	20) PLACE AND DATE OF ISSUE	
TOTAL PREPAID	17) NUMBER OF ORIGI-NAL B(S)L		
LOADING ON BOARD THE VESSEL		21)	
18 DATE	19) BY		

进口贸易流程

训练十二 进口价格核算

进口贸易中,进口商需要根据外国出口商报出的价格对国内的客户报出希望能够成交的价格,该价格包含进口成本、进口税费以及进口商的利润。

本章要求

★ 进口税费的计算
★ 进口报价

一、进口商品的价格构成

与出口报价一样,进口报价也可以分成三个部分,即成本、费用和利润。但是其含义和构成要素与出口有着很大的不同,需要加以区别。

（一）进口成本

在进口报价中的货物成本称进口成本或进口基价,实际上就是国外出口商的报价。该报价有可能是按 FOB、CFR、CIF 或其他贸易术语报出的价格,无论出口商报出何种价格,其报价都构成进口商的进口成本。

（二）进口税费

进口税费包括进口费用和进口税,其中进口费用包括的项目较多,且进口成本中的贸易术语不同,所涉及的费用也会不同。如果以 FOB 条件为进口基价,则进口费用有如下内容：

(1) 国外运输费用。国外运输费用即从出口国启运港(地)到我国目的港(地)的海运、陆运或空运的运输费用。

(2) 运输保险费。运输保险费即与上述运输方式相应的保险费用。

(3) 卸货费用。这类费用包括码头卸货费、起重机费、驳船费、码头建设费、码头仓租费等。

(4) 国内运费。国内运费即货物由目的港(地)运至国内客户指定地点或转售地点的运费。

(5) 进口商品的检验费和其他公证费、杂费。

(6) 银行费用。银行费用即通过银行结算时银行要收取的有关费用,如开证费、结汇手续费等。

(7) 垫款利息。垫款利息即进口商从开证到最后从国内客户收回货款期间所发生的利息。如果进口商在申请信用证时已支付部分货款给银行,则垫款利息可以按扣除支付货款后的余额计算。

(8) 进口环节税。进口环节税即进口涉税货物在进口环节由海关征收或代征的税目,如关税、增值税、消费税、进口调节税等。

① 进口关税,指货物在进口环节中由海关直接征收的税种。

重要公式

进口关税税额＝完税价格×关税税率

（注意：完税价格为进口货物的 CIF 价格）

小思考：若买卖双方以 FOB、CFR 价格成交时，如何计算完税价格？

② 进口环节消费税，指货物在进口环节由海关代征的消费税。征收消费税的进口商品为一些高档消费品，一般产品不征收。

③ 进口环节增值税，在货物进口环节由海关代征。凡是申报进入我国关境的货物，均应缴纳进口环节增值税，除粮食、食用植物油、饲料、化肥、农药、农机、农膜等税率为 13% 以外，其余货物的税率均为 17%。其计算公式如下：

进口增值税税额＝（完税价格＋关税＋消费税）×增值税税率

④ 进口调节税，即国家对限制进口的商品或因其他原因加征的税种。

进口调节税税额＝CIF 价格×进口调节税税率

例 12-1 计算进口完税价格、关税税额和增值税税额

某外贸公司进口瑞士产精密仪器一台，进口 FOB Antwerp 为 24 959 瑞士法郎，海运运费为 458 瑞士法郎，保险加成率 10%，保险费率 0.3%，进口关税税率为 15%，进口增值税税率为 17%。填发"海关代征税缴款书"之日瑞士法郎对人民币外汇买卖中间价为 100 瑞士法郎＝387.055 元人民币。试计算该台仪器的进口完税价格、应征进口关税税额和应征进口环节增值税税额。

解：关税完税价格（CIF 价）＝（24 959＋458）÷（1－110%×0.3%）＝25 501.15（瑞士法郎）

折合为人民币的关税完税价格＝25 501.15×3.87055＝98 703.48（元）

应征关税税额＝98 703.48×15%＝14 805.52（元）

应征增值税税额＝(98 703.48＋14 805.52)×17%＝19 296.53（元）

（三）利润

进口报价中的利润实际上是进口商的预期利润，在计算时可以按预定的利润率计算。

例 12-2 计算进口成本、进口费用与预期利润

上海福德公司拟从德国某公司进口喷雾设备 120 台，每台的进口报价为 300 美元 FOB Hamburg。从汉堡到上海的运费平均为每台 60 美元；保险按 CIF 金额的 110% 投保，保险费费率为 0.85%；进口国内费用为 FOB 价格的 10%；进口关税税率为 10%；增值税率为 17%；福德公司预期利润率为成交价格的 20%。请分别计算该批货物的完税价格、进口关税、进口环节增值税、进口国国内费用和利润额（以人民币价格计算，汇率为 6.20∶1）。

解：（1）进口完税价格（CIF 价格）＝（300＋60）÷（1－110%×0.85%）＝363.40（美元/台）

折算为人民币的进口完税价格＝363.40×6.20＝2 253.08（元/台）

（2）进口关税＝完税价格×关税税率＝2 253.08×10%＝225.31（元/台）

（3）进口环节增值税＝（完税价格＋关税）×增值税税率＝(2 253.08＋225.31)×17%

＝421.33（元/台）

(4) 进口国内费用＝300×6.20×10％＝186(元/台)

(5) 利润额＝300×6.20×20％＝372(元/台)

二、进口商品的国内报价

(一) 国内报价的计算

我国的专业外贸公司大多从事进口代理业务,为国内用户代理进口货物或是将进口货物在国内转售。根据我国增值税管理的有关规定,进口商除了在进口环节缴纳增值税外,还要在国内销售环节即进口商对国内用户报价时,加上内销环节的增值税。

我国对增值税的规定是对从事销售货物或者加工、修理修配劳务以及进口货物的单位和个人取得的增值额为计税依据征收的一种流转税。增值税纳税人是在境内销售货物或者提供加工、修理修配劳务以及进口货物的单位和个人。因此,从事进口货物在国内销售的贸易公司要发生进口环节和内销环节两项增值税。

外贸公司在国内销售进口货物时,其在国内的销售报价的计算公式如下:

$$国内销售报价＝货值＋内销环节增值税$$

式中:货值＝进口成本＋进口费用＋关税＋进口消费税＋预期利润

内销环节增值税＝货值×增值税税率

重要公式

$$国内销售报价＝(进口成本＋进口费用＋关税＋预期利润)×(1＋增值税税率)$$

例 12-3　进口报价计算

在例 12-2 中,我们仅计算了喷雾设备的报价构成,但还没有完成报价。如果上海福德公司将喷雾设备转售给国内某客户(福德公司向其开具增值税发票),此时,福德公司应该如何向客户报价呢?

解:国内销售报价＝(进口成本＋进口费用＋关税＋预期利润)×(1＋增值税率)
　　　　　　　＝(2 253.08＋225.31＋186＋372)×(1＋17％)＝3 552.58(元/台)

在这里需要注意的是,在进口环节中海关代征的增值税部分,不能再重复计算到国内销售价格中。

(二) 进口商实际缴纳增值税计算

根据我国税法的相关规定,外贸公司作为增值税一般纳税人时采用标准计税方法计算应纳增值税额,其计算公式如下:

$$应纳税额＝销项税额－进项税额$$

其中,销项税额＝货值×税率,进项税额为准许抵扣的进项税额。

代理进口货物的行为属于代购货物行为,代理进口的外贸公司,以海关开具的完税凭证上的纳税人为增值税纳税人,外贸公司应按规定缴纳增值税,但外贸公司取得海关开具的专用缴款书后可以在内销环节时作为可抵扣的进项税额。

由于内销环节的增值税实际上是由国内用户承担的,外贸公司在进口环节缴纳的增值税部分可以转嫁给国内用户。因此,尽管外贸公司从事在国内销售进口货物行为时,要产生内销环节增值税和进口环节增值税,但其实际负担的增值税是这两项增值税之差。简单来说,外贸公司实际负担的增值税就是其转售货物时所产生的增值(进口费用和预期利润)部分的税额。

$$进口商实际负担增值税 = 内销环节增值税 - 进口环节增值税$$

例 12-4　计算实缴增值税

以例 12-2 为例,上海福德公司将喷雾设备转售给国内用户单位时,根据规定,福德公司可以抵扣进口增值税。因此,福德公司实际负担的增值税如下:

$$内销环节增值税 = (进口成本 + 进口费用 + 关税 + 预期利润) \times 增值税税率$$
$$= (2\,253.08 + 225.31 + 186 + 372) \times 17\% = 516.19(元/台)$$

进口环节海关代征增值税为 421.33 元/台。

$$福德公司实际缴纳的增值税 = 516.19 - 421.33 = 94.86(元/台)$$

例 12-5　计算实缴增值税

某外贸公司进口一批生产线全套设备,该公司取得增值税专用发票,发票上注明货款总值为 100 万元人民币,外贸公司缴纳进口环节增值税 17 万元人民币。之后,外贸公司欲将该套设备在国内销售,假设公司利润为 25 万元人民币。试计算外贸公司的国内报价和内销环节增值税以及该公司实际缴纳的增值税。

解:国内报价 = $(100 + 25) \times (1 + 17\%) = 146.25$(万元)

　　内销环节增值税 = $(100 + 25) \times 17\% = 21.25$(万元)

　　公司实际缴纳增值税 = $21.25 - 17 = 4.25$(万元)

自我训练

练习一

某进出口公司进口一批货物,进口成交价格为 FOB 价,折算成人民币 2 000 万元,另外支付运费 50 万元,保险费 40 万元,这批货物适用 17% 的增值税税率、10% 的进口关税税率,非消费税应税产品。货物到达我国口岸后,海关填发了税款缴纳证。请分别计算该公司应缴纳的关税、增值税。

练习二

某外贸公司进口一批化学材料,共计 380 公吨,每公吨 139 美元 CIF 天津成交,进口关税税率为 25%,增值税率为 17%,进口国内费用为 20 000 元,汇率为 1 美元兑换 6.20 元人民币。试计算:

(1) 该批货物的完税价格?

(2) 应缴的进口关税为多少元人民币?

(3) 应缴的进口环节增值税为多少元人民币?

(4) 该批货物的预期利润率为成交价格的 20%,利润额为多少?

(5) 该批货物应缴内销环节增值税为多少元人民币?
(6) 该批货物应如何向国内客户报价?
(7) 进口该批货物外贸公司实际缴纳的增值税为多少元人民币?

训练十三　申请进口许可证

进口许可证制度是国际上普遍采用的对进口贸易实施管理的措施。进口许可证是国家管理货物进口的法律凭证。凡属于进口许可证管理的货物,除国家另有规定外,各类进出口企业应在进口前按规定向指定的发证机构申领进口许可证,海关凭进口许可证接受申报和验放。

本章要求

★ 进口许可证申请书的填写

一、申报进口

为了维护正常的进口秩序,保护和促进国内生产,加强对进口贸易的管理,我国对部分商品实行进口许可证制度。订货单位要进口实行进口许可证管理的商品,事先必须按规定的审批权限,报经主管部门和归口审查部门审核批准,凭批准申请领取进口货物许可证,然后由国家批准经营该项进口业务的公司办理进口。海关凭进口货物许可证和其他有关单证查验放行。

目前,我国统一签发进口货物许可证的机构是国家商务部及授权的省级对外经济贸易管理部门以及相关部委的进办等部门。国家限制进口货物的品种,由商务部根据国家规定统一调整、公布。根据《中华人民共和国对外贸易法》、《中华人民共和国货物进出口管理条例》,商务部和海关总署发布的《2007年进口许可证管理货物目录》中规定,2007年实行进口许可证管理的货物1种,为消耗臭氧层物质,总计10个8位HS编码。

进口许可证实行"一关一证"管理和"一批一证"制度。"一关一证"指进口许可证只能在一个海关报关,"一批一证"是指进口许可证在有效期内一次报关使用。如要实行"非一批一证",须同时在进口许可证备控栏内打印"非一批一证"字样。"非一批一证"的许可证在有效期内可多次报关使用,但最多不超过12次,由海关在许可证背面"海关验放签注栏"内逐批签注核减进口数量。如果进口数量很大,12次报关不能完成进口,应该同时申请若干份进口许可证,但数量总和应等于有关批准文件的数量。

从2003年1月1日起,我国企业可以直接在网上申领进口许可证。申请的程序如图13-1所示。

> **知识链接**
>
> 中华人民共和国商务部配额许可证事务局网站
> www.licence.org.cn

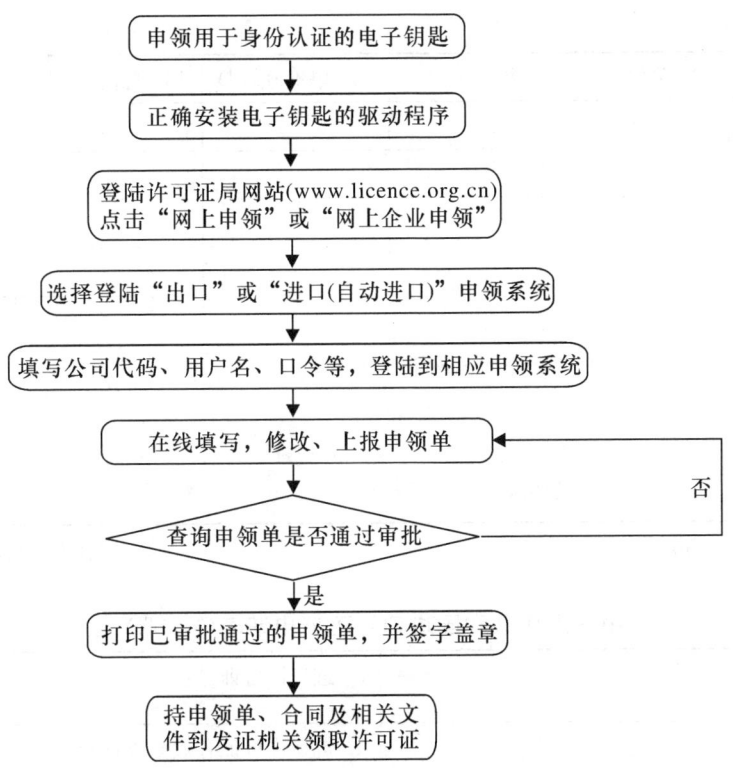

图 13-1 进出口许可证网上申领流程图

二、进口许可证申请表的填写

申领进口许可证时要求申请内容正确且形式完备,申请表一式两联。如表 13-1 和表 13-2 所示,"进口许可证申请表"中各栏目的内容填写说明如下。

表 13-1

进口许可证申请表
中华人民共和国进口许可证申请表(第一联)

1. 进口商: 代码	3. 进口许可证号:
2. 收货人:	4. 进口许可证有效截止日期: 　　　　　　年　　月　　日
5. 贸易方式:	8. 出口国(地区):
6. 外汇来源:	9. 原产地国(地区):
7. 报关口岸:	10. 商品用途:
11. 商品名称:	商品编码:

(续表)

12. 规格、型号	13. 单位	14. 数 量	15. 单价(币别)	16. 总值(币别)	17. 总值折美元
18. 总 计:					

19. 领证人姓名: 联系电话: 申请日期: 下次联系日期:	20. 签证机构审批(初审): 终审:

中华人民共和国商务部监制　　　　　　　　　第一联(正本)签证机构存档

表13-2

中华人民共和国进口许可证申请表(第二联)

1. 进口商:　　　代码	3. 进口许可证号:
2. 收货人:	4. 进口许可证有效截止日期: 　　　　　　年　　月　　日
5. 贸易方式:	8. 出口国(地区):
6. 外汇来源:	9. 原产地国(地区):
7. 报关口岸:	10. 商品用途:
11. 商品名称:　　　　　　　商品编码:	

12. 规格、型号	13. 单位	14. 数 量	15. 单价(币别)	16. 总值(币别)	17. 总值折美元
18. 总 计:					

19. 领证人姓名: 联系电话: 申请日期: 下次联系日期:	不能获准原因: 1. 公司无权经营;　　　　　　6. 币别有误; 2. 公司编码有误;　　　　　　7. 漏填第(　)项; 3. 到港不妥善;　　　　　　　8. 第(　)项须补充说明函; 4. 品名与编码不符;　　　　　9. 第(　)项与批件不符; 5. 单价(高)低;　　　　　　　10. 其他。

中华人民共和国商务部监制　　　　　　　　　第二联(副本)取证凭证

(1) 进口商及代码:填写进口经营单位名称及在海关注册的企业代码。
(2) 收货人:填写实际收货人名称。
(3) 进口许可证号:此栏留空,由签证机关填写。
(4) 许可证有效截止日期:此栏由签证机关填写。
(5) 贸易方式:根据实际贸易方式和海关规定的贸易方式填写。
(6) 外汇来源:指进口商品所需外汇的获得渠道,如银行购汇、无偿援助、贷款、外资等。
(7) 报关口岸:填写商品进口时进口商报关的口岸名称。
(8) 出口国(地区):填写最初向我国发货,在中转国内不发生任何商业交易的国家或地区。
(9) 原产国家或地区:根据原产地规则生产或制造商品的国家或地区填写。
(10) 商品用途:填写商品进口后的用途,如自用、生产用、内销、维修、样品、外销等。
(11) 商品名称和商品编码:按《进口许可证管理货物分级发证目录》中的商品名称和编码填写,每份申请表只能填写一种商品。
(12) 商品规格、型号:填写进口商品的具体规格或型号,一个商品可以填写多种规格或型号。
(13) 单位:按进口商品的计量单位填写。
(14) 数量:对应第12项填写各规格商品的数量值。
(15) 单价(币别):对应第12项各规格商品的单价,括号内填写币别,币别按国际标准填写。
(16) 总值(币别):按各规格商品的货币金额,在括号内填写币别,币别按照国际标准填写。
(17) 总值折美元:按中国人民银行公布的基准汇率将商品金额折算成美元金额填写。
(18) 总计:对应填写各项进口商品的总数量、金额以及总金额折美元值。
(19) 领证人姓名:填写经办人员的姓名及联系方式。
(20) 签证机构:此栏由签证机关填写。

表13-3是一个进口货物许可证实例。

> **知识链接**
>
> ## 自动进口许可证
>
> 根据世界贸易组织《进口许可程序协议》和《对外贸易法》及《货物进出口管理条例》的规定,我国进口许可证管理实行非自动进口许可证与自动进口许可证分类管理办法。本训练中上述内容针对的是非自动的进口许可证。而商务部根据监测货物进口情况的需要,对部分货物实行自动进口许可管理。实行自动进口许可管理的货物目录,包括具体货物名称、税则号,由商务部会商有关部门确定,并至少在实施前21天公布。在实行自动进口许可管理货物的原因发生变化后,商务部将取消该货物自动进口许可管理,并予以公布。

表 13-3

中华人民共和国进口货物许可证

1. 我国对外成交单位 新星贸易公司 代码:1294587 IMPORTER　　　　电话:	3. 进口许可证号: LICENCE NO. 211106583
2. 收货单位:新星贸易公司　代码:1294587 CONSIGNEE	4. 许可证有效期: VALIDITY　20××年7月1日
5. 贸易方式:一般贸易 TERMS OF TRADE	8. 出口国(地区):荷兰 COUNTRY/REGION OF EXPORTATION
6. 外汇来源: TERMS OF FOREIGN EXCHANGE	9. 商品原产地:荷兰 COUNTRY/REGION OF ORIGIN
7. 到货口岸:广州 PLACE OF CLEARANCE	10. 商品用途: USE OF GOODS
11. 唛头—包装件数 MARKS AND NUMBERS—NO. OF PACKAGES	
12. 商品名称:全棉抹布 DESCRIPTION OF COMMODITY	商品编码:87120056 COMMODITY NO.

13. 规格、等级 SPECIFICATION	14. 单位 UNT	15. 数量 QUANTITY	16. 单价(币别) UNIT PRICE	17. 总值(币别) AMOUNT	18. 总值折美元 AMOUNT IN USD
14′×14′	DOZ	1 600			USD 20 960.00
15′×25′	DOZ	6 000			USD 15 060.00
22′×32′	DOZ	11 350			USD 53 685.50
19. 总 计: TOTAL:	DOZ	33 350			USD 89 705.50

20. 备注: 　　SUPPLEMENTARY DETAILS 　　申请单位盖章: 　　申领日期:20××.06.01	21. 发证机关盖章 ISSUING AUTHORITY'S STAMP 发证日期: SIGNATURE DATE

填表说明:1. 本表应用正楷逐项填写清楚,不得涂改,不得遗漏,否则无效。
　　　　　2. 本表内容需打印多份许可证的,请在备注栏内注明。

商务部监制

(续上)

> 自动进口许可证由商务部授权配额许可证事务局、各省、市、区、计划单列市外经贸厅和国家有关部门签发。
>
> 进口属于自动进口许可管理的货物,进口经营者应当在向海关申报前,向商务部授权的自动进口许可证发证机构提交自动进口许可证申请。"自动进口许可证申请表"(如表13-4所示)的内容与进口许可证申请表基本相同。不同的是,贸易国栏可填写1~2个贸易国;报关口岸栏可填写1~2个报关口岸;原产国栏可填写1~4个原产国;商品编码栏可填写1~4个商品编码,但要求商品编码前四位必须一致,且为同一种类商品,商品编码栏填写2~4个商品编码时,规格型号栏不再填写内容;备注栏内可填写"非一批一证"。

表 13-4

自动进口许可证申请表
中华人民共和国自动进口许可证申请表

1. 进口商:　　　　代码:	3. 自动进口许可证申请表号: 自动进口许可证号:
2. 进口用户:	4. 申请自动进口许可证有效截止日期: 　　　　年　　月　　日
5. 贸易方式:	8. 贸易国(地区):
6. 外汇来源:	9. 原产地国(地区):
7. 报关口岸:	10. 商品用途:

11. 商品名称:		商品编码:		设备状态:
12. 规格、等级	13. 单位	14. 数量	15. 单价(币别)	16. 总值(币别)	17. 总值折美元
18. 总计					

19. 备注: 联系人: 联系电话: 申请日期:	20. 签证机构审批意见:

自我训练

请根据下面的信息填制出口货物许可证申请表。

COMMERCIAL INVOICE

Invoice No.:
NG×3498××

Date:
OCT. 15, 20××

Seller:
ADG STEEL AND IRON CO., LTD,
FLOOR 16, PETGY MANSION
TOKYO, JAPAN

Buyer:
×× MINERAL EXPORT AND IMPORT CO., LTD
××, CHINA

MARKS	DESCRIPTION OF GOODS	QTY.	UNIT PRICE	AMOUNT
ADG GUANGZHOU PO TT701 CASE No. 1-4	COLDROLLED STAINLESS 0.5×18.5mm COIL	2000 KGS	FOB TOKYO USD 2.65	USD 5 300.00

TERMS OF PAYMENT: L/C AT SIGHT
L/C NUMBER: LC200658741223××　　DATED SEP. 28, 20××　　ISSUED BY BANK OF CHINA
SHIPPED PER　　　　ON　　　　　　　FROM　　　　　　　　TO
GIANT　　　　OCT. 22, 20××　　　TOYKO, JAPAN　　　　GUANGZHOU, CHINA

Total Amount (In Word):
UNITED STATES FIVE THOUSAND THREE HUNDRED DOLLARS ONLY

　　　　　　　　　　　　　　　　　ADG STEEL AND IRON CO., LTD.

训练十四　开立和修改信用证

进口合同签订以后,如果采用信用证支付方式,进口商应该根据合同规定履行开证义务。在向银行办理开证手续时,应填写开证申请书。若受益人对信用证的内容存在异议,还需要向银行申请修改信用证。

本章要求

★ 开证的手续要求和程序
★ 开证申请书的填制

一、申请开立信用证

(一) 申请开证的程序

进口商在规定的开证时间内向银行申请开立信用证的程序主要包括三个步骤。

1. 填写开证申请书

开证申请书是申请人与开证行之间的契约,也是申请人对开证行的委托。但信用证一经开立便与合同无关,成为独立于合同之外的文件,因而开证申请书主要是根据合同中的有关条款填写,注意不得将与信用证无关的内容和合同中过细的条款写入开证申请书中,不能将模糊的、模棱两可的、可作弹性解释的或有争议的内容写入申请书。

2. 提交保证金或抵押品

按我国银行的有关规定,满足两种条件之一者可以开立信用证:一是向开证行交付全部信用证金额的保证金或相当于这些金额的抵押品;二是银行给予一定的授信额度,申请人只需交付一定比例的保证金。

第一种条件的开证手续比较简单,只要将信用证全部货款或抵押物交付给开证行,根据该开证行的开证申请书格式和合同的相关条款填写开证申请书即可。这种情况比较适合进口金额较小、交货期较短、动用的资金不大的贸易。

如果进口金额较大,交货期较长,进口商不愿意占用过多的资金,则比较适合第二种条件。授信额度是银行信贷部门或授信评审机构核定的减免保证金开证的最高限额。对具有外贸业务经营资格,在银行有一定外贸结算业务、业务情况及收付汇情况良好,资信可靠,具备一定经济实力,能够提供银行接受的可靠担保、抵押、质押的客户,可以向银行申请并由银行核定进口开证授信额度。进口商取得进口开证授信额度后,在额度范围内,根据有关规定,可以要求银行免收或减收保证金开立信用证。

如果申请开证的金额小于授信额度,则不需要交付保证金或抵押品;若开证金额大于授信额度,则银行对超过部分向开证申请人收取保证金或抵押品。申请人可向开证行交付一定的现金或者从申请人的存款账户中扣存;开证申请人也可提供抵押品或向开证行提交由其他银行或金融机构出具的保函。

3. 支付开证手续费

申请人须按开证金额的一定比例向开证行支付开证手续费,在开证当日按当天牌价(中间价)折算成人民币支付;其他费用则按实报实销的原则处理。

(二)进口开证申请书的填写

开证申请书(Documentary Credit Application)的主要内容包括两部分:一是要求开证行开立信用证的条款,其基本内容与买卖合同的条款相符;二是申请人对开证行所做的声明,基本内容是承认在其付清货款前银行对单据及其所代表的货物拥有所有权,承认银行可以接受"表面上合格"的单据,对于伪造单据、货物与单据不符等银行概不负责,开证人保证单据到达后要如期付款赎单,否则开证行有权没收开证人所交的押金和抵押品等。

知识链接

跟单信用证下的银行费用

进出口双方确定了信用证作为交易的支付方式之后,自然会考虑到其中可能涉及的成本,亦即银行费用的问题,对于这一点,特别是出口商主要需把握以下几点:

(1)由于所有的银行服务都是有偿服务,凡是涉及银行服务的环节都将最终产生费用,所以应尽可能选择最便捷的银行途径,以最大限度地减少不必要的中间环节。例如,某些国家(如伊朗)的开证行在信用证通知中由于各种原因需要通过转递行,而转递行往往会向受益人收取较高的转递费用。对于这种情况,受益人在订立合同时,可以向申请人提出合理、便捷的通知途径。当然,涉及中间商、转让等特殊情况除外。

(2)选择开证行的时候,最好对开证行有一个初步的了解,在条件允许的情况下,最好选择一些资信较好且与国内银行有代理关系的银行。这样,既能减少一些不必要的中间环节和不必要的费用支出,又可利用银行间良好的往来关系,顺利解决交易中有可能出现的各种问题。

(3)对跟单信用证项下所有可能产生费用的环节做到心中有数。

要明确谁是费用产生的责任方,即哪些费用应由进口商支付,哪些应由出口商支付,对于一些可预见但不可估计的费用支出要尽量争取最有利的条件。

同时,要对跟单信用证的费用条款有一个全面的认识。下面就让我们以出口业务为例,根据对受益人的利弊情况依次排列的费用条款常见形式作简要探讨:

(1)所有银行费用由申请人承担(all banking charges are for the account of applicant):显然是对出口商最有利的条款,由于不够平等,在实际业务中使用极少,但不妨争取一下。

(2)受益人所在国的费用由受益人承担(all banking charges inside China are for beneficiary's account):从银行的角度来看,我们认为该条款对受益人来讲应最大限度争取。一方面它摸得着,看得见,受益人容易掌握;另一方面我国银行的费用相对较低。

(续表)

(3) 开证行以外的所有银行费用由受益人承担(all charges of banks other than the issuing bank are for beneficiary's account)。这也是在信用证实务中最常见的费用条款,乍一看与第二条似乎没什么区别,只是说法的不同,实际还是有差别的。如果A国的开证行在向我国受益人开立信用证的过程中,由B国的一家银行转递、转让或保兑,在此费用条款下,受益人除了承担国内通知行、议付行的费用外,还要承担一笔为数不小的转递、转让或保兑费。即便没有上述中间银行的介入,也会因信用证中偿付银行的出现而增加额外的偿付费用。

(4) 除开证费以外的所有银行费用由受益人承担(all banking charges except opening charges are for beneficiary's account)。此款从字面上不难看出,除涉及第三国的银行费用外,开证行的部分费用也要由受益人来负担。

(5) 所有的银行费用由受益人承担(all banking charges are for beneficiary's account)。此款为费用支出最大的条款,应避免使用,除非能将其打入销售成本。但国外银行的费用我们很难把握。

可以看出,制定合理、有利的费用条款对于出口商利润最大化的实现起着至关重要的作用。

最后,还需要说明的是,银行费用的收取除了一些常规费用之外,还要根据不同的银行和具体的业务而定。同时,不同银行的收费标准又有所区别。

例如,信用证通知费有些银行按笔收取,有些银行按信用证金额的一定比例收取,而这个比例又因不同的银行而不同,有时相差很大。

另外,即使信用证中没有第三家银行的介入,但任何货币的清算都有可能使第三者介入,其中必然也会产生银行费用。这就要求受益人在开展业务的过程中首先要对银行费用收取标准有一个大致的了解,否则有可能造成预算收入和实际收入差别较大。这也需要出口商在业务开展中注意不断积累和总结。

同时,在业务的一开始就应对整个业务的收支情况进行宏观把握,争取最为有利的条件,减少一切不必要的支出。

各银行的开证申请书的格式和内容基本相同,如表14-1和表14-2所示,填写方法说明如下:

(1) 信用证类型:如表14-1所示的申请书格式是标准的不可撤销跟单信用证开证的格式,是为开立不可撤销的跟单信用证而制定的。如要增加保兑或可转让等内容,需要另外加注。

(2) 日期:填写开证申请书的日期。

(3) 信用证号码:由开证行填写。

(4) 信用证传递方式:根据所需要的传递方式在三个备选框(航空邮寄、电报、快递)中选择,如选用信开本航空邮寄,则在"Issue by mail"前的方框中打"×"。

(5) 到期日期和地点:《UCP600》规定所有的信用证必须规定要求付款、承兑、议付的到期日,因此填写时应加列具体的日期,而不是一段时间。到期地点应为具体的城市或国家名称,所选择的到期地点一般为出口人所在地。

(6) 受益人与申请人信息：填写公司全称、详细地址以及电话等，以方便联系。

(7) 通知行：开证申请人可以指定通知行。如果不指定，由受益人自行决定，则此栏为空。

(8) 信用证金额：开证行承担付款责任的最高金额。信用证金额一般规定为发票价值的100％，并用大写和小写分别表示，货币应用国际标准化组织制定的货币代号来表示。对于买卖合同中对装运数量订有"约"数或"溢短装条款"的，则应要求进口人在信用证中规定装运数量多交或少交的百分比或注明"约"数，还要注意应与"additional instructions"中的有关指示一致。

(9) 分批与转运：《UCP600》第31条a款规定，允许分批装运，但是在填写时最好还是根据合同明确规定，在备选框中标上"×"号。

(10) 装运条款：应根据合同的规定填写装运港、目的港、最迟装运期，如有转运应写明转运港。

(11) 价格条款：根据合同选择相应的价格术语。

(12) 付款方式：这部分内容根据信用证的付款方式：sight payment（即期付款），acceptance（承兑），negotiation（议付），deferred payment at（延期付款），在相应的方格内标上"×"号。

即期付款仅在申请人指示要求汇票时才在下面的要求汇票的方格内标上"×"号。

承兑方式除了在方格内标上"×"号，还必须加注指示以表明承兑到期日的确定方法，如"见票后30天"或"装运日后180天"等。

在议付信用证中，仅在申请人的指示规定汇票时才要求汇票的方格内标上"×"号。

延期付款除了在方格内标上"×"号外，还必须加注指示以表明付款到期日的确定方法，如"装运日后30天"或"交单后15天"等。

(13) 汇票条款：应根据合同的规定，填写汇票金额为发票金额的百分之多少，此外还须加注信用证的付款期限和汇票的付款人。如信用证要求汇票，根据《UCP600》第六条c款的规定，"不得开立包含有以申请人为汇票付款人条款的信用证"。信用证项下的汇票的付款人必须是开证行或指定付款行。

(14) 单据条款：填制单据条款时，可根据要求在所需的单据前的括号里标上"×"号，并在具体的条款中填上所需的份数、应包括什么内容等；如果申请书中所印制的内容不符合要求，可在单据条款后面另行填写。

注意所提出的单据应该与合同一致，不要随意提出超过合同规定或带有"软条款"性质的单据；否则，可能造成改证，延误时间。

(15) 货物描述：应与合同一致，包括货物名称、规格、数量、包装、单价、唛头等。

(16) 附加条款：如需要可在所需的条款前的括号里标上"×"号，如果申请书中所印制的内容不符合要求，可在条款后面另行填写和添加所需的条款。

(17) 结束部分：填写申请人的开户银行及银行账号，而且申请书必须由申请人（法人代表）签字并加盖公章。在填写开证申请书时，要注意所列的各项开证条款前后不得有矛盾之处。申请人除了填写信用证申请书内容外，还应注意背面条款。这些条款是开证申请人与开证行之间协议的组成部分，一般是由开证行在印制申请书时就已根据其习惯做法和国际惯例确定下来。

表 14-1

信用证开证申请书正面

中国农业银行

AGRICULTURAL BANK OF CHINA
APPLICATION FOR IRREVOCABLE DOCUMENTARY CREDIT
开立不可撤销跟单信用证申请书 Date 日期_____

To: AGRICULTURAL BANK OF CHINA　　BRANCH 致：中国农业银行　　　　　行	Credit No. 信用证号码
☐ Issued by mail 信开 ☐ With brief advice by teletransmission 简电开 ☐ Issued by teletransmission(which shall be the operative instrument)电开	Expiry Date and Place 有效期及地点 ☐ in the country of Beneficiary　☐ at Issuing Bank's counter 　在受益人所在国家　　　　在开证行柜台
Applicant 申请人	Beneficiary(with full name and address)受益人(全称和详细地址)
Advising Bank(If blank, at your Option)通知行	Currency and Amount(in figures & words)币种及金额(大、小写)
Partial shipments 分批装运　　Transhipment 转运 ☐ allowed 允许　　　　　　☐ allowed 允许 ☐ not allowed 不允许　　　　☐ not allowed 不允许	Credit available with 此证可由_____bank 银行 By 凭 ☐sight payment　　即期付款 　　　☐ acceptance　　　　承兑 　　　☐ negotiation　　　　议付 　　　☐ deferred payment　　迟期付款
Shipment from 装运从 For transportation to 运至 Not later than 不得迟于	against the documents detailed herein　连同下列单据 ☐ and beneficiary's draft(s) at　　day(s)sight 　drawn on　　　for　　% of invoice value 　受益人按发票金额　%,作成以　　为付款人, 　期限为　　天的汇票。
Terms 价格条款 ☐ FOB　　☐ CFR　　☐ CIF_____ ☐ FCA　　☐ CPT　　☐ CIP_____ ☐ or other terms 其他价格条款_____	

Documents required:(marked with"×")所需单据(用"×"标明):
☐ Signed Commercial Invoice in __ original(s)and in __ copy(copies)indicating L/C No. and Contract No. _____。
　经签字的商业发票正本__份,副本__份,标明信用证号和合同号_____。
☐ Full set of clean On board Ocean Bill of Lading made out to order and blank endorsed, marked "freight(　)prepaid/(　) to collect",(　)showing freight amount and notifying _____。
　全套清洁已装船海运提单做成空白抬头、空白背书,注明"运费(　)已付/(　)待付",(　)标明运费金额,并通知____。
☐ Clean Air Waybill consigned to _____marked "freight(　)prepaid/(　) to collect"notifying _____
_____。
　清洁空运提单收货人为_____,注明"运费(　)已付/(　)待付",并通知_____。
☐ Insurance Policy/Certificate in full set for __% of the invoice value, blank endorsed, showing claims payable at _____,
in the currency of the draft, covering All risks, War risk and _____,
　全套保险单/保险凭证,按发票金额的__%投保,空白背书,注明赔付地在_____,以汇票同种货币支付,投保一切险、战争险和_____。
☐ Packing List/Weight Memo in __ original(s) and in __ copy(copies)indicating quantity, gross and net weight of each package.
　装运单/重量证明正本__份,副本__份,注明每一包装的数量、毛重和净重。

(续表)

☐ Certificate of Quantity/Weight in __ original(s)and in __ copy(copies)issued by _____。
数量/重量证明正本__份,副本__份,由_____出具。
☐ Certificate of Quality in __ original(s)and in __ copy(copies)issued by _____。
品质证正本__份,副本__份,由_____出具。
☐ Certificate of Origin in __ original(s)and in __ copy(copies)issued by _____。
产地证正本__份,副本__份,由_____出具。
☐ Beneficiary's Certified copy of fax/telex dispatched to the applicant within ____ day(s)after shipment advising L/C No., name of vessel,date of shipment,name of goods,quantity,weight and value of goods.
受益人传真/电传方式通知申请人装船证明副本。该证明须在装船后____天内发出,并注明该信用证号、船名、装运日以及货物的名称,货物的数量、重量和金额。
☐ Other documents,if any 其他单据

Description of goods 货物描述

Additional instructions(marked with"×"):附加条款(用"×"标明)
☐ All banking charges outside the Issuing Bank including reimbursing charges are for account of Beneficiary.
开证行以外的所有银行费用(包括可能产生的偿付费用)由受益人承担。
☐ Documents must be presented within ____ days after date of issuance of the transport document but within the validity of the Credit.
所需单据须在运输单据签发日后____天内提交,但不得超过信用证有效期。
☐ Both quantity and Credit amount ____%more or less are allowed.
数量及信用证金额允许有___%的增减。
☐ This is a usance L/C payable at sight basis by the Issuing Bank or the Paying Bank nominated by the Issuing Bank,Discount interest and other banking fees are for account of us.
本信用证为假远期信用证,由贵行或贵行指定的付款行即期对外付款,利息和其他银行费用由我公司承担。
☐ Other terms and conditions,if any 其他条款
本信用证为履行第_____号进口合同开立,开证前实存开证保证金为开证金额的_____%,即(币种及金额大写)_____,其余信用证金额申请减免保证金。本笔开证业务受编号为_____的《减免保证金开证额度合同》的约束。
　　声明:我公司已对本申请书及其背面承诺书各印就条款进行审慎研阅,对各条款含义与贵行理解一致。我公司在此签章表示对本申请书及背面承诺书印就条款的接受,愿受其约束。

　　　　申请人的外币及人民币账户:　　　　申请人(签章)
　　　　开户行:_____
　　　　外币账号:_____　　法定代表人
　　　　人民币账号:_____　或授权代理人　　　　年　月　日

同意受理。本信用证为假远期信用证的,融资利率为对外付款日当天的___(大写)个月 LIBOR 加_____点差。
　　　　银行(签章)
　　　　负责人或授权代理人　　　　　　　　　　　　　年　月　日

表 14-2

信用证开证申请书背面

ABCS（2004）3011b

开证申请人承诺书

我公司已依法办妥一切必要的进口手续，兹谨请贵行直接或通过贵行上级行为我公司依照本申请书所列条款开立不可撤销跟单信用证，并承诺如下：

一、遵守《开立不可撤销跟单信用证申请书》和《减免保证金开证合同》/《减免保证金开证额度合同》的约定。同意贵行依照国际商会第500号出版物《跟单信用证统一惯例》办理该信用证项下的一切事宜，并同意承担由此产生的一切责任。

二、及时提供贵行要求我公司提供的真实、有效的文件及资料，接受贵行的审查监督。

三、在贵行规定期限内支付该信用证项下的各种款项，包括货款及贵行和有关银行的各项手续费、杂费、利息以及国外受益人拒绝承担的有关银行费用等。

四、当实际存入保证金币种与开证币种不同时，愿意承担汇率变动风险。在信用证付款时，由于汇率变动导致所缴纳保证金不足的，我公司保证补交其中的差额。

五、在贵行到单通知书规定的期限内，书面通知贵行办理对外付款/承兑/确认迟期付款/拒付手续。否则，贵行有权自行确定对外付款/承兑/确认迟期付款/拒付，并由我公司承担全部责任。

六、我公司如因单证有不符之处而拟拒绝付款/承兑/确认迟期付款时，将在贵行到单通知书规定期限内向贵行提出书面拒付请求，一次列明所有不符点。对单据存在的不符点，贵行有独立的终结认定权和处理权。经贵行根据国际惯例审核认为不属可据以拒付的不符点的，贵行有权主动对外付款/承兑/确认迟期付款，我公司对此放弃抗辩权。

七、该信用证如需修改，由我公司向贵行提出书面申请，贵行可根据具体情况确定能否办理修改。我公司确认所有修改当受益人接受时才能生效。

八、经贵行承兑的远期汇票或确认的迟期付款，我公司无权以任何理由要求贵行止付。

九、按上述承诺，贵行在对外付款时，有权主动借记我公司在贵行的账户款项。若发生任何形式的垫付，我公司将无条件承担由此而产生的债务、利息和费用等，并按贵行要求及时清偿。

十、在收到贵行开出信用证、修改书的副本之后，及时核对，如有不符之处，将在收到副本后的两个工作日内书面通知贵行。否则，视为正确无误。

十一、该信用证如因邮寄、电讯传递发生遗失、延误、错漏，贵行概不负责。

十二、本申请书一律用英文填写。如用中文填写而引发的歧义，贵行概不负责。

十三、因信用证申请书字迹不清或词意含混而引起的一切后果均由我公司负责。

十四、如发生争议需要诉讼或仲裁的，约束本笔开证业务的《减免保证金开证合同》/《减免保证金开证额度合同》合同有约定的从其约定，列约定的由贵行住所地法院管辖。

信用证开证申请书实例如表14-3所示。

表 14-3

(2004)3011a

信用证开证申请书实例

中国农业银行

AGRICULTURAL BANK OF CHINA

APPLICATION FOR IRREVOCABLE DOCUMENTARY CREDIT

开立不可撤销跟单信用证申请书　　　　Date 日期_____

To: AGRICULTURAL BANK OF CHINA　　BRANCH 致：中国农业银行　　　　　行	Credit No. 信用证号码
☐ Issued by mail 信开 ☐ With brief advice by teletransmission 简电开 ☒ Issued by teletransmission (which shall be the operative instrument) 电开	Expiry Date and Place 有效期及地点　JAN. 15, 20×× ☒ in the country of Beneficiary　☐ at Issuing Bank's counter 　在受益人所在国家　　　　　在开证行柜台
Applicant 申请人 ×× LONGWAN FOREIGN TRADE CO., LTD UNIT A. B. C FLOOR ××XINGCNENG MANSION, ××. CHINA	Beneficiary (with full name and address) 受益人（全称和详细地址） SPECIALITT PULP SERVICES LTD. 41/F AIA TOWER ×× ELECTRIC ROAD, NORTH POINT. HONGKONG
Advising Bank (if blank, at your option) 通知行 CITI BANK N. A. 91A FLOOR TWO MAROURFRONT 22 TAK FUNG STREET HUNGHOM FOWLOON HONGKONG	Currency and Amount (in figures & words) 币种及金额（大、小写） USD 162 065.00 (US DOLLAR ONE HUNDRED AND SIXTY TWO THOUSAND SIXTY FIVE ONLY)

Partial shipments 分批装运 ☒ allowed 允许 ☐ not allowed 不允许	Transhipment 转运 ☒ allowed 允许 ☐ not allowed 不允许	Credit available with 此证可由_____ bank 银行 By 凭　☐ sight payment　　　即期付款 　　　☐ acceptance　　　　承兑 　　　☒ negotiation　　　　议付 　　　☐ deferred payment　　迟期付款

Shipment from 装运从 U. S. A. For transportation to 运至××, CHINA Not later than 不得迟于 BEFORE DEC. 18, 20××	against the documents detailed herein　连同下列单据 and beneficiary's draft(s) at　60　day(s) sight FROM B/L DATE
Terms 价格条款 ☐ FOB　　☐ CFR　　☒ CIF __××__ ☐ FCA　　☐ CPT　　☐ CIP _____ ☐ or other terms 其他价格条款_____	drawn on USD for　100% of invoice value 受益人按发票金额　　　%, 作成以　　　为付款人， 期限为　　　天的汇票。

Documents required: (marked with "×") 所需单据（用 "×" 标明）:

☒ Signed Commercial Invoice in __3__ original(s) and in __ copy(copies) indicating L/C No. and Contract No. __969598__.
经签字的商业发票正本__份, 副本__份, 标明信用证号和合同号_____。

☒ Full set of clean On board Ocean Bill of Lading made out to order and blank endorsed, marked "freight (×) prepaid/( ) to collect", ( ) showing freight amount and notifying __APPLICANT__.
全套清洁已装船海运提单做成空白抬头、空白背书, 注明 "运费( )已付/( )待付", ( )标明运费金额, 并通知____。

☐ Clean Air Waybill consigned to _____ marked "freight( ) prepaid/( ) to collect" notifying _____.
清洁空运提单收货人为_____, 注明 "运费( )已付/( )待付", 并通知_____。

☒ Insurance Policy/Certificate in full set for __110__% of the invoice value, blank endorsed, showing claims payable at ××. in the currency of the draft, covering All risks, War risk and _____。
全套保险单/保险凭证, 按发票金额的__%投保, 空白背书, 注明赔付地在_____, 以汇票同种货币支付, 投保一切险, 战争险和_____。

(续表)

☒ Packing List/Weight Memo in 3 original(s) and in __ copy(copies)indicating quantity, gross and net weight of each package.
　装运单/重量证明正本__份,副本__份,注明每一包装的数量、毛重和净重。
☐ Certificate of Quantity/Weight in __ original(s)and in __ copy(copies)issued by _____.
　数量/重量证明正本__份,副本__份,由_____出具。
☐ Certificate of Quality in __ original(s)and in __ copy(copies)issued by _____.
　品质证正本__份,副本__份,由_____出具。
☐ Certificate of Origin in __ original(s)and in __ copy(copies)issued by _____.
　产地证正本__份,副本__份,由_____出具。
☐ Beneficiary's Certified copy of fax/telex dispatched to the applicant within ____ day(s)after shipment advising L/C No.,name of vessel,date of shipment,name of goods,quantity,weight and value of goods.
　受益人传真/电传方式通知申请人装船证明副本。该证明须在装船后____天内发出,并注明该信用证号、船名、装运日以及货物的名称,货物的数量、重量和金额。
☒ Other documents,if any 其他单据
CERTIFICATE OF NON-WOODEN MATERIAL PACKING

Description of goods 货物描述
WARREN RELEASE PAPER 19MT CIF ×× USD 162 065.00

Additional instructions(marked with"×");附加条款(用"×"标明)
☒ All banking charges outside the Issuing Bank including reimbursing charges are for account of Beneficiary.
　开证行以外的所有银行费用(包括可能产生的偿付费用)由受益人承担。
☒ Documents must be presented within __15__ days after date of issuance of the transport document but within the validity of the Credit.
　所需单据须在运输单据签发日后____天内提交,但不得超过信用证有效期。

二、进口信用证的修改

开证行对开证申请书的内容进行审核,在对开证申请人的资信(包括开证申请人的经营状况、资金实力、经营作风等)进行仔细调查,并根据不同开证申请人的资信情况给予不同的授信额度后,就可以根据开证申请书的内容,完整、准确、及时地开出信用证。银行开立信用证后,开证行的有关人员须认真审证,审证无误后,由相应级别的有权签字人签发信用证。最后会根据开证申请书的要求以电开或信开方式发出。银行一旦开出信用证,开证行将承担第一性付款责任。

开证行开出信用证后,开证申请人认为或者应受益人的要求,需要对原信用证的内容或条款进行修改时,可向开证行提出申请,银行凭修改申请书办理。但需要注意的是,申请人对已开立的不可撤销信用证内容进行修改,需经开证行、保兑行(如有)以及受益人同意,修改才能成立。

申请人提出信用证修改包括三个基本程序。

1. 申请人提出修改申请

由申请人向银行提交"信用证修改申请书"(如表14-4、表14-5所示),包括需修改的信用证号码及修改内容。

2. 银行审查修改申请书的内容

(1)银行接到"信用证修改申请书"后,根据申请书所列的证号,调出存档的原信用证副本

对照审核,"信用证修改申请书"所列的证号、申请人名称必须与银行存档的原证相符,以免串证或重复修改。

(2) 修改后的条款之间、修改内容与原证有关的条款之间应相互吻合、衔接,不能有矛盾或抵触之处。

(3) 修改后的条款不能对申请人或银行有不利之处。

(4) 如有增加金额的修改,需补足增额部分的资金。

3. 缮制信用证修改通知书

银行审核修改申请书后,可缮制"修改通知书",加列密押后用电讯方式通知国外传递行。银行还会将修改通知书副本按修改日期依次附贴于信用证留底备查,并将另一副本送交申请人。

表 14-4

S(2004)3012a

信用证修改申请书正面

中国农业银行

AGRICULTURAL BANK OF CHINA

APPLICATION FOR IRREVOCABLE DOCUMENTARY CREDIT

信用证修改申请书　　　　　编号:

To: AGRICULTURALBANK OF CHINA　　BRANCH

致:中国农业银行　　　　行　　　　　　　Date 日期＿＿＿＿＿＿

Credit No. 信用证号码	No. of Amendment 修改次数
Applicant 申请人	Advising Bank 通知行
Beneficiary(before this Amendment)受益人(在本次修改前)	Currency and Amount(in figures & words)币种及金额(大、小写)

The above-mentioned Credit is amended as follows:
上述信用证修改如下:

☐ The latest shipment date extended to ＿＿＿＿＿／＿＿＿＿＿／＿＿＿＿＿
　 最迟装运日期延长至

☐ Expiry date extended to ＿＿＿＿＿／＿＿＿＿＿／＿＿＿＿＿
　 有效期延长至

☐ Amount increased/decreased by ＿＿＿＿＿＿ to ＿＿＿＿＿＿
　 金额增/减　　　　　　　　　　　至

☐ Other terms:其他

☐ Banking charges:
　 银行费用

All other terms and conditions remain unchanged.
所有其他条款不变。

☐ 本次修改增加金额部分实存保证金为增加金额的＿＿＿％,即(币种及金额大写)＿＿＿＿＿＿＿＿＿＿＿＿,其余增加金额申请减免保证金。

（续表）

□ 本笔信用证修改受编号为_____的《减免保证金开证合同》/《减免保证金开证额度合同》约束。

声明：我公司已对本申请书及其背面承诺书各印就条款进行审慎研阅，对各条款含义与贵行理解一致。我公司在此签章表示对本申请书及背面承诺书印就条款的接受，愿受其约束。

需担保人表示同意继续担保的 担保人（签章） 法定代表人 或授权代理人　　　　年　月　日	申请人（签章） 法定代表人 或授权代理人　　　　年　月　日

表 14-5

信用证修改申请书背面

ABCS(2004)3012b

信用证修改申请人承诺书

兹谨请贵行为我公司依照本信用证修改申请书内容修改原证，并承诺如下：

一、遵守《信用证修改申请书》条款和《减免保证金开证合同》/《减免保证金开证额度合同》的约定。同意贵行依照国际商会第500号出版物《跟单信用证统一惯例》办理该信用证项下的一切修改事宜，并同意承担由此产生的一切责任。

二、保证支付本修改项下产生的一切费用（包括国外受益人拒绝承担的有关银行费用）。

三、同意所有信用证项下的修改当由信用证受益人接受时才能生效。

四、该信用证修改函/电如因邮寄、电讯传递发生遗失、延误、错漏，贵行概不负责。

五、在收到贵行开出信用证修改函/电的副本之后，及时核对。如有不符之处，将在收到副本后的两个工作日内书面通知贵行。否则，视为正确无误。

六、本申请书一律用英文填写。如用中文填写而引发的歧义，贵行概不负责。

七、因信用证修改申请书字迹不清或词意含混而引起的一切后果均由我公司负责。

八、当实际行人保证金币种与开证币种不同时，愿意承担汇率变动风险。在信用证付款时，由于汇率变动导致所缴纳保证金不足的，我公司保证补交其中的差额。

自我训练

请根据下面的合同，填写开证申请书。

×× INTERNATIONAL TRADE COMPANY

4/Floor, SLA Tower, Hong Kong

PROFORMA INVOICE

Date　　　　　　　14-NOV-20××
Proforma Invoice　9598
Sold To：　　　　　×× Hope Leather Co., Ltd
Shipment Date　　Within one mouth after L/C issued

(续表)

Description	Warren Release Paper	Weight	Price Per MT	Value (USD)
	U/C UNI ALLEGRO 60″	1.0 M/T	8 060.00	8 060.00
	U/C UNI ARISTO 60″	0.5 M/T	8 060.00	4 030.00
	U/C UNI CAMDEN 60″	2.0 M/T	8 060.00	16 120.00
	U/C UNI CASCO 60″	2.0 M/T	8 905.00	17 810.00
	TOTAL:CIF WENZHOU	5.5 M/T		46 020.00

Country of Origin U.S.A.

Payment Terms Please establish irrevocable Letter of Credit before Jan. 15, 20×× to Sapig International Trade Company, 4/Floor, SIA Tower, Hong Kong Through Bank of China.

L/C to contain the following:

1%~10% variance volume and value allowed.

Transhipment is allowed.

Partial shipment is allowed.

T/T reimbursement allowed. Negotiating bank is authorized to claim T/T reimbursement on us by authenticated telex.

We shall remit the full bill amount directly to the negotiating bank two working days later after receipt of your claim.

SAPIG

训练十五　安排运输和保险

采用 FOB 条件的进口合同,应由进口企业承担按时派船至约定地点接货的义务。为完成上述义务,进口企业必须切实做好租船、订舱、催装、派船接货、投保等一系列工作。

本章要求

★ 进口订舱、催装和保险

一、租船、订舱

履行以 FOB 贸易术语达成的进口合同时,进口企业要负责办理租船或订舱事宜。进口货物需整船运输的情况下要办理租船手续,一般少量货物的进口,只需洽订舱位,进口企业既可以亲自向船东或班轮公司订舱,也可以委托货运代理代其办理。

在我国,这项工作通常是委托货运代理公司办理,其具体程序是,进口企业在接到卖方备货通知后(在合同未规定卖方发出备货通知的情况下,则在交货期前 45 天),填写好进口订舱联系单,连同合同副本,提交给货运代理公司委托其安排船只或舱位。

订舱委托书是货运代理公司据以办理订舱、组织运输的必不可少的依据,所以在填制时必须做到准确无误。订舱委托书的内容已经在出口业务中详细阐述,不再赘述。

二、催装

船舶或舱位订妥后,进口企业或其代理还需做好催装工作。在进口业务中,有时出口供货商会因生产成本上涨、国际市场价格上扬或无法按期安排生产等原因,使我方不能按期收到合格的货物。为了防止此类情况的发生,保证我方如期收到合格的货物,进口企业除在合同中争取订立迟交罚金等约束性条款外,还必须随时了解和掌握对方备货和装船前的准备工作情况,督促对方按期装运。在交货期前的一定时间,通常是 45 天左右即向对方发出"催装通知"。对于数量多、金额大或重要、急需的物资的进口,必要时进口企业可委托我驻外机构就近了解备货情况,督促出口商按照合同规定,按时、按质、按量履行交货义务,以防对方在装货时有作假行为。

三、派船接货

买方在接到货运代理公司舱位已安排妥当的通知后,应及时向发货人(卖方)发出派船通知,将船名、预计到达日期、拟装载的重量(数量)、到达的港口、船舶的国籍等以电报方式通知卖方,以便卖方做好准备。买方派船接货是一项重要的工作,必须做到在约定时限内派船,否则卖方有权要求赔偿因船只延迟到达而造成的损失,甚至拒绝交货。

如派出船只因故未能到达或受载,应尽力设法在规定装运期内另派代替船只。如有困难亦应及时向对方提出,说明原因,要求展期并力争避免发生损失。

在整个派船接货的过程中随时了解对方备货装运情况,力争船货衔接,以免耽误船期造成空舱损失。如万一发生,应及时向对方提出。对数量大或重要物资的进口,必要时可请我驻外机构就近协助。

如对方尚未备妥货物要求延期,则根据具体情况酌情处理,但应明确对方应负担由此而产生的一切损失。需要注意的是,按照国际惯例,买方如同意延期交货,即是同意修改合同,倘若同意延期的同时未提出损害赔偿,就视作弃权。

四、投保货运险

采用 FOB 或 CFR 价格条件成交的进口合同,货物装船后,出口方应及时向我进口方发出装船通知,以便我方办理货运保险及做好接货准备。我国进口货物保险一般采用逐笔投保和预约保险两种方式。

所谓逐笔投保,是指进口企业对每一笔进口贸易分别向保险公司投保。进口企业在收到国外卖方的装船通知后,应立即填制投保单或装货通知单。投保单或装货通知单的内容包括货物名称、数量、保险金额、投保险别以及船名、船期、启运日期和估计到达日期、装运港和目的港。保险公司接受承保后将签发一份保险单作为双方之间保险合同的证明文件。

在货物运输保险中,一些有大量运输业务的单位逐笔业务进行保险,不仅繁琐,而且容易发生漏保等差错。为了简化投保手续,可以与保险公司签订预约保险合同。

预约保险合同一般要求投保单位所有的运输业务都要投保,双方约定保险标的、保险险别、保险费率、适用保险条款、保险费和赔款的支付方法等。遇到特殊情况,即使未及时办理投保手续,只要货物装上保险单载明的运输工具,或被承运人收受签发运单,保险公司就自动承担了被保险人的货物风险责任。但这并不意味着可以不办投保手续,进口企业仍需向保险公司逐笔办理投保,只不过投保时限要求没有那么严格。同时,保险公司也会经常查核投保单位的账目,一旦发现漏保或未投保的货物,不论是否发生保险事故,即使货物已安全运抵,都会要求补办投保手续并收取相应的保险费。预约保险合同的格式如表 15-1 所示。

表 15-1

预约保险单合同

```
         合同号    年/  号
_____为甲方
_____为乙方
```
双方就进口货物的运输预约保险议定下列各条以兹共同遵守:

1. 保险范围

甲方从国外进口的全部货物,不论运输方式,凡贸易条件规定由买方办理保险的,都属于本合同范围之内。甲方应根据本合同规定,向乙方办理投保手续并支付保险费。

乙方对上述保险范围内的货物,负有自动承保的责任,在发生本合同规定范围内的损失时均按本合同的规定负责赔偿。

2. 保险金额

保险金额以进口货物的到岸价格(CIF)即货价加运费加保险费为准(运费可用实际运费,亦可由双方协定一个平均运费率计算)。

3. 保险险别和费率

各种货物需要投保的险别由甲方选定并在投保单中填明。乙方根据不同的险别规定不同的费率。现

(续表)

暂定如下。

货物种类	运输方式	保险险别	保险费率

4. 保险责任

各种险别的责任范围,按照所属乙方制定的"海洋货物运输保险条款"、"海洋货物运输战争险条款"、"航空运输综合险条款"和其他有关条款的规定为准。

5. 投保手续

甲方一经掌握货物发运情况,即应向乙方寄送起运通知书,办理投保。通知书一式五份,由保险公司签认后退回一份。如果不办理投保,货物发生损失,乙方不予理赔。

6. 保险费

乙方按甲方寄送的起运通知书照前列相应的费率逐笔计收保费,甲方应及时付费。

7. 索赔手续和期限

本合同所保货物发生保险范围以内的损失时,乙方应按制定的"关于海运进口保险货物残损检验和赔款给付办法"迅速处理。甲方应尽力采取防止货物扩大受损的措施,对已遭受损失的货物必须积极抢救,尽量减少货物的损失。向乙方办理索赔的有效期限,以保险货物卸离海轮之日起满一年终止。如有特殊需要可向乙方提出延长索赔期。

8. 合同期限

本合同自　　年　　月　　日开始生效。

　甲方(签章)　　　　　　　　　　　　　　乙方(签章)

自我训练

请根据下列内容填写货物订舱委托书。

COMMERCIAL INVOICE

Invoice No.:
NG×3498××

Date:
OCT. 15, 20××

Seller:
ADG STEEL AND IRON CO., LTD,
FLOOR 16, PETGY MANSION
TOKYO, JAPAN

Buyer:
×× MINERAL EXPORT AND IMPORT CO., LTD.
××, CHINA

MARKS	DESCRIPTION OF GOODS	QTY.	UNIT PRICE	AMOUNT
ADG GUANGZHOU PO TT701 CASE No. 1-4	COLDROLLED STAINLESS 0.5×18.5mm COIL	2 000 KGS	FOB TOKYO USD 2.65	USD 5 300.00

(续表)

S/C No. NGXSC 98654 TERMS OF PAYMENT: L/C AT SIGHT L/C NUMBER: LC200658741223×× DATED SEP. 28, 20×× ISSUED BY BANK OF CHINA SHIPPED PER ON FROM TO GIANT OCT. 22, 20×× TOYKO, JAPAN GUANGZHOU, CHINA PACKING G. W. N. W. 500 KGS IN ONE CASE 2 148 KGS 2 000 KGS	
Total Amount (In Word): UNITED STATES FIVE THOUSAND THREE HUNDRED DOLLARS ONLY	

ADG STEEL AND IRON CO. ,LTD,

信用证中相关内容：
VALIDITY DATE: NOV. 15, 20××
LATEST DATE OF SHIPMENT: 31. OCT. 20××
PARTIAL SHIPMENT AND TRANSSHIPMENT: ALLOWED
FULL SET OF CLEAN ON BOARD OCEAN BILLS OF LADING MADE OUT TO ORDER AND BLANK ENDORSED, MARKED FREIGHT TO COLLECT SHOWING FREIGHT AMOUNT NOTIFYING THE APPLICANT.

公司编号		出 口 货 物 订 舱 委 托 书				日期	
1) 发货人		4) 信用证号码					
		5) 开证银行					
		6) 合同号码			7) 成交金额		
		8) 装运口岸			9) 目的港		
2) 收货人		10) 转船运输			11) 分批装运		
		12) 信用证效期			13) 装船期限		
		14) 运费			15) 成交条件		
		16) 公司联系人			17) 电话/传真		
3) 通知人		18) 公司开户行			19) 银行账号		
		20) 特别要求					
21) 标记唛码	22) 货号规格	23) 包装件数	24) 毛重	25) 净重	26) 数量	27) 单价	28) 总价
		29) 总件数	30) 总毛重	31) 总净重	32) 总尺码	33) 总金额	
34) 备注							

训练十六　审 单 付 款

出口方在货物装运后,将合同或信用证所规定的单据以及汇票提交给银行,如果是托收方式,银行将所有单据交给进口商审单承兑或付款;如果是信用证方式,则开证行根据信用证条款审核单据后,履行付款义务,之后将单据交给进口商复审,要求付款赎单。

本章要求

★ 进口单据的审核
★ 进口结汇与核销

一、审核单据

(一) 托收与信用证方式下的审单过程

1. 托收方式下的审单

跟单托收方式下,出口商通过银行将货运单据转寄给进口公司,但托收银行与代收银行均不审核单据,只审核来单委托书并依据来单委托书清点单据份数是否与委托书上所列相符。银行严格按国外托收委托书的交单条件,向进口商办理交单手续。如果有特殊要求,国内代收行只有在与托收行洽商后才可按照其指示办理。在托收方式下,审单是进口人的义务和责任,并且进口人的审核是终局性的。进口商审单的过程大致如下:

(1) 银行简单审核无误后,缮制"进口代收来单通知书",连同主要单据复印件向进口公司(付款人)提示(一般在收到代收单据后3个工作日内办妥提示手续)。

(2) 付款人接到"进口代收来单通知书"后,到银行办理有关付款或承兑手续。进口公司如同意付款或承兑时,应提交同意付款(或承兑)书、购买外汇申请书、进口合同、进口付汇核销单及银行要求的其他材料。

(3) 在付款交单条件下,客户付款后,即可拿到全套正本单据;在承兑交单条件下,付款人需办理承兑手续,即按《中华人民共和国票据法》规定承兑远期汇票后,领取正本单据,在承兑到期日付款。

(4) 如发现单据与合同不符或单据之间有不符,付款人应通过银行及时提出拒付或拒绝承兑的理由,并到银行柜台办理拒付手续。付款人拒付时,银行将及时通知托收行并代为保管单据听候处理。如自发出通知2个月后未得到委托行处理单据的指示,银行将主动退单;如托收行指示退单或授权无偿交单,进出口银行将按指示办理。

2. 信用证方式下的审单

(1) 银行审单。开证行接到国外议付行寄来的单据,首先根据信用证规定的条款,全面、逐项地审核单证、单单之间是否相符,并根据国外议付行的寄单索偿通知书,核对单据的种类、份数,以及汇票、发票与索偿通知书所列金额是否正确。银行对信用证未规定的单据将不予审核。银行审单的合理时间是不超过收到单据次日起的7个银行工作日。审核无误后,凭议付行的寄单索偿通知,填制进口单据发送清单,附上全部单据送开证申请人签收,经开证申请人全面审核无误后办理付款。

(2) 进口商审单。信用证项下的全套单据经开证行审核后送交开证申请人,再经开证申请人审核认可后,银行即对外付款或承兑,并将全部单据交给开证申请人,开证申请人可以凭以提货。

需要注意的是,目前国内银行通常采用变通的审单做法,即开证行在接到国外寄来单据以后,通常是对寄单面函中内容(如确认所附单据属于相关的信用证号码项下,单据中的金额与面函中提及的金额是否一致,是否提及有任何不符点,是否凭担保函或有保留的付款、承兑或认付等)进行重点审核,而对单据只是粗审,找出单据中较明显的不符点,批注在来单通知书上,连同单据交开证申请人,并请其告知开证行对不符点单据的处理意见,根据开证申请人的意见,开证行决定是否对外拒付。

银行采用此方法有其合理之处:只有在申请人拒受时,开证行才对外拒付,由此开证行可大大减少对外拒付的次数,从而维护良好的对外形象,可以简化手续,减少了银行审单工作量;单据交申请人,减少了银行保存的单据份数;开证申请人比银行对货物规格等条款内容更为熟悉。

申请人接到单据(实质上是银行暂借单据给申请人)在办理对外付款之前,一定要对单据妥善保管,以便在单证不符拒付时可以对外退单。

在实际业务中,审单的方法分为纵审法和横审法。通常两种方法结合起来使用,以保证审单工作的质量。纵审法是根据信用证的条款逐字逐句地审核各种单据的内容,做到单证一致。重点是按信用证中的单据条款核对相应的单据,当信用证有修改时,应根据原信用证与修改书审核有关单据(应先确认受益人对修改书有否书面表示拒绝接受)。横审法是以商业发票为中心,与其他单据相对照,做到单单一致,重点是要求单据与单据之间所共有的项目相互一致,将发票与其他单据的相同信息及有关的项目予以核对。按信用证审核完所有的单据后,剩下的则属于交单人交来的信用证未规定的单据,可选择退还交单人。

(二) 信用证项下主要单据的审核要点

1. 汇票审核要点

(1) 汇票金额不得超过信用证允许的金额,且大、小写及货币名称必须一致。

(2) 付款期限应符合信用证规定。

(3) 汇票的付款人(受票人)应为开证银行或信用证指定的付款银行,不应以申请人为汇票的受票人。

(4) 出票人印章或签字和名称应与受益人的名称一致。

(5) 包含信用证所要求的必要条款,如信用证号、开证行名称、对价条款等。

(6) 如果受款人为出票人指示性抬头,是否已由出票人背书。

(7) 出票人、受款人、付款人都必须符合信用证的规定。

(8) 汇票的出票日期应在信用证的有效期内。

2. 发票审核要点

(1) 确保发票由信用证的受益人出具,在信用证支付方式下,发票的签发人必须是信用证的受益人。

(2) 除非信用证另有规定,信用证的开证申请人应为发票的"抬头人"。

(3) 货物的描述必须与信用证的商品描述相符。

(4) 信用证提及的须在发票中显示的事项,如唛头、数量和重量、价格、装运、包装、运费及其他相关的信息须与信用证一致,并与其他的单据一致。

(5) 发票上的货币、金额必须与信用证一致,发票的金额不得超过信用证的金额,若信用证中数量、金额有"大约"或类似字样,可允许增减10%。

(6) 如不允许分批装运,发票必须包括信用证要求装运的全部货物。

(7) 提交的正本和副本份数正确。

3. 海运提单的审核要点

(1) 应提交全套或信用证规定的份数的正本提单。

(2) 必须是已装船清洁提单(clean on board B/L),可以是预先印就"已装船"提单并加注日期,或收妥待运提单加注"已装船"字样。加注的日期要在信用证允许的最迟装运日或以前。

(3) 以CIF或CFR价格成交时,提单必须注明"运费预付"或"运费已付"字样;以FOB价格成交时,提单应注明"运费待收"或"运费在目的港支付"字样。

(4) 提单注明信用证规定的装运港和卸货港。

(5) 提单收货人符合信用证规定,如为指示性提单,背书应符合信用证的规定。

(6) 提单上的货物描述与发票上的描述不相抵触(根据《UCP600》的规定,除商业发票外,在一切其他单据中,货物的描述可使用统称)。

(7) 提单正面注明承运人名称,应有船公司签字。

(8) 提单在要求的期限内交付(在提单日期后的21天以内或符合信用证的有关规定)。

(9) 被通知人的名称和地址与信用证规定一致。

4. 保险单据的审核要点

(1) 保险单据的名称与信用证规定相符(如保险单、保险凭证、保险声明书等),除非信用证特别规定,保险凭证和暂保单不得代替保险单,但保险单可以代替保险声明书。

(2) 保险单的被保险人名称应与信用证规定相符,如未规定,通常以出口商名义投保,然后再作成空白背书(如果被保险人的名称不是保兑行、开证行或者进口人,均应进行相应的背书)。

(3) 保险单据由保险公司、保险商或其代理人签发,且签发日期或保险责任的生效日期最迟应在装船日期或以前。

(4) 保险金额、货币必须符合信用证的规定。

(5) 对保险货物的描述必须与发票上的货物描述相符。

(6) 明确表示出按信用证规定的险别投保。

(7) 提交签发的正本保险单据。

(三) 不符点单据的处理

在审单过程中,如发现单证有不符点,通常采取的方法有以下几种:

(1) 拒绝接受单据并拒付全部货款。

(2) 部分付款,部分拒付。

(3) 货到经检验后付款。

(4) 国外议付行书面担保后付款。
(5) 更正单据后付款。
(6) 放弃该不符点,进口方按单证相符对外付款。

在托收方式下,当出现单据与合同不符的问题时,如果进口商拒付,银行将通知委托行并办理退单手续或银行主动退单;如果委托行授权无偿交单,银行在计收有关费用后可向付款人交单。

在信用证方式下,无论采取全部拒付、部分拒付或扣减货款等何种方法,都应立即(一般在3个工作日内)以最迅速的方法向议付行提出,在对方尚未答复之前,由开证行代议付行保存全部单据,等待处理。但是,拒收单据和拒付货款的行为只能以开证行名义进行,进口商不能以单据不符为由对外拒付。

二、进口结汇与核销

（一）进口结汇

在托收方式下,如果进口公司同意对外付款,银行将按结售汇的规定,对进口公司提交的贸易进口付汇核销单及进口付汇备案表进行审核,符合条件的即可对外付款,并办理进口付汇核销。如果进口公司以其自有外汇支付,银行则从其现汇账户划款支付;如果使用银行贷款,则由信贷部门提供资金支付;如果需银行售汇的,进口公司应提交购汇申请书及相应的购汇资金,由银行按规定售汇支付。

在信用证支付方式下,进口商经审核单据无误后要向开证行办理付款或承兑手续。银行则应立即根据信用证规定,并结合国外议付行索汇通知书的要求,对外办理付款或承兑。开证行对外付款的同时,对进口公司办理进口售汇。办理进口售汇时,由进口公司填写购买外汇申请书和进口付汇核销单,然后由银行根据中国银行外汇牌价表的汇率,办理信用证金额及有关手续费用的售汇。

（二）进口付汇核销

进口付汇核销制度是通过国家主管部门对外汇指定银行和进口付汇企业的对外付汇活动进行逐笔审核,要求进口企业严格按照正常贸易活动的外汇需要来使用外汇,杜绝各种形式的套汇、逃汇、骗汇等违法犯罪行为,维护健康稳定的金融秩序。

进口付汇核销业务的流程如下:
(1) 进口单位经商务部或其授权单位批准或备案取得进出口权。
(2) 进口单位持有关材料向注册所在地外汇管理局(简称外管局)申请办理列入《对外付汇进口单位名录》。
(3) 外管局审核无误后,为进口单位办理《对外付汇进口单位名录》手续,不在名录上的进口单位不得直接到外汇指定银行办理进口付汇。
(4) 进口单位付汇或开立信用证前,判断是否需向外管局办理进口付汇备案表手续。如需要,持有关材料到外管局办理进口付汇备案手续,领取进口付汇备案表;如不需要,进口单位持有关材料到外汇指定银行办理开证或购汇手续。
(5) 进口单位在有关货物报关后1个月内到外管局办理进口核销报审手续。进口付汇到货报审是进口单位根据《进口付汇核销监管暂行办法》的要求,按月将贸易进口付汇到货核销表及所附单证报送外管局审查的业务过程和手续。

自我训练

下面的单据是根据训练六练习四的信用证制作的。请审核指出错误的地方并予以改正。

BILL OF EXCHANGE

凭
Drawn under ___BANCO NACIONAL DE CUBA___ 信用证号 L/C NO. ___C30000029___

日期
Dated ___××0501___ 支取 Payable with interest @ _____% 按_____息_____付款

号码
No. ___DT040511___ 汇票金额 Exchange for ~~USD 169 795.00~~ ××

见票_____日后(本汇票之副本未付)
At ___* * * * * * * * *___ sight of this FIRST of Exchange (Second of Exchange being unpaid)

付 交
Pay to the order of ___BANK OF CHINA___

金 额
The sum of ~~SAY UNITED STATES DOLLARS ONE HUNDRED AND SIXTY NINE THOUSAND SEVEN HUNDRED AND NINETY FIVE ONLY~~

此致：
To：___CHUTAT CO. LTD.___
___HAVANA CUBA___

                          XXXX DATIAN IMPORT AND EXPORT CO. LTD
                                    (Signature)

COMMERCIAL INVOICE

To：CHU TAT CO.,LTD.   Date：××0508
     HAVANA CUBA   Invoice No：DT040511
                              Contract No：145-04

From：SHANGHAI CHINA   To：HAVANA CUBA
L/C NO：C3000029
Issued by：BANCO NACIONAL DE CUBA

MARKS	DESCRIPTION OF GOODS	UNIT PRICE	AMOUNT
CHU TAT HAVANA NOS. 1-893	85 200 METERS TWILL FABRIC AND 233 500 METERS 100 PCT COTTON FABRIC IN CONTAINERS ACCORDING TO CONTRACT NO. 145-04 DATED SEP. 30, 20××	CIF HAVANA @ USD 0.5328	USD 169 795.00

                                 ××× DATIAN IMPORT AND EXPROT CO.,LTD.

PACKING LIST

No: DT040511 Date: 40508

MARKS & NO.	ARTICLE & SPECIFICATION	QTY	PACKAGE	G.W. (KGS)	N.W. (KGS)	MEAS (CBM)
CHU TAT HAVANA NOS. 1-893	TWILL FABRIC	85 200 METERS	426 CTNS	8 520 KGS	8 420 KGS	8.52 CBM
	100 PCT COTTON FABRIC	233 500 METERS	467 CTNS	4 670 KGS	4 500 KGS	4.64 CBM

TOTAL PACKAGE: NINE HUNDRED NINTY THREE CARTONS
ONE CONTAINER

×××DATIAN IMPORT AND EXPROT CO., LTD.

BILL OF LADING

1) SHIPPER: XXX DATIAN IMPORT AND EXPORT CO. LTD	10) B/L NO. SS04A15
2) CONSIGNEE: TO ORDER OF XXX DATIAN IMPORT AND EXPORT CO. LTD	**COSCO** 中国远洋运输公司 CHINA OCEAN SHIPPING COMPANY
3) NOTIFY PARTY: APPLICANT	

4) PLACE OF RECEIPT	5) OCEAN VESSEL FORTURN	
6) VOYAGE NO. VOY. 555	7) PORT OF LOADING SHANGHAI	Combined Transport BILL OF LADING
8) PORT OF DIACHARGE HAVANA CUBA	9) PLACE OF DELIVERY	

11) MARKS	12) NOS. & KINDS OF PKGS	13) DESCRIPTION OF GOODS	14) G.W.	16) MEAS(M³)
CHU TAT HAVANA NOS. 1-893	893 CTNS ONE CONTAINER	FABRIC FREIGHT PREPAID	13 190 KGS	13.16 CBM

17) TOTAL NUMBER OF CONTAINS OR PACKAGES (IN WORDS)
SAY NINE HUNDRED NINTY THREE CARTONS ONLY

(续表)

FREIGHT & CHARGES	REVENUE TONS	RATE	PER	PREPAID	COLLECT

PREPAID AT	PAYABLE AT	21) PLACE AND DATE OF ISSUE	
TOTAL PREPAID	18) NUMBER OF ORIGINAL B(S)L THREE	× × ×	× × 0512
LOADING ON BOARD THE VESSEL		22)	
19) DATE × × 0510	20) BY		

训练十七　进口报验、报关和提货

进口货物到岸后,由进口公司委托货运代理公司或报关行向海关报关,如属于法定检验的进口商品,还必须进行商品检验并出具商品检验证书。在检验报关放行后,进口公司或其代理人才能凭海关签发的放行证提取货物。

本章要求

★ 进口报验程序及报检单的填写
★ 报关程序及报关单的填写

一、进口报验

进口报验是指进口商品的收货人或其代理,根据国家有关法律、行政法规的规定或业务需要,在规定的地点和期限内向商检机构或商检机构指定的检验机构申请办理进口检验或检疫。

国家出入境检验检疫局与海关总署从2000年1月1日起实施新的检验检疫货物通关制度,通关模式为"先报验,后报关"。从2000年1月1日起,对实施进口检疫的货物启用入境货物通关单,并在通关单上加盖检验检疫专用章,对列入《出入境检验检疫机构实施检验检疫的进出口商品目录》(以下简称《目录》)范围内的进口货物(包括转关运输货物),海关一律凭货物报关地出入境检验检疫局签发的入境货物通关单验放。同时,正式启用入境检验检疫证书。

(一)报验种类和范围

根据监管要求和手续复杂程度的不同,国家对进口商品的报验主要分为强制性产品认证(3C认证)和一般商检两种。

新的国家强制性产品认证标志名称为"中国强制认证"(China Compulsory Certification),英文缩写为"CCC",也可简称"3C"标志。

强制性产品认证制度,是各国政府为保护广大消费者人身安全和动植物生命安全,保护环境,保护国家安全,依照法律法规实施的一种产品合格评定制度,它要求产品必须符合国家标准和技术法规。强制性产品认证,是通过制定强制性产品认证的产品目录和实施强制性产品认证程序,对列入强制性产品认证目录的产品实施强制性的检测和审核。凡列入强制性产品认证目录的产品,若没有获得指定认证机构的认证证书,没有按规定加施认证标志,一律不得进口,不得出厂销售或在经营服务场所使用。

国家质检总局和国家认监委公布了第一批实施强制性产品认证的产品目录,该目录以原进口商品安全质量许可制度的产品和安全认证强制性监督管理的产品为基础,进行了少量调整。目录涉及安全、EMC、环保要求,包括19大类共132种产品。该制度自2002年5月1日起实施,2003年8月1日起强制执行。根据该制度的有关规定,自2003年8月1日起,进口商不得再进口和销售未获得新证书及未加施新标志的目录内产品。

对于已经获得新证书及加施新标志的目录内产品的进口,需提供中国国家强制性产品认证证书复印件,并填制入境货物报检单,随附相关单证,向货物报关地出入境检验检疫局报验。海关凭货物报关地出入境检验检疫局核查后签发的入境货物通关单办理验放。

(二)进口报验程序

进口报验一般有两种情况,一种为法定检验商品的报验,这种报验主要是判明进口商品的品名、品质、规格、数量或重量及技术性能等是否符合我国进口商品的有关规定,是否符合进口合同中对商品的具体要求。对于法定检验的进口货物,必须向到达地的商品检验检疫机构报验,未经检验的货物不准投产、销售和使用。另一种为进口合同规定货物卸船后若发现有残损或缺量,需经商检局出具证书向国外责任方索赔的报验,这种报验亦可称为索赔报验。无论属于哪一种情况的报验,报验人必须根据不同商品的特点,在规定的地点、时间内,填具进口检验申请单或进口检疫申请单,向商检部门申请检验或检疫。进口商品的报验程序一般包括以下内容。

1. 申报

报验人(订货单位、用货单位或其代理)在商检机构规定的地点和期限内,应向指定的商检机构申报进口货物检验。

申报时,报验人须填写入境货物报检单,它是检验部门接受报验和出具检验证明书的依据。入境货物报检单实例如表17-1所示。

报检人必须明确清楚地填写进口检验申请单上的各项内容,不得错填和漏填。

报验时应交验的单证,通常有进口合同、国外发票、装箱单、提单、进口货物到货通知单。除此以外,需要对进口货物进行品质鉴定的,还须提交品质证明书、使用说明书及有关标准和技术资料;凭样成交的,应加附成交小样;需要对进口货物进行数量鉴定的,须提交重量单、理货部门签发的理货清单及船长或大副签章的短卸证明;需要对进口货物进行残损鉴定的,须提交海事报告、理货部门签发的理货残损单、大副或船长签章的残损证明以及其他有关货物验收记录。

2. 检验

商检机构应报验人的申请,对进口商品按照规定的检验标准实施或组织实施检验。检验工作的地点和时间应按有关法规或进口合同中的规定进行。

(1)关于检验地点。我国现行检验条例规定:进口物资残损和重量鉴定,以及容易发霉变质的商品的质量检验,应在国外运输单据指明的到货港、站进行;机械、仪器、成套设备以及在口岸开件后无法恢复包装,影响国内安全转运的,可在使用地点,结合安装使用进行检验;集装箱运输的进口货物,可在拆箱地点检验;进口动植物产品的检疫处理,必须要在进口口岸进行,如因口岸条件限制或其他原因,必须运往指定地点进行处理的,须经农牧渔业部批准。

另外,凡合同中规定需要国外卖方来华共同检验的或到货后发现问题需要卖方派人来共同检验的,一定要在合同规定的验收地点检验。

(2)关于检验的时间。通常在货物买卖合同的检验条款中,规定允许买方有复验权利。若买卖合同规定允许买方有复验权,则必须对买方复验时间(期限)有一个明确的规定。该期限称为复验期,又称为索赔期。报验人必须在规定的期限内报验。若超过上述期限,检验部门可以拒绝接受报验,买方随之也就丧失了对外提出要求赔偿损失的权利。

表 17-1

入境货物报检单

中华人民共和国出入境检验检疫
入境货物报检单

报检单位(加盖公章)：××外代报关行　　　　　　　　　编　号 33010010700××

报检单位登记号：3301000692　　联系人：徐××　　电话：88809××　　报验日期：20××年07月11日

收货人	(中文) ××皮革有限公司	企业性质(划"√")	□合资 □合作 □外资
	(外文) ***		
发货人	(中文) ***		
	(外文) ***		

货物名称(中/外文)	H.S. 编号	原产国(地区)	数/重量	货物总值	包装种类及数量
蓝湿牛皮	4104191190 M.P/Q	意大利	24 530 千克	6 377.80 美元	23 天然木托

运输工具名称号码	海运集装箱		合同号	RHJK×××
贸易方式	一般贸易	贸易国别(地区)	意大利	提单/运单号	YMLUM601019957
到货日期	20××-07-11	启运国家(地区)	意大利	许可证/审批号	***
卸货日期	20××-07-11	启运口岸	意大利	入境口岸	××口岸
索赔有效期至	***	经停口岸	***	目的地	××省××市
集装箱规格、数量及号码	40 尺普通 X1，YMLU4809682				
合同订立的特殊条款以及其他要求	***		货物存放地点	××仓库
			用　途	***

随附单据(划"√"或补填)		标记及号码	*外商投资财产(划"√")	□是 ☑否
☑合同	□到货通知	N/M 有 IPPC 标识	*检验检疫费	
☑发票	□装箱单		总金额(人民币元)	
☑提/运单	□质保书			
☑兽医卫生证书	□理货清单			
□植物检疫证书	□磅码单		计费人	
□动物检疫证书	□验收报告			
□卫生证书	□		收费人	
☑原产证书	□			
□许可/审批文件	□			

报检人郑重声明：
1. 本人被授权报检。
2. 上列填写内容正确属实。
　　　　　　　　签名：_____

领　取　单　证
日　期
签　名

注：有"*"号栏由出入境检验检疫机关填写。　　　　◆国家出入境检验检疫局制

[1-1(2000.1.1)]

表 17-2

入境货物通关单

中华人民共和国出入境检验检疫
入境货物通关单

编号：33010010500××

1. 收货人 ××外贸工业品有限公司		5. 标记及号码 N/M	
2. 发货人 ＊＊＊ TAI CHUNG TRADING CO			
3. 合同/提（运）单号 PXH05××/8HAMWNZ6G××		4. 输出国家或地区 德国	
6. 运输工具名称及号码 船舶向中/80SX	7. 目的地 ××省××市		8. 集装箱规格及数量 海运 40 尺普通 2 个
9. 货物名称及规格 木质纤维 ＊＊＊ （以下空白）	10. H.S. 编码 47 042 900.00 ＊＊＊ （以下空白）	11. 申报总值 ＊28 368 美元 ＊＊＊ （以下空白）	12. 数/重量、包装数量及种类 ＊48 000 千克 ＊40 天然木托 （以下空白）
13. 内容 　　上述货物办完海关手续后，请及时联系落实检验检疫事宜。未经检验检疫，不得销售、使用。对未经检验检疫而擅自销售或者使用的，检验检疫机构将按照法律法规定予以处罚。 　　签字：　　　　　　　日期：　　　　20××年03月22日			
14. 备注 　　＊＊＊			

② 货主须知

3. 出证

进口商品经检验合格后,商检机构即出具检验合格证书,并签发入境货物通关单如表16-2所示。经检验不合格的商品,由商检机构责令收货人退货或销毁货物。

二、进口报关

进口报关是指收货人或其代理向海关申报进口手续和缴纳进口税的法律行为。海关根据报关人的申报,依法进行验关。海关经查验无误后,才能放行。

通常情况下,进口报关程序分为申报、查验、纳税及放行四步。

(一) 申报

目前,海关接受申报的方式一般有三种,即口头申报、书面申报及电子数据交换申报,其中以后两种申报形式为主。

按照我国《海关法》的规定,进口货物的申报期限为自运输工具进境之日起 14 日内,超过 14 日期限未向海关申报的,由海关按日征收进口货物 CIF(或 CIP)价格的 0.5‰ 的滞报金。超过 3 个月未向海关申报的,除有特殊原因的以外,由海关将货物提取变卖,所得价款在扣除运输、装卸、储存等费用和税款后,尚有余款的,自货物变卖之日起 1 年内,经收货人申请,予以发还;逾期无人申请的,上缴国库。

申报的具体手续是,进口货物到货后,申报人根据进口单据填写进口货物报关单向海关申报。进口货物报关单中有关栏目的填制方法可参见出口环节中出口报关单填制说明。进口报关单实例如表 17-3 所示,填制方法请参照出口报关单。

在报关时,报关人除填写进口货物报关单外,还必须向海关交验下列单证:提货单、装货单、运单、发票、装箱单、保险单、进口货物许可证。必要时,还应向海关交验订货合同、产地购运证明及其他文件。

海关收到以上单证后,应认真进行审核,以检查所申报的进口货物是否符合国家的有关规定。

(二) 查验

海关以经过审核的单证为依据,在海关监管场所(包括口岸码头、车站、机场、邮局等)对所申报的进口货物进行检查,以核对单物是否相符。海关查验时,报关人应派人到现场,协助海关工作。

(三) 纳税

进口货物的收货人或其代理人收到海关的税款缴纳证书后,应在规定的期限内缴纳进口税款。我国《海关法》对进口货物纳税期限的规定与出口货物的相同。进口货物以海关审定的正常到岸价格(CIF 价格)为完税价格。到岸价格不能确定时,完税价格由海关估定。

在计算关税时应注意以下几点:

(1) 进口税款缴纳形式为人民币,进口货物为外币计价成交的,由海关按照签发税款缴纳证书之日国家外汇管理部门公布的人民币外汇牌价的买卖中间折价合人民币计征。人民币外汇牌价表未列入的外币,按国家外汇管理部门确定的汇率折合人民币。

(2) 完税价格计算到元为止,元以下四舍五入。关税税额计算到分为止,分以下四舍五入。

(3) 一票货物的关税税额在人民币 10 元以下的免税。

表 17-3

进口报关单实例

JG08 主页 1

付汇证明联

中华人民共和国海关进口货物报关单

预录入编号：047525835　　　　　　　　海关编号：3711200561116330185

出口口岸　东渡海关　3711	备案号	出口日期 20××-12-17	申报日期 20××-01-17
经营单位：××市×××进出口有限公司	运输方式 江海运输	运输工具名称 00631049001500130/	提运单号 LTNG88500000811
发货单位：××市×××进出口有限公司	贸易方式 一般贸易　0110	征免性质 一般征税(101)	征税比例
许可证号	起运国(地区) 乌克兰(347)	装货港 伊利切夫斯克(2645)	境内目的地 厦门特区(35021)
批准文号	成交方式 FOB	运费 5021100013	保费 502180013	杂费
合同协议号 YD0510	件数 26	包装种类 其他	毛重(公斤) 238100	净重(公斤) 238100
集装箱号 *7(11)	随附单据 商业发票及装箱单		用途

标记唛码及备注
N/M
集装箱号：MA03571132　EMC03346756　FSC03993353　FSC07585560　PSCU7744512　GES02238610 GESU2490489

项号	商品编号	商品名称、规格型号	数量及单位	原产国(地区)	单价	总价	币制	征免
1.	25161100	花岗岩荒村(GRANITE BLOCNS)	238100.000 千克	乌克兰(347)	725.0000	38896.25	USD 美元	照单征税
		用途：外贸自营内销						

税费征收情况

录入员	录入单位	兹声明以上申报无讹并承担法律责任	海关审单批注及放行日期(签章)
报关员		申报单位(签章) ××经贸货运有限公司 填制日期	审单　　　审价 征税　　　统计 查验　　　放行 货发
单位地址 邮编进口　专用　电话			签发日期：20××-01-25

（四）放行

放行又称结关，是指进口货物在办完向海关申报、接受查验、缴纳关税后，由海关在货运单据上签字或盖章放行，收货人或其代理人持海关签章放行的货运单据提取进口货物。

三、拨交货物

无论是进口企业自营进口，还是代理进口，货物在港口卸货并经海关查验放行后，都需办理货物拨交手续。拨交方法有两种：一种是在口岸拨交，凡属必须在卸货港检验的商品，须经检验部门检验合格后，方可办理拨交；如果用货单位在卸货港所在地，则可就地拨交货物。另一种是用货单位目的地拨交。如果用货单位不在卸货地区，则委托货运代理将货物运至用货单位所在地拨交。至于进口货物的有关税费，进口企业应先与货运代理结算后，再向用货单位办理结算手续。

自我训练

下面是某公司的进口单据中的部分内容，请按报关单填制要求填制进口报关单和进口货物报检单。

BILL OF LADING

Shipper：JOJOP HEAVY INDUSTRIES CORP.
　　　　1XX，TAIPING RD，HONGKONG，CHINA
Consignee：××ELECTRONIC PRODUCTION. CO.，LTD.
　　　　2/F 2××，CHAOYANG NORTH ROAD，×××
Ocean Vessel Voy. No.：HUANGHE 229
Port of Loading：HONGKONG
Port of Discharge：NINCBO
B/L No.：DKF—6
Mark & Number：
HTEP
8ET74
MADE IN TAIWAN
CHINA
No. of Package：7 CTNS
Description of Goods：FLAT BAR SS—400
G. W.：1 400Kgs
Shipping date：Nov. 25，20××

COMMERCIAL INVOICE				
Invoice No.：20303463			Date：NOV. 13，20××	
MARKS	DESCRIPTION OF GOODS	QTY.	UNIT PRICE	AMOUNT
HTEP 8ET74 MADE IN TAIWAN CHINA	FLAT BAR SS-400	2100 SET	CIF DALIAN USD 5.00	USD 10 500.00
Total Amount (In Word)：SAY U. S. DOLLARS TEN THOUSAND FIVE HUNDRED ONLY.				

　　进口公司中文名字：××电子产品有限公司
　　企业海关注册编号：3506941136
　　H. S. CODE：72111900
　　预录入编号：028320742

中华人民共和国出入境检验检疫
入境货物报检单

报检单位(加盖公章): 　　　　　　　　　　　　　　　编　号＿＿＿＿＿＿＿

报检单位登记号: 　　　联系人: 　　　电话: 　　　报检日期: 　年　月　日

收货人	(中文)		企业性质(划"√")	□合资 □合作 □外资
	(外文)			
发货人	(中文)			
	(外文)			

货物名称(中/外文)	H.S.编号	原产国(地区)	数/重量	货物总值	包装种类及数量

运输工具名称号码			合　同　号	
贸易方式		贸易国别(地区)		提单/运单号	
到货日期		启运国家(地区)		许可证/审批号	
卸毕日期		启运口岸		入境口岸	
索赔有效期至		经停口岸		目 的 地	
集装箱规格、数量及号码					
合同订立的特殊条款以及其他要求			货物存放地点	
			用　　途	

随附单据(划"√"或补贴)		标记及号码	外商投资财产(划"√")	□是 □否
□合同	□到货通知		检验检疫费	
□发票	□装箱单			
□提/运单	□质保书		总金额	
□兽医卫生证书	□理货清单		(人民币元)	
□植物检疫证书	□磅码单			
□动物检疫证书	□验收报告		计费人	
□卫生证书	□			
□原产地证	□		收费人	
□许可/审批文件	□			

报检人郑重声明:	领　取　证　单	
1. 本人被授权报检。	日　期	
2. 上列填写内容正确属实。　　　签名:＿＿＿＿	签　名	

注: 有"＊"号栏由出入境检验检疫机关填写。　　　　　　　　　　[1-1(2000.1.1)]

中华人民共和国海关进口货物报关单

预录入编号：　　　　　　　　　　　　　　　　　　　　海关编号：

进口口岸		备案号	进口日期	申报日期
经营单位		运输方式	运输工具名称	提运单号
收货单位		贸易方式	征免性质	征税比例
许可证号	起运国(地区)	装货港		境内目的地
批准文号	成交方式	运费	保费	杂费
合同协议号	件数	包装种类	毛重(公斤)	净重(公斤)
集装箱号	随附单据		用途	
标记唛码及备注				

项号	商品编号	商品名称、规格型号	数量及单位	原产国(地区)	单价	总价	币制	征免

税费征收情况			
录入员　　　　录入单位	兹声明以上申报无讹并承担法律责任	海关审单批注及放行日期(签章)	
报关员	申报单位(签章)	审单	审价
单位地址		征税	统计
邮编　　　电话　　　填制日期		查验	放行

训练十八　进口索赔

进口商品一般系国内生产建设、科学研究和人民生活所需要的重要物资。若经进口检验后,发现进口商品的品质、数量、包装等不符合合同的规定,为维护我方的政治和经济利益,应及时向有关方面提出索赔。

本章要求

★ 区别索赔对象
★ 掌握索赔注意事项

一、进口索赔的原因和对象

（一）向卖方索赔

凡属下列情况者,均可向卖方索赔:原装数量不足;货物的品质、规格与合同规定不符;包装不良致使货物受损;未按期交货或拒不交货等。

（二）向轮船公司索赔

凡属下列情况者,均可向轮船公司索赔:货物数量少于提单所载数量;提单是清洁提单,而货物有残缺情况,并且属于船方过失所致;货物所受的损失,根据租船公约有关条款应由船方负责等。

（三）向保险公司索赔

凡属下列情况者,均可向保险公司索赔:由于自然灾害、意外事故或运输中其他事故的发生致使货物受损,并且属于承保险别范围以内的;凡轮船公司不予赔偿或赔偿金额不足抵补损失的部分,并且属于承保险别范围以内的等。

二、办理索赔时应注意的事项

（一）索赔证据

对外提出索赔,需要提供证件。首先,应制备索赔清单,随附商检局签发的检验证书、发票、装箱单、提单副本。其次,对不同的索赔对象还要另附有关证件。向卖方索赔时,应在索赔证件中提出确切根据和理由,如果是 FOB 或 CFB 合同,尚需随附保险单一份;向轮船公司索赔时,须另附由船长及港务局理货员签证的理货报告及船长签证的短卸或残损证明;向保险公司索赔时,须另附保险公司与买方的联合检验报告等。

（二）索赔金额

对不同的对象进行索赔,索赔金额的计算不尽相同。根据国际贸易惯例,买方向卖方索赔的金额,应与因卖方违约所造成的实际损失相等,即根据商品的价值和损失程度计算。另外,有关的费用也可以提出。比如,商品检验费、装卸费、银行手续费、仓租、利息等,都可以包括在索赔金额内。如果向船公司索赔,应按照提单(班轮运输方式下)或租船公约(租船方式下)的有关规定计算索赔金额;如果向保险公司索赔,则根据保险合同中规定的方法计算索赔金额。

（三）索赔期限

对外索赔必须在合同规定的索赔有效期限内提出,过期无效。根据索赔对象的不同,提出索赔的有效期也有所不同。向出口商索赔时,应在进口合同规定的索赔期限内提出。如果商检工作需要更长的时间,可向对方要求延长索赔期限,或者提出保留索赔权。如果合同中未规定索赔期限,根据《联合国国际货物销售合同公约》的规定,买方向卖方索赔的最长期限为自收到货物起不超过2年。向船公司索赔时,按《海牙规则》的规定,最长期限为货物到达目的港后1年内。向保险公司索赔,根据中国人民保险公司《海运货物保险条款》的规定,为被保险货物在卸离卸载港全部卸离海轮后2年。

（四）关于卖方的理赔责任

进口货物发生了损失,除属于轮船公司及保险公司的赔偿责任外,如属卖方必须直接承担的责任,应直接向卖方要求赔偿,防止卖方制造借口来推卸理赔责任。

（五）要求卖方采取补救措施

如果卖方未按合同规定交付货物,或卖方所交货物的品质、数量、包装不符合合同规定,卖方应根据不同的违约情况,承担不同的法律责任。买方除可表示拒收货物并要求损害赔偿或只要求损害赔偿外,还可以要求卖方采取补救措施,如要求卖方减价、换货、修理货物等。具体采取哪一种补救措施,根据买卖双方具体情况协商决定。

目前,我国的进口索赔工作,属于船方和保险公司责任的一般由货运代理外贸运输公司代办;属于卖方责任的则由进出口公司直接办理。为了做好索赔工作,要求进出口公司、外贸运输公司、订货部门、商检局等各有关单位密切协作,要做到结果正确,证据属实,理由充分,赔偿责任明确,并要及时向有关责任方提出,以挽回货物所受到的损失。

知识链接

企业进口损失率远大于出口损失率

长期以来,我们更多地关注出口收汇的损失,从案例教学到研讨会,所举例子多数是出口问题,对进口的研究相对来说较少。但事实上,通过调查发现,我国的外贸企业进口损失远大于出口损失,进口平均损失率达到6.5%～7.5%。在被调查的企业中,有7%的企业的进口损失是由市场行情变化造成的,11.6%的是由进口产品数量和质量方面的原因造成的,9.1%的是因遭外商欺诈造成的,2.3%的企业是因业务员的问题造成的,25%的企业因其他原因造成的,受损企业占到了55%。

导致进口风险的因素是多方面的,根据进口产品种类不同,风险也不同。如原材料等大宗产品的进口风险,市场行情变化就是一个重要因素。除此之外还有汇率变化、市场垄断、供货商资信、合同条款签订、产品质量和数量、客户欺诈问题等。进口企业要想避免这些风险,除了要拥有一支素质较高的外贸人才队伍之外,还要有一套可操作的管理系统。同时,要借助专业的研究机构和咨询公司以及国内外商会等的协助,才能更好地控制风险。在做好上述工作的情况下,一旦发现进口损失,要查明原因,如属他方责任的,要及时做好索赔工作。

出口单证综合制作

信 用 证 一

根据信用证和补充材料制作相关单据,若无规定,按惯例处理。

Standard Chartered Bank　　　　　　SWIFT: SCBLCNSXSHA
SHANGHAI BRANCH　　　　　　　　Tel: 0086 21 588712××
35/FLOOR CHINA MERCHANTS TOWER　Fax: 0086 21 587678××
×× EAST LU JIA ZUI LU
×× 200120, CHINA　　　　　　　　FOR BANK USE ONLY:
　　　　　　　　　　　　　　　　　　USER ID: ANN NT LOH
　　　　　　　　　　　　　　　　　　RM: AC
　　　　　　　　　　　　　　　　　　OLD BXIM ID: 800238

×× MACHINE TOOL I/E CORP　　　DATE: 15 March 2004
×× FENG XIAN ROAD ××　　　　 OUR REF: 00333-11-0170937 S
200416 CHINA　　　　　　　　　　ISSUE DATE: 12 March 2004
0040282
L/C NUMBER: 8000804　　　　　　L/C EXPIRY DATE: 16 June 2004
L/C AMOUNT: EUR 19800.00
ISSUING BANK: BANKHAUS MAX FLESSA KG GERMANY
APPLICANT: CHR TRADING GMBH
　　　　　　　LERCHENWEG 10
　　　　　　　97522 SAND GERMANY

We enclose the authenticated swift/telex advising the issue of the above referenced Letter of Credit.

Please note that we accept no responsibility or liability for any error, omissions or delays in the transmission of the message.

The terms of this Credit must be strictly observed, any of the terms are not in accordance with your wishes, please take the matter up with the applicant directly without delay as we are unable to vary the terms of the letter of Credit without receiving the authority of the issuing bank.

This is solely an advice of credit opened by above mentioned correspondent bank and conveys no engagement on our part.

As per L/C terms, all bank cheque are for beneficiary's account, please drawn on us the sum below quoting on reference number 00333110170937 s

LC ADVISING COM　　EUR　24.38
-USD A/C: 40303019433140100048 WITH BANK OF CHINA, SHANGHAI BRANCH

OR
-CNY A/C: 044036-94330011096 WITH BANK OF CHINA, SHANGHAI BRANCH
40A: Form of Documentary Credit
    IRREVOCABLE
20: Documentary Credit Number
    80008/04
31C: Date of Issue
    040312
31D: Date and Place of Expiry
    040616 SCHWEINFURT
50: Applicant
    CHR TRADING GMBH
    LERCHENWEG 10
    97522 SAND
    GERMANY
59: Beneficiary—Name & Address
    /055041-00020012666
    ×× MACHINE TOOL IMPORT AND EXPORT CORPORATION
    ×× FENG XIAN ROAD SHANGHAI
    200416 CHINA
32B: Currency Code, Amount
    Currency: EUR (EURO)
    Amount: 19 800.00
41A: Available With...By...BIC
    FLESDEMM793
    BANKHAUS MAX FLESSA KG
    SCHWEINFURT DE
    BY PAYMENT
43P: Partial Shipments
    ALLOWED
43T: Transhipment
    NOT ALLOWED
44A: On Board/Disp/Taking Charge at/from
    SHANGHAI
44B: For Transportation to
    HAMBURG
44C: Latest Date of Shipment
    040610
45A: Description of Goods &/or Services

GOODS AS PER PROFORMA INVOICE NO. JCSM0468009
DATED 12 MARCH ,2004.
30000 PCS OF HINGE BOLT, LEFT SIDE
EACH FOR 0. 33 EUR TOTAL EUR 9 900. 00
30000 PCS OF HINGE BOLT, RIGHT SIDE
EACH FOR 0. 33 EUR TOTAL EUR 9 900. 00
CIF HAMBUR G

46A: Documents Required
1. SIGNED COMMERCIAL INVOICE, 3 FOLD
2. PACKING LIST, 3 FOLD
3. CERTIFICATE OF ORIGIN, GSP FORM A, ISSUED BY AN OFFICIAL AUTHORITY, EVIDENCING CHINA AS COUNTRY OF ORIGIN
4. FULL SET CLEAN ON BOARD OCEAN BILL OF LADING ISSUED TO THE ORDER OF THE APPLICANT, MARKED FREIGHT PREPAID

47A: Additional Conditions
1. A DISCREPANCY FEE OF EUR 100. 00 WILL BE DEDUCTED FOR EACH SET OF DOCUMENTS BEARING DISCREPANCIES
2. THIS DOCUMENTARY CREDIT IS SUBJECT TO ICC PUBLICATION 500

71B: Charges
ALL COMMISSION AND CHARGES OUTSIDE
GERMANY ARE FOR BENEFICIARYS ACCOUNT

48: Period for Presentation
DOCUMENTS MUST BE PRESENTED WITHIN 15 DAYS AFTER ISSUANCE OF B/L, BUT WITHIN VALIDITY OF THIS CREDIT

49: Confirmation Instructions
WITHOUT

78: Instr to Payg/Accptg/Negotg Bank
UPON RECEIPT AND TAKING UP OF DOCUMENTS WE WILL REMIT THE PROCEED ACCORDING TO YOUR INSTRUCTIONS

57A: Advise Through' BANK ... BIC
PCBCCNJSHX
CHINA CONSTRUCTION BANK
(FORMERLY PEOPLE'S CONSTRUCTION BANK OF CHINA, THE SHANGHAI BRANCH)
SHANGHAI CN

72: Sender to Receiver Information
DOCUMENTS MUST BE FORWARDED BY COURIER TO BANK HAUS MAX FLESSA KG
AUSLANDSABTEILUNG

LUITPOLDSTR. 2-6
97421 SCHWEINFURT… GERMANY

补充资料：

1. INVOICE No.：JCSM0468014
2. INVOICE DATE：MAY. 25, 2004
3. S/C No.：04SF29CD—068001C
4. PACKING：HINGE BOLT, LEFT SIDE PACKED IN 2 WOODEN CASES
             HINGE BOLT, RIGHT SIDE PACKED IN 2 WOODEN CASES
5. G. W：1 500 kgs/WOODEN CASE
6. N. W：1 480 kgs/WOODEN CASE
7. MEAS：0. 6 m^3 WOODEN CASE
8. VESSEL：GOLDEN GATE BRIDGE V. 10W
9. B/L No.：COSU66089803
10. B/L DATE：JUN. 1, 2004
11. INSURANCE：INSURANCE POLICY IN DUPLICATE ENDORSED IN BLANK FOR 110 PERCENT OF THE INVOICE COVERING ALL RISKS AS PER OCEAN MARINE CARGO CLAUSES OF THE P. I. C. C

1. 商业发票

COMMERCIAL INVOICE

FAX：_____ INVOICE NO：_____
TEL：_____ DATE：_____
                            S/C NO.：_____
                            L/C NO.：_____

To Messrs,

唛头号码 MARKS & NO.	货物品名 DESCRIPTIONS OF GOODS	数量 QUANTITY	单价 UNIT PRICE	总值 AMOUNT

TOTAL AMOUNT：

(SIGNATURE)

2. 装箱单

PACKING LIST

FAX: _____   INVOICE NO: _____

TEL: _____   DATE: _____

TO: SHIPPING MARKS:

C/NOS.	NOS & KINDS OF PKGS	DESCRIPTION OF GOODS	QTY	G. W.	N. W.	MEAS

TOTAL AMOUNT:

(SIGNATURE)

3. 一般原产地证书

ORIGINAL

(1) Exporter(full name and address)	Certificate No. CERTIFICATE OF ORIGIN OF THE PEOPLE'S REPUBLIC OF CHINA			
(2) Consignee(full name, address, country)				
(3) Means of transport and route	(5) For certifying authority use only			
(4) Destination port				
(6) Marks and Numbers of Package	(7) Description of goods, number and kind of package	(8) H. S. Code	9. Quantity or Weight	(10) Number and date of invoice
(11) Declaration by the exporter 　　The undersigned hereby declares that the above details and statements are correct, that all the goods were produced in China and that they comply with the Rules of Origin of the People's Republic of China. Place and date, signature and stamp of authorized signatory	12. Certification 　　It is hereby certified that the declaration by the exporter is correct. Place and date, signature and stamp of certifying authority			

4. 普惠制原产地证明书

ORIGINAL

1. Goods consigned from (Exporter's business name, address, country)	Reference No:
	GENERALIZED SYSTEM OF PREFERENCES CERTIFICATE OF ORIGIN (Combined declaration and certificate) FORM A Issued in <u>THE PEOPLE'S REPUBLIC OF CHINA</u> (country) See Notes, overleaf
2. Goods consigned to (Consignee's name, address, country)	
3. Means of transport and route (as far as known)	4. For official use

5. Item number	6. Marks and numbers of packages	7. Number and kind of packages; description of goods	8. Origin criterion (see Notes overleaf)	9. Gross weight or other quantity	10. Number and date of invoices

11. Certification It is hereby certified, on the basis of control carried out, that the declaration by the exporter is correct.	12. Declaration by the exporter The undersigned hereby declares that the above details and statements are correct; that all the goods were produced in <u>CHINA</u> (country) and that they comply with the origin requirements specified for those goods in the Generalized System of Preferences for goods exported to <u> </u> (importing country)
Place and date, signature and stamp of certifying authority	Place and date, signature of authorized signatory

5. 投保单

中国人民保险公司上海分公司
出口运输保险投保单

编号：_____

兹将我处出口物资按照信用证规定拟向你处投保国外运输险计开：

被保险人	（中文）			
	（英文）			

标记或发票号码	件 数	物 资 名 称	保 险 金 额

运输工具（及转载工具）		约于　　　年　月　日启运	赔款偿付地点	
运输路程		自　上　海　经　　　到	转载地点	
要保险别：			投保单位签章　　　　　　　　　　　　　　　　　　　年　月　日	

6. 保险单

中国人民保险公司
THE PEOPLE'S INSURANCE COMPANY OF CHINA

总公司设于北京　　一九四九年创立
Head Office: BEIJING　　Established in 1949

保　险　单　　号次
INSURANCE POLICY　　No. SH02/304246

中 国 人 民 保 险 公 司 （ 以 下 简 称 本 公 司 ）
This Policy of Insurance witnesses that The People's Insurance Company of China (hereinafter called
根 据
"the Company"), at the request of _____
（ 以 下 简 称 被 保 险 人 ） 的 要 求，由 被 保 险 人 向 本 公 司 缴 付 约 定
(hereinafter called "the Insured") and in consideration of the agreed premium paid to the Company by the
的 保 险 费，按 照 本 保 险 单 承 保 险 别 和 背 面 所 载 条 款 与 下 列
Insured, undertakes to insure the undermentioned goods in transportation. subject to the conditions of this Policy
条 款 承 保 下 述 货 物 运 输 保 险，特 立 本 保 险 单。
as per the Clause printed overleaf and other special clauses attached hereon.

标　记 Marks & Nos.	包装及数量 Quantity	保险货物项目 Description Of Goods	保险金额 Amount Insured
As per Invoice No.			

总保险金额：
Total Amount Insured: _____

保　费　　　　　　　　　费　率　　　　　　　　装载运输工具
Premium: as arranged　　Rate as arranged　　Per conveyance S.S. _____

开行日期　　　　　　　　自　　　　　　　　　　至
Slg. on or abt. As Per B/L　From _____　To _____

承保险别
Conditions

所保货物，如遇出险，本公司凭本保险单及其他有关证件给付赔款。
Claims, if any, payable on surrender of this Policy together with other relevant documents.
所保货物，如发生本保险单项下负责赔偿的损失或事故，
In the event of accident whereby loss or damage may result in a claim under this Policy immediate notice applying
应立即通知本公司下述代理人查勘。
For survey must be given to the Company's Agent as mentioned hereunder：

赔款偿付地点
Claim payable at _____
日期　　　　　　　　　上海　　　　　　中国人民保险公司上海分公司
Date _____　Shanghai　　　THE PEOPLE'S INSURANCE CO. OF CHINA
　　　　　　　　　　　　　　　　　　　　　　SHANGHAI BRANCH
地址：中国上海中山东一路23号。
Address: 23 Zhongshan Dong Yi Road Shanghai. China
Cables: 42001 Shanghai.　　　　　　　　　　　_____
Telex: 33128 PICCS CN　　　　　　　　　　　　　*General Manager*

7. 海运货物委托书

金发海运货物委托书

经营单位 (托运人)					金发编号	
提单项目要求	发货人： Shipper：					
	收货人： Consignee：					
	通知人： Notify Party：					
海洋运费 Sea Freight	预付(　　)或到付(　　) Preight or Collect		提单份数		提单寄送地址	
启运港		目的港		可否转船	可否分批	
集装箱预配数	20×	40×	装运期限		有效期限	
标志唛头	件数及包装式样	中英文货名	毛重(公斤)	尺码(立方米)	成交条件(总价)	
声明事项			人民币结算账号			
			托运人签章			
			电话			
			传真			
			联系人			
			地址			
			制单日期			

8. 海运提单

BILL OF LADING

1) SHIPPER:		10) B/L NO.	
2) CONSIGNEE:		COSCO 中国远洋运输公司 CHINA OCEAN SHIPPING COMPANY Combined Transport BILL OF LADING	
3) NOTIFY PARTY:			
4) PLACE OF RECEIPT	5) OCEAN VESSEL		
6) VOYAGE NO.	7) PORT OF LOADING		
8) PORT OF DIACHARGE	9) PLACE OF DELIVERY		
11) MARKS	12) NOS. & KINDS OF PKGS	13) DESCRIPTION OF GOODS	14) G. W.	15) MEAS(M^3)
16) TOTAL NUMBER OF CONTAINS OR PACKAGES (IN WORDS)				
FREIGHT & CHARGES	REVENUE TONS	RATE	PER	PREPAID	COLLECT
PREPAID AT	PAYABLE AT	20) PLACE AND DATE OF ISSUE	
TOTAL PREPAID	17) NUMBER OF ORIGINAL B(S)L		
LOADING ON BOARD THE VESSEL		21)	
18 DATE	19) BY		

9. 出口货物报关单

中华人民共和国海关出口货物报关单

预录入编号： 　　　　　　　　　　　　　　　　　　　　　海关编号：

出口口岸		备案号		出口日期		申报日期	
经营单位			运输方式		运输工具名称		提运单号
发货单位			贸易方式		征免性质		结汇方式
许可证号		运抵国（地区）		指运港		境内货源地	
批准文号		成交方式		运费		保费	杂费
合同协议号		件数		包装种类		毛重（公斤）	净重（公斤）
集装箱号		随附单据				生产厂家	
标记唛码及备注							

项号	商品编号	商品名称、规格型号	数量及单位	最终目的国（地区）	单价	总价	币制	征免

税费征收情况

录入员	录入单位	兹声明以上申报无讹并承担法律责任	海关审单批注及放行日期（签章）	
报关员		申报单位（签章）	审单	审价
单位地址			征税	统计
邮编　　电话		填制日期	查验	放行

10. 装运通知

SHIPPING ADVICE

FAX: _____　　INVOICE NO: _____
TEL: _____　　DATE: _____

MESSRS:

DEAR SIRS:
　　WE HEREBY INFORM YOU THAT THE GOODS UNDER THE ABOVE MENTIONED CREDIT HAVE BEEN SHIPPED. THE DETAILS OF THE SHIPMENT ARE STATED BELOW.

COMMODITY: _____

NUMBER OF KIINDS: _____

TOTAL G. W. _____

TOTAL N. W. _____

TOTAL VOLUMN: _____

OCEAN VESSEL: _____

DATE OF DEPARTURE: _____

B/L NO. : _____

PORT OF LOADING: _____

DESTINATION: _____

SHIPPING MARKS: _____

_____
(SIGNATURE)

11. 汇票

BILL OF EXCHANGE

凭 　　　　　　　　　　　　　　　　　　　信用证号
Drawn under _____ L/C NO. _____

日期　　　　　　　　　　　　　支取
Dated _____ Payable with interest @ _____% 按_____息_____付款

号码　　　　　　　　　　汇票金额　　　　　　　　　　上海
No. _____ Exchange for ▬▬▬▬▬▬▬▬▬ Shanghai _____

见票_____日后（本汇票之副本未付）
At _____ sight of this FIRST of Exchange (Second of Exchange being unpaid)

付　　交
Pay to the order of _____

金　　额
The sum of ▬▬▬▬▬▬▬▬▬▬▬▬▬▬▬▬▬▬▬▬▬▬▬▬▬▬▬▬

款　已　收　讫
Value received As per Seller's invoice No.

此致：
To： _____
　　　_____
　　　_____

　　　　　　　　　　　　　　　　　　　_____
　　　　　　　　　　　　　　　　　　　　　　（Signature）

信 用 证 二

根据信用证和补充材料制作相关单据,若无规定,按惯例处理。

FIN/Session/OSN：F014097　　　623913
Output Message Type：700　　ISSUE OF A DOCUMENTARY CREDIT
Sent by：BNPASGSGA×××　@NP PARIBAS SINGAPORE BRANCH
SINGAPORE
Output Date/Time：080119/1832
27/SEQUENCE OF TOTAL
　　1/1
40 A/FORM OF DOCUMENTARY CREDIT
　　　IRREVOCABLE
20/DOCUMENTARY CREDIT NUMBER
　　00001LCG0400695
31 C/DATE OF ISSUE
　　　080199
31 D/DATE AND PLACE OF EXPORY
　　　080420 CHINA
50/APPLICANT
　　PT. GEMAH PERMATA UNINDO JAVA
　　JL. TAMAN DAAN MOGOT III No. 9A
　　JAKARTA-11470 INDONESIA
59/BENEFICIARY NAME & ADDRESS
　　×× MACHINE TOOL IMPORT AND EXPORT CORP
　　×× FENGXIAN ROAD, ×× 200041
　　CHINA
32 B/CURRENCY CODE, AMOUNT
　　　USD 93 925.50
39 B/MAXIMUM CREDIT AMOUNT
　　　NOT EXCEEDING
41 D/AVAILABLE WITH... BY... -NAME& ADDRESS
　　　ANY BANK
　　　BY NEGOTIATION
42 C/DRAFTS AT SIGHT
42 A/DRAWEE BIC

BNPASGSGA×××　BNP PARIBAS SINGAPORE BRANCH
SINGAPORE
43 P/PARTIAL SHIPMENTS
NOT ALLOWED
43 T/TRANSHIPMENT
ALLOWED
44 A/ON BOARD/DISP/TAKING CHARGE AT/FROM
CHINA
44 B/ FOR TRANSPORTATION TO…
JAKARTA
44 C/LATEST DATE OF SHIPMENT
080405
45 A/DESCRIPTION OF GOODS &/OR SERVICES
PO NO. AV/046/1/F04
MELTING FURNACE WITH TRANSFORMER
CIF JAKARTA
46 A/DOCUMENTS REQUIRED
+ COMMERCIAL INVOICE IN 5 COPIES.
+ FULL SET OF ORIGINAL PLUS 2 NON—NEGOTIABLE COPIES OF CLEAN "ON BOARD" OCEAN BILLS OF LADING MADE OUT TO ORDER ENDORSED IN BLANK AND MARKED "FREIGHT PREPAID" AND NOTIFY PT. ALPHACON VALFINDO, JAKARTA INDONESIA
+PACKING LIST IN 3 COPIES.
+MARINE INSURANCE POLICY/CERTIFICATE IN DUPLICATE, BLANK ENDORSED, FOR 110 PERCENT OF THE INVOICE VALUE, COVERING ALL RISKS AND WAR RISKS.
71 B/CHARGES
ALL BANK CHARGES OUTSIDE SINGAPORE ARE FOR ACCOUNT OF BENEFICIARY.
48 /PERIOD FOR PRESENTATION
DOCUMENTS TO BE PRESENTED WITHIN 14 DAYS AFTER THE DATE OF ISSUANCE OF THE BILL OF LARING BUT WITHIN THE VALIDITY OF THE CREDIT.
49 /CONFIRMATION INSTRUCATIONS
WITHOUT

补充资料：
1. INVOICE No. ：JCSM0463049
2. INVOICE DATE：MAY. 23. 2008
3. S/C No. ：04SF20CQ-063013C

4. PO No. AV/046/1/F04:

DESCRIPTIONS	QUANTITY	UNIT PRICE	AMOUNT
MELTING FORNACE WITH TRANSFORMER			
MEDIUM FREQUENCY MELTING FURNACE 500 kW-500 kg(380 V/50 Hz)	2 UNITS	USD 22 000.00	USD 44 000.00
MEDIUM FREQUENCY MELTING FURNACE 800 kW-1 000 kg(380 V/50 Hz)	1 UNIT	USD 31 625.50	USD 31 625.50
TRANSFORMER MODEL ZS-1 000 kVA/20 kW/380 V	2 UNIT	USD 9 150.00	USD 18 300.00

5.

CASE No.	CONTENT	G.W.	N.W.
1-21	MEDIUM FREQUENCY MELTING FURNACE		
	500 KW-500 kg(380 V/50 Hz)	4 287 KGS/UNIT	4 000 KGS/UNIT
	800 KW-1 000 kg(380 V/50 Hz)	4 287 KGS/UNIT	4 000 KGS/UNIT
22-23	TRANSFORMER MODEL ZS-1 000 KVA/20 kW/380 V	4 000 KGS/UNIT	3 500 KGS/UNIT

6. OCEAN VESSEL: BIN CHENG V. 0912E

7. B/L No. : HASLNM80D347N03

8. B/L DATE: MAR. 26, 2008

1. 商业发票

COMMERCIAL INVOICE

INVOICE NO: _____

FAX: _____ DATE: _____

TEL: _____ S/C NO.: _____

L/C NO.: _____

To Messrs,

唛头号码 MARKS & NO.	货物品名 DESCRIPTIONS OF GOODS	数 量 QUANTITY	单 价 UNIT PRICE	总 值 AMOUNT
TOTAL AMOUNT:				

(SIGNATURE)

2. 装箱单

PACKING LIST

FAX: _____ INVOICE NO: _____

TEL: _____ DATE: _____

TO: SHIPPING MARKS:

C/NOS.	NOS& KINDS OF PKGS	DESCRIPTION OF GOODS	QTY	G. W.	N. W.	MEAS

TOTAL AMOUNT:

(SIGNATURE)

3. 投保单

中国人民保险公司上海分公司
出口运输保险投保单

编号：_____

兹将我处出口物资按照信用证规定拟向你处投保国外运输险计开：

被保险人	(中文)			
	(英文)			

标记或发票号码	件 数	物 资 名 称	保 险 金 额

运输工具（及转载工具）		约于　　年　月　日启运	赔款偿付地点	
运输路程		自　上海　经　　到	转载地点	
要保险别：			投保单位签章 　　　　年　月　日	

4. 保险单

中国人民保险公司
THE PEOPLE'S INSURANCE COMPANY OF CHINA

总公司设于北京　　一九四九年创立
Head Office: BEIJING　　Established in 1949

保　险　单　　号次
INSURANCE POLICY　　No. SH02/304246

中 国 人 民 保 险 公 司 （ 以 下 简 称 本 公 司 ）
This Policy of Insurance witnesses that The People's Insurance Company of China (hereinafter called
根 据
"the Company"), at the request of _____
（以 下 简 称 被 保 险 人 ）的 要 求, 由 被 保 险 人 向 本 公 司 缴 付 约 定
(hereinafter called "the Insured") and in consideration of the agreed premium paid to the Company by the
的 保 险 费, 按 照 本 保 险 单 承 保 险 别 和 背 面 所 载 条 款 与 下 列
Insured, undertakes to insure the undermentioned goods in transportation, subject to the conditions of this Policy
条 款 承 保 下 述 货 物 运 输 保 险, 特 立 本 保 险 单。
as per the Clause printed overleaf and other special clauses attached hereon.

标　记 Marks & Nos.	包装及数量 Quantity	保险货物项目 Description of Goods	保险金额 Amount Insured
As per Invoice No.			

总保险金额:
Total Amount Insured: _____

保　费　　　　　　　　　　费　率　　　　　　　　　装载运输工具
Premium: as arranged　　　Rate　as arranged　　　Per conveyance S. S. _____

开行日期　　　　　　　　　　　自　　　　　　　　　　　至
Slg. on or abt. As Per B/L　　From _____　　　To _____

承保险别
Conditions

所保货物, 如遇出险, 本公司凭本保险单及其他有关证件给付赔款。
Claims, if any, payable on surrender of this Policy together with other relevant documents.
所 保 货 物, 如 发 生 本 保 险 单 项 下 负 责 赔 偿 的 损 失 或 事 故,
In the event of accident whereby loss or damage may result in a claim under this Policy immediate notice applying
应 立 即 通 知 本 公 司 下 述 代 理 人 查 勘。
For survey must be given to the Company's Agent as mentioned hereunder:

赔款偿付地点
Claim payable at _____

日期　　　　　　　　　　上海　　　　　　中国人民保险公司上海分公司
Date _____ Shanghai　　　　　THE PEOPLE'S INSURANCE CO. OF CHINA
　　　　　　　　　　　　　　　　　　　　　　　　SHANGHAI BRANCH
地址: 中国上海中山东一路23号。
Address: 23 Zhongshan Dong Yi Road Shanghai, China
Cables: 42001 Shanghai.　　　　　　　　_____
Telex: 33128 PICCS CN　　　　　　　　　　　*General Manager*

5. 海运货物委托书

金发海运货物委托书

经营单位（托运人）					金发编号	
提单项目要求	发货人： Shipper：					
	收货人： Consignee：					
	通知人： Notify Party：					
海洋运费 Sea Freight	预付（　）或到付（　） Preight or Collect		提单份数		提单寄送地址	
启运港		目的港		可否转船	可否分批	
集装箱预配数	20×	40×	装运期限		有效期限	

标志唛头	件数及包装式样	中英文货名	毛重(公斤)	尺码(立方米)	成交条件(总价)

声明事项		
	人民币结算账号	
	托运人签章	
	电话	
	传真	
	联系人	
	地址	
	制单日期	

6. 海运提单

BILL OF LADING

1) SHIPPER:		10) B/L NO.	
2) CONSIGNEE:		COSCO 中国远洋运输公司 CHINA OCEAN SHIPPING COMPANY Combined Transport BILL OF LADING	
3) NOTIFY PARTY:			
4) PLACE OF RECEIPT	5) OCEAN VESSEL		
6) VOYAGE NO.	7) PORT OF LOADING		
8) PORT OF DIACHARGE	9) PLACE OF DELIVERY		
11) MARKS	12) NOS. & KINDS OF PKGS	13) DESCRIPTION OF GOODS	14) G.W.	15) MEAS(M^3)
16) TOTAL NUMBER OF CONTAINS OR PACKAGES (IN WORDS)			

FREIGHT & CHARGES	REVENUE TONS	RATE	PER	PREPAID	COLLECT

PREPAID AT	PAYABLE AT	20) PLACE AND DATE OF ISSUE
TOTAL PREPAID	17) NUMBER OF ORIGINAL B(S)L	
LOADING ON BOARD THE VESSEL		21)
18 DATE	19) BY	

7. 出口货物报关单

中华人民共和国海关出口货物报关单

预录入编号： 　　　　　　　　　　　　　　　　　海关编号：

出口口岸		备案号		出口日期		申报日期	
经营单位			运输方式		运输工具名称		提运单号
发货单位			贸易方式		征免性质		结汇方式
许可证号		运抵国(地区)		指运港		境内货源地	
批准文号		成交方式		运费		保费	杂费
合同协议号		件数		包装种类		毛重(公斤)	净重(公斤)
集装箱号		随附单据				生产厂家	
标记唛码及备注							

项号	商品编号	商品名称、规格型号	数量及单位	最终目的国(地区)	单价	总价	币制	征免

税费征收情况

录入员　　录入单位	兹声明以上申报无讹并承担法律责任	海关审单批注及放行日期(签章)	
报关员		审单	审价
单位地址	申报单位(签章)	征税	统计
邮编　　电话	填制日期	查验	放行

· 273 ·

8. 装运通知

SHIPPING ADVICE

FAX: _____   INVOICE NO: _____
TEL: _____   DATE: _____

MESSRS:

DEAR SIRS:
    WE HEREBY INFORM YOU THAT THE GOODS UNDER THE ABOVE MENTIONED CREDIT HAVE BEEN SHIPPED. THE DETAILS OF THE SHIPMENT ARE STATED BELOW.

COMMODITY: _____
NUMBER OF KIINDS: _____
TOTAL G. W. _____
TOTAL N. W. _____
TOTAL VOLUMN: _____
OCEAN VESSEL: _____
DATE OF DEPARTURE: _____
B/L NO. : _____
PORT OF LOADING: _____
DESTINATION: _____
SHIPPING MARKS: _____

                                                            (SIGNATURE)

9. 汇票

BILL OF EXCHANGE

凭　　　　　　　　　　　　　　　　　　　　　　信用证号
Drawn under _____ L/C NO. _____

日期　　　　　　　　　　　　支取
Dated _____ Payable with interest @ _____% 按_____息_____付款

号码　　　　　　　　　汇票金额　　　　　　　　　　　上海
No. _____ Exchange for ▆▆▆▆▆▆▆▆▆▆ Shanghai _____

见票_____日后（本汇票之副本未付）
At _____ sight of this FIRST of Exchange (Second of Exchange being unpaid)

付　　交
Pay to the order of _____

金　　额
The sum of ▆▆▆▆▆▆▆▆▆▆▆▆▆▆▆▆▆▆▆▆▆▆▆▆

款　已　收　讫
Value received As per Seller's invoice No.

此致：
To：_____
_____
_____

　　　　　　　　　　　　　　　　　　　　　　_____
　　　　　　　　　　　　　　　　　　　　　　　　（Signature）

信 用 证 三

根据信用证和补充材料制作相关单据,若无规定,按惯例处理。

DOCUMENTARY CREDIT

BENEFICIARY:
××IMPORT& EXPORT TRADE CORPORATION
13××, ZHONGSHAN ROAD ××, CHINA
DATE OF ISSUE:
01/04/08
ISSUING BANK
 NATIONAL AUSTRALIA BANK LIMITED SYDNEY
 (TRADE AND INTERNATIONAL PAYMENTS)
FORM OF DOCUMENTARY CREDIT
 IRREVOCABLE
DATE AND PLACE OF EXPIRY
 17/05/08 IN COUNTRY OF BENEFICIARY
APPLICANT
 THE CLOTHING COMPANY AUSTRALIA PTY LTD
  1×× BURWOOD HIGHWAY
  BURWOOD VIC 3 125
CURRENCY AND AMOUNT
  USD 15 800.00
POS. / NEG. TOL.
  10/10
AVAILABLE WITH/BY
  FREELY NEGOTIABLE AT ANY BANK
  BY NEGOTIATION
DRAFTS AT...
  SIGHT
DRAWEE
  NATIONAL AUSTRALIA BANK LIMITED SYDNEY
  (TRADE AND INTERNATIONAL PAYMENTS)
PARTIAL SHIPMENTS
 PERMITTED

TRANSHIPMENT
  NOT PERMITTED
LOADING ON BOARD/DISPATCH/TAKING IN CHARGE AT/FROM
  ANY CHINESE PORT
FOR TRANSPORT TO
  MELBOURNE AUSTRALIA
LATEST DATE OF SHIP
  080503
DESCRIPTION OF GOODS
  KNITTED GARMENTS OF 92 PERCENT COTTON AND 8 PERCENT SPANDEX AS PER ORDER No. 1354MULTISTICH CREW
  400 PCS USD 5. 20 USD 2 080. 00
  CFR MELBOURNE AUSTRALIA
DOCUMENTS REQUIRED (IN DUPLICATE UNLESS OTHERWISE STATED)
  + FULL SET OF CLEAN ON BOARD MARINE BILL OF LADING MADE OUT TO THE ORDER OF SHIPPER BLANK ENDORSED AND MARKED FREIGHT PREPAID
  + COMMERCIAL INVOICE
  + PACKING LIST
  + CERTIFICATE OF ORIGIN
ADDITIONAL CONDITIONS
  + ALL DOCUMENTS IN DUPLICATE UNLESS OTHERWISE STIPULATED.
  + DOCUMENTS NEGOTIATED WITH OR SUBJECT TO ACCEPTANCE ANY DISCREPANCY WILL ATTRACT A HANDLING FEE OF USD 40. THIS FEE WILL BE DEDUCTED FROM PROCEEDS REMITTED BY OURSELVES.
  + CONTACT AT SUNTOR AND BLOOMING IS JIMMY ON TELEPHONE 216399001.
  + ALL DOCUMENTS MUST BE IN THE NAME OF:
  MAGGIET CORPORATION PTY. LTD
  1×× BURWOOD HIGHWAY
  BURWOOD VIC 3125
  + INSTRUCTIONS FOR NEGOTIATING BANK: ON PRESENTATION OF DOCUMENTS UNDER THIS L/C, THE NEGOTIATING BANK'S PRESENTATION SCHEDULE MUST INDICATE THE NUMBER AND DATE OF ANY AMENDMENTS THAT HAVE BEEN AVAILED / REJECTED UNDER THEIR NEGOTIATION.
CHARGES
  ALL BANK COMMISSIONS AND CHARGES OUTSIDE AUSTRALIA, PLUS

ADVISING AND REIMBURSING COMMISSIONS, ARE FOR ACCOUNT OF BENEFICIARY

PERIOD FOR PRESENTATION

DOCUMENTS TO BE PRESENTED WITHIN 14 DAYS AFTER THE DATE OF SHIPMENT INDICATED ON TRANSPORT DOCUMENT BUT WITHIN THE CREDIT VALIDITY.

CONFIRMATION INSTRUCTIONS

ADVISING BANK IS NOT REQUESTED TO CONFIRM THE CREDIT

REIMBURSEMENT BANK

NATIONAL AUSTRALIA BANK LIMITED SYDNEY
(TRADE AND INTERNATIONAL PAYMENTS)

INSTRUCTIONS TO THE PAYING/ACCEPTING/NEGOTIATING BANK

DOCUMENTS ARE TO BE FORWARDED TO NATIONAL AUSTRALIA BANK TRADE SOLUTIONS SERVICE CENTRE P. O. BOX 9909 4/20 BOND STREET, SYDNEY, NEW SOUTH WALES 2001 ORIGINALS BY AIR COURIER OR REGISTERED AIRMAIL. DUPLICATES BY AIRMALL. ON RECEIPT OF DRAFT AND DOCUMENTS OF NEGOTIATION (DRAWN IN COMPLIANCE WITH THE CREDIT) WE WILL REIMBURSE NEGOTIATING BANK BY TELEGRAPHICALLY REMITTING FUNDS AS INSTRUCTED.

REIMBURSEMENT INSTRUCTIONS ARE TO INDICATE NAME OF CRRESPONDENT BANK AND NAME AND NUMBER OF ACCOUNT TO BE CREDITED.

ADVISE THROUGH BANK

AUSTRALIA AND NEW ZEALAND BANKING
SWIFT: ANZBCNSH:XXX
LEVEL 39 SHANGHAI SENMAO INTERNL
BLDG,101 YIN CHENG, SHANGHAI, CHINA

补充资料：

1. S/C No. : T228855
2. INVOICE No. : 08SB200D
3. H．S * CODE: 61. 10
4. TOTAL:400PCS(BLACK 200PCS,WHITE 200PCS)
   PACKED IN 16 CARTONS
5. GROSS WEIGHT: 9. 5 Kgs/CTN
6. NET WEIGHT. : 8. 5 Kgs/CTN
7. MEAS: 1M^3/CTN
8. COUNTRY OF ORIGIN: CHINA
9. SHIPPING MARKS:MAGGIET/MELBOURNE/MADE IN CHINA

1. 商业发票

COMMERCIAL INVOICE

Invoice No.：   Date：

Seller：

Buyer：

MARKS	DESCRIPTION OF GOODS	QTY.	UNIT PRICE	AMOUNT

Total Amount(In Word)：

(SIGNATURE)

2. 装箱单

PACKING LIST

FAX：   NO：
TEL：   DATE：
TO：   SHIPPING MARKS：

C/NOS.	NOS&. KINDS OF PKGS	DESCRIPTION OF GOODS	QTY	G.W.	N.W.	MEAS

TOTAL AMOUNT：

(SIGNATURE)

3. 原产地证明书

ORIGINAL

1. Exporter	Certificate No. 020624153
2. Consignee	CERTIFICATE OF ORIGIN OF THE PEOPLE'S REPUBLIC OF CHINA
3. Means of transport and route	5. For certifying authority use only
4. Country/region of destination	

6. Marks and numbers	7. Number and kind of packages; description of goods	8. H. S. Code	9. Quantity	10. Number and date of invoices

11. Declaration by the exporter
    The undersigned hereby declares that the above details and statements are correct, that all the goods were produced in China and that they comply with the Rules of Origin of the People's Republic of China.
	12. Certification
	    It is hereby certified that the declaration by the exporter is correct.

Place and date, signature and stamp of authorized signatory	Place and date, signature and stamp of certifying authority

4. 海运货物委托书

出口货物订舱委托书

公司编号				日期	
1) 发货人		4) 信用证号码			
		5) 开证银行			
		6) 合同号码		7) 成交金额	
		8) 装运口岸		9) 目的港	
2) 收货人		10) 转船运输		11) 分批装运	
		12) 信用证效期		13) 装船期限	
		14) 运费		15) 成交条件	
		16) 公司联系人		17) 电话/传真	
3) 通知人		18) 公司开户行		19) 银行账号	
		20) 特别要求			
21) 标记唛码	22) 货号规格	23) 包装件数	24) 毛重	25) 净重	26) 数量	27) 单价	28) 总价
		29) 总件数	30) 总毛重	31) 总净重	32) 总尺码	33) 总金额	
34) 备注							

5. 海运提单

BILL OF LADING

1) SHIPPER:		10) B/L NO.	
2) CONSIGNEE:		COSCO 中国远洋运输公司 CHINA OCEAN SHIPPING COMPANY COMBINED TRANSPORT BILL OF LADING	
3) NOTIFY PARTY:			
4) PLACE OF RECEIPT	5) OCEAN VESSEL		
6) VOYAGE NO.	7) PORT OF LOADING		
8) PORT OF DIACHARGE	9) PLACE OF DELIVERY		
11) MARKS	12) NOS. & KINDS OF PKGS	13) DESCRIPTION OF GOODS	14) G. W.	15) MEAS(M^3)
---	---	---	---	---

16) TOTAL NUMBER OF CONTAINS OR PACKAGES (IN WORDS)

FREIGHT & CHARGES	REVENUE TONS	RATE	PER	PREPAID	COLLECT

PREPAID AT	PAYABLE AT	20) PLACE AND DATE OF ISSUE	
TOTAL PREPAID	17) NUMBER OF ORIGINAL B(S)L		
LOADING ON BOARD THE VESSEL		21)	
18 DATE	19) BY		

6. 出口货物报关单

中华人民共和国海关出口货物报关单

预录入编号：　　　　　　　　　　　　　　　　　海关编号：

出口口岸		备案号		出口日期		申报日期	
经营单位			运输方式		运输工具名称		提运单号
发货单位			贸易方式		征免性质		结汇方式
许可证号		运抵国(地区)		指运港		境内货源地	
批准文号		成交方式		运费		保费	杂费
合同协议号		件数		包装种类		毛重(公斤)	净重(公斤)
集装箱号		随附单据				生产厂家	
标记唛码及备注							

项号	商品编号	商品名称、规格型号	数量及单位	最终目的国(地区)	单价	总价	币制	征免

税费征收情况

录入员	录入单位	兹声明以上申报无讹并承担法律责任	海关审单批注及放行日期(签章)	
报关员		申报单位(签章)	审单	审价
单位地址			征税	统计
邮编　　电话		填制日期	查验	放行

7. 装运通知

SHIPPING ADVICE

FAX: _____ INVOICE NO: _____
TEL: _____ DATE: _____

MESSRS:

DEAR SIRS:
 WE HEREBY INFORM YOU THAT THE GOODS UNDER THE ABOVE MENTIONED CREDIT HAVE BEEN SHIPPED. THE DETAILS OF THE SHIPMENT ARE STATED BELOW.

COMMODITY: _____
NUMBER OF KIINDS: _____
TOTAL G. W. _____
TOTAL N. W. _____
TOTAL VOLUMN: _____
OCEAN VESSEL: _____
DATE OF DEPARTURE: _____
B/L NO.: _____
PORT OF LOADING: _____
DESTINATION: _____
SHIPPING MARKS: _____

_____
(SIGNATURE)

8. 汇票

BILL OF EXCHANGE

凭　　　　　　　　　　　　　　　　　　　　　信用证号
Drawn under _____ L/C NO. _____

日期　　　　　　　　　　　　支取
Dated _____ Payable with interest @ _____% 按____息____付款

号码　　　　　　　　汇票金额　　　　　　　上海
No. _____ Exchange for _____ Shanghai _____

见票_____日后(本汇票之副本未付)
At _____ sight of this FIRST of Exchange (Second of Exchange being unpaid)

付　　交
Pay to the order of _____

金　　额
The sum of _____

款 已 收 讫
Value received As per Seller's invoice No.

此致：
To： _____
　　 _____
　　 _____

　　　　　　　　　　　　　　　　　　_____
　　　　　　　　　　　　　　　　　　　　　　（Signature）

信 用 证 四

根据信用证和补充材料制作相关单据,若无规定,按惯例处理。

SEQUENCE OF TOTAL	*27:1/1
FORM OF DOC, CREDIT	*40:IRREVOCABLE
DOC. CREDIT NUMBER	*20:010256000403
DATE OF ISSUE	*31C:080615
EXPIRY	*31D:DATE 080715 PLACE CHINA
APPLICANT	*50:GENERALMUSIC SPA
	VIA DELLE POSE,12
	47842 SAN GIOVANNI IN
	MARIGNANO RN
BENEFICIARY	*59:SHANGHAI TIANYE TOOLS
	MANUFACTURE CO., LTD.
	GANXIANG TOWN, JINSHAN
	DISTRICT SHANGHAI, CHINA
AMOUNT	*32B:CRUUENCY USD AMOUNT 31250
AVAILABLE WITH / BY	*41D:YOUR COUNTERS
	BY DEF PAYMENT
DEFERRED PAYM ENT	*42P:DEFERRED PAYMENT AT 60 DAYS FROM
	B/L LADING DATE
PARTIAL SHIPMENTS	*43P:ALLOWED
TRANSHIPMENT	*43T:ALLOWED
LOADING IN CHARGE	*44A:SHANGHAI
FOR TRANSPORT TO —	*44B:ANY ITALIAN PORT
LATEST DATE OF SHIP	*44C:080630
DESCRIPT OF GOODS	*45A:

HAND TOOL

ART No.	400 XT	100 PCS	@ USD 70.00
	500 XT	50 PCS	@ USD 86.00
	600 XT	50 PCS	@ USD 108.00
	700 XT	50 PCS	@ USD 136.00

CFR SHANGHAI

DOCUMENTS REQUIRED	*46A:
	1. SIGNED COMMERCIAL INVOICE IN TRIPLICATE
	2. FULL SET OF CLEAN ON BOARD MARINE BILL OF LADING ISSUED TO ORDER AND BLANK ENDORSED MARKED FREIGHT PREPAID AND NOTIFY GENERALMUSIC SPA ANDEXEL ITALY SPA-RIMINI
	3. PACLING LIST IN THREE FOLDS
	4. CERTIFICATE OF CHINA ORIGIN GSP FORM A ISSUED AND SIGNED BY COMPETENT AUTHORITY.
ADDITIONAL COND	*47A:
	APPLICANT INSURES / A DISCREPANT FEE OF USD 50.00 WILL BE DEDUCTED IF DOCUMENTS PRESENTED WITH DISCREPANCY (IES) AND AFTER APPLICANT'S APPROVAL / AVAILABLE AT YOUR COUNTERS ONLY FOR PRESENTATION OF DOCUMENTS
DETAILS OF CHARGES	*71B: ALL CHARGES AND COMM OUTSIDE ITALY ARE FOR BENEFICIARY'S ACCOUNT
PRESENTATION PERIOD	*48: DOCUMENTS TO BE PRESENTED WITHIN 15 DAYS AFTER THE DATE OF ISSUANCE OF THE TRANSPORT DOCUMENT, BUT WITHIN THE VALIDITY OF THE CREDIT.

补充资料：

1. OPENING BANK: ITALY INTERNATIONAL BANK
2. INVOICE No. :XTY080911
3. S/C No. : XTHA 043112
4. G.W: 1.1 KG/PC
5. N.W: 1 KG/PC
6. PACKING: PACKED IN 50 CTNS OF 50 PCS EACH
7. MEAS: 0.8M^3/CTN
8. B/L No.: JCOX08211H

1. 商业发票

COMMERCIAL INVOICE

FAX: _____ INVOICE NO: _____
TEL: _____ DATE: _____
　　　　　　　　　　　　　　　S/C NO.: _____
　　　　　　　　　　　　　　　L/C NO.: _____

To Messrs,

唛头号码 MARKS & NO.	货物品名 DESCRIPTIONS OF GOODS	数量 QUANTITY	单价 UNIT PRICE	总值 AMOUNT

TOTAL AMOUNT:

　　　　　　　　　　　　　　　　　　　　　　　　　　　_____
　　　　　　　　　　　　　　　　　　　　　　　　　　　(SIGNATURE)

2. 装箱单

PACKING LIST

FAX: _____ INVOICE NO: _____
TEL: _____ DATE: _____
TO: 　　　　　　　　　　　　SHIPPING MARKS:

C/NOS.	NOS & KINDS OF PKGS	DESCRIPTION OF GOODS	QTY	G.W.	N.W.	MEAS

TOTAL AMOUNT:

　　　　　　　　　　　　　　　　　　　　　　　　　　　_____
　　　　　　　　　　　　　　　　　　　　　　　　　　　(SIGNATURE)

3. 惠普制原产地证明书申请书

普惠制产地证明书申请书

申请人单位(盖章)： 证书号：_____

申请人郑重声明： 注册号：_____

本人是被正式授权代表出口单位办理和签署本申请书的。

本申请书及普惠制产地证格式A所列内容正确无误,如发现弄虚作假,冒充格式A所列货物,擅改证书,自愿接收签证机关的处罚及负法律责任。现将有关情况申报如下：

生 产 单 位		生产单位联系人电话	
商品名称 (中英文)		H.S.税目号 (以六位数码计)	
商品(FOB)总值(以美元计)			发票号
最终销售国		证书种类划"√"	加急证书 / 普通证书
货物拟出运日期			
贸易方式和企业性质(请在适用处划"√")			

正常贸易 C	来进料加工 L	补偿贸易 B	中外合资 H	中外合作 Z	外商独资 D	零 售 Y	展 卖 M

包装数量或毛重或其他数量	

原产地标准：

本项商品系在中国生产,完全符合该给惠国给惠方案规定,其原产地情况符合以下第　　条：

　(1)"P"(完全国产,未使用任何进口原材料)；

　(2)"W"其H.S.税目号为_____(含进口成分)；

　(3)"F"(对加拿大出口产品,其进口成分不超过产品出厂价值的40%)。

本批产品系：1. 直接运输从_____到_____；

　　　　　　2. 转口运输从_____中转国(地区)_____到_____。

申请人说明	领证人(签名)
	电 话：
	日 期　年　月　日

现提交中国出口商业发票副本一份,普惠制产地证明书格式A(FORM A)一正二副,以及其他附件　　份,请予审核签证。

注：凡含有进口成分的商品,必须按要求提交《含进口成分受惠商品成本明细单》。

商检局联系记录

4. 普惠制原产地证明书

ORIGINAL

1. Goods consigned from (Exporter's business name, address, country)	Reference No: **GENERALIZED SYSTEM OF PREFERENCES** **CERTIFICATE OF ORIGIN** (Combined declaration and certificate) **FORM A** Issued in <u>THE PEOPLE'S REPUBLIC OF CHINA</u> (country) See Notes, overleaf			
2. Goods consigned to(Consignee's name, address, country)				
3. Means of transport and route(as far as known)	4. For official use			
5. Item number	6. Marks and numbers of packages	7. Number and kind of packages; description of goods	8. Origin criterion (see Notes overleaf)	9. Gross weight or other quantity	10. Number and date of invoices
11. Certification It is hereby certified, on the basis of control carried out, that the declaration by the exporter is correct. Place and date, signature and stamp of certifying authority	12. Declaration by the exporter The undersigned hereby declares that the above details and statements are correct; that all the goods were produced in _____ (country) And that they comply with the origin requirements specified for those goods in the Generalized System of Preferences for goods exported to _____ (importing country) Place and date, signature of authorized signatory			

5. 海运货物委托书

金发海运货物委托书

经营单位（托运人）				金发编号	
提单项目要求	发货人： Shipper：				
	收货人： Consignee：				
	通知人： Notify Party：				
海洋运费 Sea Freight	预付（　）或到付（　） Preight or Collect		提单份数		提单寄送地址	
启运港		目的港		可否转船		可否分批	
集装箱预配数	20× 　40×	装运期限			有效期限	
标志唛头	件数及包装式样	中英文货名	毛重（公斤）	尺码（立方米）	成交条件（总价）
声明事项		人民币结算账号	
		托运人签章	
		电话	
		传真	
		联系人	
		地址	
		制单日期	

6. 海运提单

BILL OF LADING

1) SHIPPER:		10) B/L NO.	
2) CONSIGNEE:		COSCO 中国远洋运输公司 CHINA OCEAN SHIPPING COMPANY Combined Transport BILL OF LADING	
3) NOTIFY PARTY:			
4) PLACE OF RECEIPT	5) OCEAN VESSEL		
6) VOYAGE NO.	7) PORT OF LOADING		
8) PORT OF DIACHARGE	9) PLACE OF DELIVERY		

11) MARKS	12) NOS. & KINDS OF PKGS	13) DESCRIPTION OF GOODS	14) G. W.	15) MEAS(M³)

16) TOTAL NUMBER OF CONTAINS OR PACKAGES (IN WORDS)

FREIGHT & CHARGES	REVENUE TONS	RATE	PER	PREPAID	COLLECT

PREPAID AT	PAYABLE AT	20) PLACE AND DATE OF ISSUE
TOTAL PREPAID	17) NUMBER OF ORIGINAL B(S)L	
LOADING ON BOARD THE VESSEL		21)
18 DATE	19) BY	

7. 出口货物报关单

中华人民共和国海关出口货物报关单

预录入编号： 　　　　　　　　　　　　　　　　　　海关编号：

出口口岸		备案号		出口日期		申报日期	
经营单位			运输方式	运输工具名称		提运单号	
发货单位			贸易方式	征免性质		结汇方式	
许可证号		运抵国(地区)		指运港		境内货源地	
批准文号		成交方式		运费	保费		杂费
合同协议号		件数		包装种类	毛重(公斤)		净重(公斤)
集装箱号		随附单据				生产厂家	
标记唛码及备注							

项号	商品编号	商品名称、规格型号	数量及单位	最终目的国(地区)	单价	总价	币制	征免

税费征收情况

录入员	录入单位	兹声明以上申报无讹并承担法律责任	海关审单批注及放行日期(签章)	
报关员		申报单位(签章)	审单	审价
单位地址			征税	统计
邮编　　电话		填制日期	查验	放行

· 293 ·

8. 装运通知

SHIPPING ADVICE

FAX: _____ INVOICE NO: _____
TEL: _____ DATE: _____

MESSRS:

DEAR SIRS:
 WE HEREBY INFORM YOU THAT THE GOODS UNDER THE ABOVE MENTIONED CREDIT HAVE BEEN SHIPPED. THE DETAILS OF THE SHIPMENT ARE STATED BELOW.

COMMODITY: _____

NUMBER OF KIINDS: _____

TOTAL G. W. _____

TOTAL N. W. _____

TOTAL VOLUMN: _____

OCEAN VESSEL: _____

DATE OF DEPARTURE: _____

B/L NO.: _____

PORT OF LOADING: _____

DESTINATION: _____

SHIPPING MARKS: _____

_____
(SIGNATURE)

9. 汇票

BILL OF EXCHANGE

凭　　　　　　　　　　　　　　　　　　　　信用证号
Drawn under _____ L/C NO. _____

日期　　　　　　　　　　　　　　支取
Dated _____ Payable with interest @ _____ ％ 按 _____ 息 _____ 付款

号码　　　　　　　　　　　　　　汇票金额　　　　　　　　　　上海
No. _____ Exchange for ▓▓▓▓▓▓▓▓▓▓▓ Shanghai _____

见票 _____ 日后（本汇票之副本未付）
At _____ sight of this FIRST of Exchange (Second of Exchange being unpaid)

付　　交
Pay to the order of _____

金　　额
The sum of ▓▓▓▓▓▓▓▓▓▓▓▓▓▓▓▓▓▓▓▓▓▓▓▓▓▓▓▓▓▓

款　已　收　讫
Value received As per Seller's invoice No.

此致：
To： _____
_____

(Signature)

电 汇

根据售货确认书(S/C)的内容和补充材料制作相关单据,如无规定,按惯例处理。

SALES CONFIRMATION

S/C No:CS01018
Date:Aug. 10, 2012

买方/OCEAN TRADING COMPANY

买卖双方同意按下列条款由卖方出售、买方购进下列商品,订立本合同。

This contract is made by and between the Buyers and the Sellers, whereby the Buyers agree to buy and the Sellers agree to sell the under-mentioned commodity according to the terms and conditions stipulated below.

(1) 货号: Article No.	(2) 品名及规格 Description of Goods	(3) 数量 Quantity	(4) 单价 Unit Price	(5) 金额 Amount
	LADIES BOOTS	15 000 PAIRS	FOB NINGBO USD 5	USD 75 000
(6) 总计: TOTAL		15 000 PAIRS		USD 75 000

(7) 装运数量及总值允许有5%的增减,由卖方决定。
With 5% more or less both in shipment quantity and in amount allowed at the Sellers' option.

(8) 包装/Packing:1250 CTNS

(9) 装运期限/Time of Shipment:BEFORE DEC. 30, 2012
　　　　　　　　　PARTIAL SHIPMENT:ALLOWED
　　　　　　　　　TRANSHIPMENT:ALLOWED

(10) 运输方式/Mode of Transportation:BY SEA

(11) 装运口岸/Port of Loading:NINGBO, CHINA

(12) 目的地/Port of Destination:NEWYORK, U.S.A.

(13) 保险/Insurance:(　) to be covered by the Buyers.
　　　　　　　　　(　) To be covered by the Sellers for 110% of invoice value.

(14) 付款条件/Terms of Payment:BY T/T

(15) 异议条款/Quantity & Quality Discrepancy:
数量异议须于货物到达目的口岸之日起15天内提出,品质异议须于货物到达目的口岸之日起30天内提出,但均须提供经卖方同意的公证行的检验证明。

In case of quantity discrepancy claim shall be filed by the Buyers within 15 days after the arrival of the goods at port of destination, while for quantity discrepancy, 30 days.

(16) 争议条款/Dispute Settlement:

合同履行中所发生的任何争议,应通过双方友好协商解决。若协商不成,应提交中国国际贸易仲裁委员会按其仲裁程序仲裁,其仲裁决定是最终的,对双方均有约束力。

All disputes, if any, arising from the execution of the contract shall be settled by amicable negotiation between both sides. In case no settlement can be reached, the case in dispute shall then be submitted for arbitration to the China International Economy and Trade Arbitration Committee in accordance with its provisional rules. The arbitration award made by this committee shall be regarded as final and binding on both parties.

Authorised signature for and on behalf of
买方/The Buyers: 卖方/The Sellers:

                                   ORIENT IMP. & EXP. CO., LTD.
SUKO TRADE CO., LTD. U.S.A.   SHANGHAI, CHINA

补充资料:
(1) INVOICE NO.:DFS001
INVOICE DATE:
(2) 买方:
SUKO TRADE CO., LTD. U.S.A.
××××× AVENUE OF THE AMERICAS, NY, U.S.A.
NY 10104
(3) 卖方:
ORIENT IMP. & EXP. CO., LTD. SHANGHAI, CHINA
NO. 8 DONGFANG ROAD, SHANGHAI, CHINA
(4) 唛头:
SUKO
CS01018
NEWYORK, U.S.A.
NO. 1-1250
(5) 货物毛重:13 500 KGS,净重:12 000 KGS
尺码:每箱 0.1 M^3
(6) HS 编码:6402992000
(7) OCEAN VESSEL:EDITH 1105
(8) B/L NO.:CNSHA1140035
(9) B/L DATE:SEP. 15. 2012
(10) 提单做成凭指示抬头(TO ORDER)

1. 商业发票

COMMERCIAL INVOICE

TO: INVOICE NO.：_____
　　　　　　　　　　　　　　　　　　　　　　　DATE：_____
　　　　　　　　　　　　　　　　　　　　　　　S/C NO.：_____

唛头号码 MARKS & NOS	数量与品名 QTYS AND DESCRIPTIONS	单价 UNIT PRICE	金额 AMOUNT
TOTAL AMOUNT:			

_____
(SIGNATURE)

2. 装箱单

PACKING LIST

SHIPPING MARKS: INVOICE NO.：_____
　　　　　　　　　　　　　　　　　　　　　　　L/C NO.：_____
　　　　　　　　　　　　　　　　　　　　　　　DATE：_____

编号 C/O NOS.	货物描述 DESCRIPTION OF GOODS	件数 NOS & KINDS OF PKGS	数量 QTY	毛重 G. W.	净重 N. W.	尺码 MEAS.
TOTAL PACKAGE:						

_____
(SIGNATURE)

3. 出口货物报关单

中华人民共和国海关出口货物报关单

预录入编号：　　　　　　　　　　　　　　　　　　　海关编号：

出口口岸			备案号	出口日期		申报日期
经营单位			运输方式	运输工具名称		提运单号
发货单位			贸易方式	征免性质		结汇方式
许可证号		运抵国(地区)		指运港		境内货源地
批准文号		成交方式	运费		保费	杂费
合同协议号		件数	包装种类		毛重(公斤)	净重(公斤)
集装箱号		随附单据				生产厂家
标记唛码及备注						

项号	商品编号	商品名称、规格型号	数量及单位	最终目的国(地区)	单价	总价	币制	征免

税费征收情况

录入员	录入单位	兹声明以上申报无讹并承担法律责任	海关审单批注及放行日期(签章)	
报关员		申报单位(签章)	审单	审价
单位地址			征税	统计
邮编　　电话		填制日期	查验	放行

4. 海运提单

BILL OF LADING

1) SHIPPER：		10) B/L NO.
2) CONSIGNEE：		
3) NOTIFY PARTY：		COSCO
4) PLACE OF RECEIPT	5) OCEAN VESSEL	中国远洋运输公司
6) VOYAGE NO.	7) PORT OF LOADING	CHINA OCEAN SHIPPING COMPANY
8) PORT OF DIACHARGE	9) PLACE OF DELIVERY	Combined Transport BILL OF LADING

11) MARKS	12) NOS & KINDS OF PKGS	13) DESCRIPTION OF GOODS	14) G. W.	15) MEAS(M^3)

16) TOTAL NUMBER OF CONTAINS OR PACKAGES (IN WORDS)

FREIGHT & CHARGES	REVENUE TONS	RATE	PER	PREPAID	COLLECT

PREPAID AT	PAYABLE AT	20) PLACE AND DATE OF ISSUE
TOTAL PREPAID	17）NUMBER OF ORIGINAL B(S)L	
LOADING ON BOARD THE VESSEL		21)
18 DATE	19) BY	

附录一

国际贸易单证常用语与词组

1. 与贸易术语相关的用语

1. Export Commodities Fair	出口商品交易会
2. Exhibition	展览
3. Exposition	博览会
4. Quotation	报价
5. Price List	价目单
6. Exporter	出口商
7. Importer	进口商
8. Imports	进口商品
9. Exports	出口商品
10. Enquiry	询盘
11. Enquiry Sheet	询价单
12. Commission	佣金
13. Discount	折扣
14. Bid	递价
15. Allowance	折让
16. Order	订单
17. Rebate	回扣
18. Net Price	净价
19. Offer	发盘
20. Confirmation	确认
21. Acceptance	接受
22. FOB(Free on Board)	装运港船上交货
23. FOB Liner Terms	FOB 班轮条件
24. FOB Under Tackle	FOB 吊钩下交货
25. FOB Stowed	FOB 理舱费在内
26. FOB Trimmed	FOB 平舱费在内
27. FAS(Free Alongside Ship)	装运港船边交货
28. FCA(Free Carrier)	货交承运人
29. CIF(Cost,Insurance and Freight)	成本加保险费、运费
30. CFR(Cost and Freight)	成本加运费
31. CFR Liner Terms	CFR 班轮条件
32. CFR Landed	CFR 卸至码头

33.	CFR Ex Tackle	CFR 吊钩下交接
34.	CFR Ex Ship's Hold	CFR 舱底交接
35.	CPT(Carriage Paid to)	运费付至
36.	CIP(Carriage Insurance Paid to)	运费、保险费付至
37.	DAF(Delivered at Frontier)	边境交货
38.	DES(Delivered Ex Ship)	目的港船上交货
39.	DEQ(Delivered Ex Quay)	目的港码头交货
40.	DDU(Delivered Duty Unpaid)	未完税交货
41.	DDP(Delivered Duty Paid)	完税交货
42.	EXW(Ex Works)	工厂交货
43.	Import/Export License	进/出口许可证
44.	Symbolic Delivery	象征性交货
45.	Physical Delivery	实质性交货
46.	Ship's Rail	船舷
47.	International Rules for the Interpretation of Trade Terms Incoterms	《国际贸易术语解释通则》
48.	International Chamber of Commerce(ICC)	国际商会
49.	Incomterms 2000	《2000 年国际贸易术语解释通则》
50.	Warsaw-Oxford Rules	《华沙—牛津规则》
51.	Revised American Foreign Trade Definitions 1941	《1941 年美国对外贸易定义修订本》
52.	Shipment Contract	装运合同
53.	Arrival Contract	到达合同

2. 与货物相关的词组

1.	Specification of Goods	商品规格
2.	Sale by Grade	凭等级买卖
3.	Sale by Specification	凭规格买卖
4.	Sale by Standard	凭标准买卖
5.	Sale by Descriptions and Illustrations	凭说明书和图样买卖
6.	Quality as per Seller's Sample	品质以卖方样品为准
7.	Quality as per Buyer's Sample	品质以买方样品为准
8.	Quality Tolerance	品质公差
9.	Fair Average Quality(FAQ)	良好平均品质
10.	The Metric System	公制
11.	The British System	英制
12.	The US System	美制
13.	The International System of Units(SI)	国际单位制
14.	Metric Ton(MT)	公吨
15.	Long Ton(LT)	长吨

16. Short Ton(ST) 短吨
17. Net Weight 净重
18. Gross Weight 毛重
19. Gross for Net 以毛作净
20. Tare Weight 皮重
21. Theoretical Weight 理论重量
22. Legal Weight 法定重量
23. Shipping Mark 运输标志(唛头)
24. Warning Mark 警告标志
25. Indicative Mark 指示性标志
26. Seaworthy Packing 适合海运包装
27. Customary Packing 习惯性包装
28. Inner Packing 内包装
29. Outer Packing 外包装
30. Universal Code Council(UCC) 统一编码委员会
31. Universal Product Code UPC 码
32. International Article Number Association 国际物品编码协会
33. European Article Number EAN 码
34. Solid:Bulk Cargo 固体散货
35. Liquid Bulk cargo 液体散货
36. Optional Cargo 选港货
37. Containerized Cargo 集装箱货物
38. Dangerous Cargo(D. G.) 危险货物
39. Stowage Facter 积载因数
40. International Maritime Dangerous Goods(IMDG CODE) 《国际海运危规》
41. More or Less Clause 溢短装条款
42. Canal Tonnage 运河吨位
43. Gross Tonnage 总吨位
44. Dead Weight 总载重吨
45. Arrival Notice(A. N.) 到货通知

3. 与支付方式相关的用语

1. Exchange Rate 汇率
2. Terms of Payment 支付方式/支付条款
3. Remittance 汇付/汇款
4. Telegraphic Transfer(T/T) 电汇
5. Mail Transfer(M/T) 信汇
6. Demand Draft(D/D) 票汇

7. Collection 托收
8. Documentary Collection 跟单托收
9. Documents against Payment(D/P) 付款交单
10. Documents against Acceptance(D/A) 承兑交单
11. Letter of Credit(L/C) 信用证
12. Settlement of Account 结算/结账
13. Payment in Advance 预付货款
14. Open Account 往来账户
15. Payment on Arrival 货到付款
16. Pay Draft on Presentation 见票即付
17. Usual Practice(Customary Practice) 惯例
18. Cash against Documents 凭单付款
19. Draft(Bill of Exchange/Bill) 汇票
20. Clean Bill 光票
21. Drawee 受票人
22. Drawer 出票人
23. Settlement of Exchange 结汇
24. International Settlement 国际结算
25. Foreign Exchange 外汇
26. Documentary Credit 跟单信用证
27. Irrevocable L/C 不可撤销信用证
28. Sight L/C 即期信用证
29. Time/Term L/C 远期信用证
30. Acceptance 承兑
31. Dishonor 拒付
32. Payment on(by) Installments 分期付清
33. Negotiation 议付
34. Applicant 开证人
35. Issuing bank 开证行
36. Beneficiary 受益人
37. Paying bank 付款行
38. Negotiating Bank 议付行
39. Advising Bank, Notifying Bank 通知行
40. Confirming Bank 保兑行
41. L/C Clauses, L/C Stipulations 信用证条款
42. Uniform Customs and Practice for Documentary Credit 《跟单信用证统一惯例》
43. International Standard Banking Practice(ISBP) 国际标准银行实务
44. Documentary Credit Dispute Resolution 《国际商会跟单票据争议专家

	Expertise Rules(DOCDEX Rules)	解决规则》
45.	Society for Worldwide Interbank Financial Telecommunication(SWIFT)	环球同业银行金融电讯协会
46.	Endorsement in black	空白背书
47.	London InterBank Offered Rate(LIBOR)	伦敦同业拆放利率

4. 与运输相关的用语

1.	Port of Shipment	装运港
2.	Port of Destination	目的港
3.	Shipping Instruction	装船须知
4.	Shipping Advice	装船/发货通知
5.	Roll-on/Roll-off(Ro-Ro)	滚装船
6.	Shipping Space	舱位
7.	Shipping Agent	船方代理
8.	Full Container Load(FCL)	整(箱)货
9.	Less Than Container Load(LCL)	拼装货
10.	Cargo in Bulk(Bulk Cargo/Goods)	散装货
11.	Freight to Collect	运费待付
12.	Freight Paid	运费已付
13.	Freight Prepaid	运费预付
14.	Shipping Mark	唛头
15.	Transshipment	转运
16.	Partial Shipment	分批装运
17.	Shipment Date(Time of Shipment)	装运期
18.	Packing List	装箱单
19.	Weight Memo	重量单
20.	Bill of Lading(B/L)	提单
21.	Shipped on Board B/L	已装船提单
22.	Order B/L	指示提单
23.	Through B/L(Thro'B/L)	联运提单
24.	Straight B/L	记名提单
25.	Clean B/L	清洁提单
26.	Unclean B/L	不清洁提单
27.	Anti Dated B/L	倒签提单
28.	Shipping space	舱位
29.	Booking	订舱
30.	Booking Note(B/N)	托运单
31.	Shipping Order(S/O)	装货单
32.	Mate's Receipt(M/R)	收货单(大副收据)

33. Dock Receipt(D/R) 场站收据
34. Equipment Interchange Receipt(EIR) 设备交接单
35. Delivery Order(D/O) 交货记录
36. Freight Rate 运费率
37. All in Rate(A. I. R.) 全包价
38. Freight Ton(F/T) 计费吨
39. Weight Ton(W/T) 重量吨
40. Measurement Ton(M/T) 尺码吨
41. Weight or Measurement(W/M) 重量或体积(按高者计算运费)
42. Open Rate 议价运费
43. Minimum Rate 起码运费
44. Heavy Life Additional 超重附加费
45. Long Length Additional 超长附加费
46. Direct Additional 直航附加费
47. Transshipment Additional 转船附加费
48. Port Additional 港口附加费
49. Deviational Surcharge 绕航附加费
50. Peak Season Surcharge 旺季附加费
51. Bunker Adjustment Factor or Banker Surcharge 燃油附加费
52. Document(DOC) 文件费
53. Origin Receiving Charge(ORC) 产地收货附加费
54. Shanghai Port Surcharge(SPSC) 上海港附加费
55. Destination Delivery Charge(DDC) 目的港提货费
56. Terminal Handling Charge(THC) 码头操作费
57. Temporary Additional Risks(TAR) 战争附加费
58. Yen Adjustment Surcharge(YAS) 日元贬值附加费
59. Port Dues(P. D.) 港务费
60. Dead Freight(D. F.) 空舱费
61. Container Service Charges(CSC) 集装箱服务费
62. America Manifest System(AMS) 美国舱单系统
63. Loading List(L/L) 装货清单
64. Manifest(M/F) 载货清单
65. Delivery Order(D/O) 提货单
66. Container Load Plan(CLP) 集装箱装箱单
67. Shipping Documents 货物/装运单据
68. Twenty-foot Equivalent Unit(TEU) 相当于20英尺集装箱
69. Forty-foot Equivalent Unit(FEU) 相当于40英尺集装箱
70. General Propose Container(GP) 通用集装箱
71. Shipper's Own Container(SOC) 货主集装箱

72.	Carrier's Own Container(COC)	承运人集装箱
73.	Container Yard(CY)	集装箱堆场
74.	Container Freight Station(CFS)	集装箱货运站
75.	Container Seal Number	集装箱铅封号
76.	Shipper's Load and Count and Seal(SLCS)	由托运人装箱、点数和封箱
77.	Say to Contai(STC)	装箱人申报
78.	Port of Loading	装货港
79.	Port of Discharge(Unloading)	卸货港
80.	Note of Sea Protest	海事声明
81.	Notice of Claim	货损通知书
82.	Liner	班轮
83.	Charter	租船
84.	Estimated Time of Departure(ETD)	预定开航时间
85.	Estimated Time of Sailing(ETS)	预定开航时间
86.	Estimated Time of Arrival(ETA)	预定到达时间
87.	Voyage Charter	定程租船
88.	Time Charter	定期租船
89.	Tramp	不定期船
90.	Demurrage	滞期费
91.	Dispatch	速遣费
92.	Weather Working Day(WWD)	好天气工作日
93.	Weather Working Days of 24 Consecutive Hours	连续24小时好天气工作日
94.	Free in and out and Stowed and Trimmed(FIOST)	平舱费
95.	International Convention for the Unification of Certain Rules of Law Relating to Bills of Lading, 1924	《1924年统一提单的若干规则的国际公约》《海牙规则》
96.	Protocol to Amend the International Convention for the Unification of Certain Rules of Law Relating to Bills of Lading, 1968	《1968年修改统一提单的若干法律规则的国际公约的议定书》（《维斯比规则》）
97.	United Nations Convention on the Carriage of Goods by Sea, 1978	《1978年联合国海上货物运输国际公约》《汉堡规则》
98.	West Coast(W. C.)	西海岸(指美国)
99.	East Coast(E. C.)	东海岸(指美国)
100.	Sea Waybill(SWB)	海运单
101.	Shipping Company's Certificate	船公司证明
102.	Lloyd's Machinery Certificate(L. M. C.)	劳氏船机证书
103.	Air Waybill	航空运单

104. Train-Air-Truck(TAT) 陆空陆联运
105. Railway Bill 铁路运单
106. Multimodal Transport Document(MTD) 多式联运单据
107. House Air Way Bill(HAWB) 空运代理提单/分提单

5. 与保险相关的用语

1. Insurance Policy 保险单
2. Insurance Certificate 保险凭证
3. Open Policy 预约保单
4. Insurance Premium 保险费
5. Invoice Value 发票价值(发票金额)
6. Insurance Amount 保险金额
7. Coverage 险别
8. Insurance Rate(Rate for the Cover) 保险费率
9. Insurer 保险人
10. Insured 被保险人
11. Cover 给(货物等)保险
12. Particular Average 单独海损
13. General Average 共同海损
14. Insurance 保险
15. Free from Particular Average(FPA) 平安险
16. With Particular Average(WPA) 水渍险
17. All Risks(A. R.) 一切险
18. War Risk(W. R.) 战争险
19. Extraneous Risks(Additional Risks) 附加险
20. Warehouse to Warehouse Clause 仓至仓条款
21. Air Transportation Risk 空运险
22. Air Transportation Policy 空运保险单
23. Additional Premium(A. P.) 额外保费
24. Actual Total Loss(A. T. L.) 实际海损
25. Both to Blame Collision Clause(B. B. Clause) 船舶互撞条款(险)
26. China Insurance Clause(CIC) 中国保险条款
27. Institute Cargo Clause(ICC) 协会货物保险条款
28. Insurance Declaration 保险声明
29. Irrespective of Percentage(I. O. P.) 无免赔率
30. Franchise 免赔额
31. Leakage and Breakage 漏损和破损
32. Malicious Damage Clauses 恶意损害险条款
33. On deck risk 舱面险

34.	Overland Transportation Policy	陆运保险单
35.	Parcel Post Risk	邮包险
36.	People's Insurance Co. of China(PICC)	中国人民保险公司
37.	Rain and/or Fresh Water Damage(RFWD)	雨淋淡水险
38.	Strike, Riot and Civil Commotion(SRCC)	罢工险
39.	Theft Pilferage and Non-Delivery(TPND)	偷盗及提货不着险
40.	Risk of contamination	沾污险
41.	Risk of mold(mould)	发霉险
42.	Risk of Shortage	短缺险
43.	Risk of rusting	锈损险

6. 与检验、索赔、不可抗力和仲裁相关的用语

1.	Inspection Certificate of Quality	品质检验证书
2.	Inspection Certificate of Origin	产地检验证书
3.	Inspection Certificate of Quantity	数量检验证书
4.	Inspection Certificate of Weight	重量检验证书
5.	Veterinary Inspection Certificate	兽医检验证书
6.	Disinfection Inspection Certificate	消毒检验证书
7.	Sanitary Inspection Certificate	卫生检验证书
8.	Certificate of Value	价值检验证书
9.	CCPIT(China Concil for the Promotion of International Trade)	中国对外贸易促进委员会
10.	Inspection Standard	检验标准
11.	Inspection Certificate	检验证书
12.	Inspection Validity	检验期限
13.	Inspection Place	检验地点
14.	Shipping Quality and Shipping Weight	离岸品质, 离岸重量
15.	Landed Quality and Landed Weight	到岸品质, 到岸重量
16.	Inferior Quality	品质不良
17.	Different Quality	品质不符
18.	Short Delivery	短交
19.	Non-delivery	遗失
20.	Penalty	罚金
21.	Claim	索赔
22.	Complaints	投诉
23.	Quantity Claim	数量索赔
24.	Quality Claim	品质索赔
25.	Settlement of Claim	理赔
26.	Reject a Claim	拒赔

27. Disputes 争议
28. Discrepancy and Claim Clause 异议与索赔条款
29. Force Majeure 不可抗力
30. Acts of God 自然力
31. Arbitration 仲裁

附录二

《2010年通则》与《2000年通则》的区别

一、贸易术语数量和分类的区别

《2000年国际贸易术语解释通则》(以下简称《2000年通则》)将贸易术语根据首字母划分为E、F、C和D组,共13种,这种分类按照卖方对买方承担的责任由小到大进行排序,买卖双方通过选择贸易术语以确定自己相应承担的责任。

而《2010年国际贸易术语解释通则》(以下简称《2010年通则》)共有11种贸易术语,删去了《2000年通则》4个术语DAF、DES、DEQ、DDU,新增了2个术语DAT、DAP。即用DAP取代了DAF、DES和DDU三个术语,DAT取代了DEQ,且扩展至适用于一切运输方式。

《2010年通则》按照所适用的运输方式划分为两大类:适用于任何运输方式的贸易术语7种:EXW、FCA、CPT、CIP、DAT、DAP、DDP;适用于水上运输方式的贸易术语4种:FAS、FOB、CFR、CIF。新的分类方法能帮助使用者正确选择与运输方式相对应的最适合的贸易术语。

二、排版的区别

《2010年通则》里每种贸易术语项下买卖双方各自的义务虽然仍列出10个项目,但与《2000年通则》的区别在于,卖方在每一项目中的具体义务不再"对应"买方在同一项目中相应的义务,而是改为分别描述。

此外,《2010年通则》每一种贸易术语的条款前面都有一个使用指南(Guidance Note),主要说明了每种术语的含义、风险的转移界限、买卖双方如何分摊费用、卖方可能要承担的主要责任以及适用的运输方式等,这些指南可帮助使用者准确有效地为交易选择最合适的贸易术语。

三、对"船舷"概念解释的区别

《2000年通则》针对传统的适用于水上运输的主要贸易术语,如FOB、CFR和CIF,均强调卖方承担货物至在指定装运港越过船舷时为止的一切风险,买方承担货物自在指定装运港越过船舷时起的一切风险。

《2010年通则》对这三种贸易术语不再设定"船舷"的界限,只强调卖方承担货物装上船为止的一切风险,买方承担货物自装运港装上船开始起的一切风险。

以"船舷"来划分买卖双方的风险长期以来饱受争议,而该争议在修订《2000年通则》时就已存在,但当时还是保留了"船舷"的规定。而实际上"船舷"只是个买卖双方活动领域之间假想的界限,长期以来已不能反映各国港口的惯常做法,具体操作时的风险界限应遵循码头公司在进行装船时的习惯做法,而最实际的问题则是码头公司需要确定谁将负责他们的服务费用。《2010年通则》的此次修订最终删除了"船舷"的规定,强调在FOB、CFR和CIF下买卖双方的风险以货物在装运港口被装上船时为界,而不再规定一个明确的风险临界点。

四、国内贸易与国际贸易的规定

国际贸易术语解释通则在传统意义被用于存在跨境运输的国际货物买卖合同中,此种交易需要将货物进行跨越国境的运输。然而,在世界许多地区(比如欧盟),不同国家间的过关手续变得不那么重要。因此,《2010年通则》认可该通则既可以适用于国内的也可以适用于国际货物买卖合同。所以,《2010年通则》在一些地方明确规定,只有在适当的情形,才存在遵守进出口手续义务。

五、电子通信

《2000年通则》已经说明了可以被电子数据交换信息替代的文件。然而,《2010年通则》的A1/B1条赋予电子方式的通信和纸质通信同等的效力,只要缔约双方同意或存在交易惯例。这一规定使《2010年通则》使用期内新的电子程序的发展更加顺畅。

六、链式销售

在商品的销售中,有一种和直接销售不同的销售方式,就是货物在沿着销售链运转的过程中频繁地被销售好几次。在这种情况下,在一连串销售中间的销售商并不将货物"装船",因为它们已经由处于这一销售串中的起点销售商装船。因此,链式销售(或叫做连串销售,String Sales)的中间销售商对其买方应承担的义务不是将货物装船,而是"设法获取"已装船货物。着眼于贸易术语在这种销售中的应用,《2010年通则》在相关术语中同时规定了"设法获取已装船货物"和将货物装船的义务。

参 考 文 献

[1] 全国国际商务单证培训认证办公室.国际商务单证理论与实务[M].北京:中国商务出版社,2005.

[2] 祝卫.出口贸易模拟操作教程[M].上海:上海人民出版社,2002.

[3] 常改姣.国际贸易实务实训教程[M].上海:上海交通大学出版社,2003.

[4] 安徽.进出口业务模拟实用教程[M].北京:北京大学出版社,2006.

[5] 余世明,丛凤英.国际商务单证[M].广州:暨南大学出版社,2004.

[6] 俞涝,朱春兰.外贸单证[M].杭州:浙江大学出版社,2004.

[7] 林俐,鲁丹萍,陈俊.国际贸易实务[M].北京:清华大学出版社,2006.

[8] 李元旭,吴国新.国际贸易单证实务[M].北京:清华大学出版社,2005.

[9] 刘伟奇,丁辉君.国际商务单证实务[M].上海:复旦大学出版社,2005.

[10] 罗农.进出口贸易实训及案例分析[M].北京:中国人民大学出版社,2006.

[11] 苏定东,王群飞.国际贸易单证实务[M].北京:北京大学出版社,2006.

[12] 袁永友,柏望生.进出口单证实务案例评析[M].北京:中国海关出版社,2006.

[13] 王慧敏.外贸函电[M].北京:北京大学出版社,2005.

[14] 甘鸿.外经贸英语函电[M].上海:上海科学技术文献出版社,2004.

[15] 国际商会(ICC).国际贸易术语解释通则 2010[M].北京:中国民主法制出版社,2011.

[16] 范冬云.《2010 年国际贸易术语解释通则》与《2000 年通则》比较[J].国际商务研究,2011(5).

[17] 张燕芳.国际贸易实务[M].北京:人民邮电出版社,2011.

[18] 张照玉.国际贸易术语解释通则 2010 版与 2000 版的比较分析[J].黑龙江对外经贸,2011(5).

[19] 朱金生.国际贸易理论与实务[M].北京:人民邮电出版社,2011.